电力市场
预测建模及应用

刘达　等著

中国水利水电出版社
www.waterpub.com.cn
·北京·

内 容 提 要

能源是经济的血液。在中国，电力消费占了终端能源消费的70%以上。经济要发展，电力须先行。准确预测电力负荷是电力工业发展的基础。随着电力市场的发展，电力预测的重要性日益显现。

本书从电子预测实战出发，运用丰富的实例给读者展示了电力预测的方法、流程、关键的技术。并结合大数据技术的新发展，在软件实现上糅合 Excel、MATLAB、SPSS、R 和 Python 等编程语言，给读者展示不同程序语言在预测中的应用。

本书结构合理，条理清晰，内容丰富新颖，是一本值得学习研究的著作，可供从事预测分析的相关研究人员参考使用。

图书在版编目(CIP)数据

电力市场预测建模及应用/刘达等著．—北京：中国水利水电出版社，2019.1 （2024.10重印）

ISBN 978-7-5170-7335-2

Ⅰ．①电…　Ⅱ．①刘…　Ⅲ．①电力市场—预测—系统建模　Ⅳ．①F426.61

中国版本图书馆 CIP 数据核字(2019)第 009752 号

书　名	电力市场预测建模及应用 DIANLI SHICHANG YUCE JIANMO JI YINGYONG
作　者	刘　达　等著
出版发行	中国水利水电出版社 (北京市海淀区玉渊潭南路 1 号 D 座 100038) 网址：www.waterpub.com.cn E-mail：sales@waterpub.com.cn 电话：(010)68367658(营销中心)
经　售	北京科水图书销售中心(零售) 电话：(010)88383994、63202643、68545874 全国各地新华书店和相关出版物销售网点
排　版	北京亚吉飞数码科技有限公司
印　刷	三河市元兴印务有限公司
规　格	170mm×240mm　16 开本　14 印张　251 千字
版　次	2019 年 4 月第 1 版　2024 年 10 月第 4 次印刷
印　数	0001—2000 册
定　价	67.00 元

前　言

《礼记·中庸》:"凡事豫则立,不豫则废。"无论国家、社会还是个人,缜密的计划和规划是取得成功的保证。而计划是否合理可行,很大程度上取决于对未来准确的预测。有史以来,人们满怀敬畏看待预测。《易经》、《推背图》、占卜巫术等广为流传,表达了人们对预测未来的渴望。但由于知识的匮乏,历史上的预测充满着神秘色彩,甚至混杂着迷信和宗教。

实际上,预测是一门严肃的科学。从最根本的原理上来看,预测是基于概率统计科学,从已知的样本来推断总体,并由此来推断其他未知个体样本行为的过程。成功预测的基础在于待预测的对象和已知的对象来自同一总体,具有相同的演变规律。如果违背这一规律,再高深的理论模型也是一无是处。不具备科学指导的预测,只能称之为推测、假设或者假想,这些无法指导未来的行动计划。

社会生活、经济生产和工程技术活动都离不开预测。预测科学从 20 世纪 50 年代起,在学术界开始受到了重视。近年来随着基础数学理论的进步、信息技术的发展和人工智能技术的广泛应用,预测科学也取得巨大的进步。大数据技术的发展为预测科学实践提供了充足的数据和广泛的应用领域,预测科学在这一富饶的土壤正茁壮成长。

能源是经济的血液。在中国,电力消费占了终端能源消费的 70%以上。经济要发展,电力须先行。准确预测电力负荷是电力工业发展的基础。随着电力市场的发展,电力预测的重要性日益显现。负荷预测是电网公司、发电企业、交易中心等正确决策的基础,更是售电公司必须守护的生命线。在互联网+时代,电力预测是电力系统的综合能源计划、需求侧管理的基础等。没有预测,智慧电力也无从谈起。

本书从电力预测实战出发,运用丰富的实例给读者展示了电力预测的方法、流程、关键的技术。并结合大数据技术的新发展,在软件实现上糅合 Excel、MATLAB、SPSS、R 和 Python 等编程语言,给读者展示不同程序语言在预测中的应用。本书所涉及的预测理论和方法可以广泛应用于能源经济预测、物流需求预测以及工程预测领域建模等。本书既可用于高年级本科生和研究生教材,也为从事预测分析的相关研究人员提供参考借鉴。

在本书的撰写过程中，智慧能源研究所的硕士研究生张国维、王守凯、黄晗、阮亮、孙堃、王文博、曾小梅、雷自强和安鹏跃等参与了大部分实际案例代码编写，并参与了大量修订和校对工作。对他们辛勤的付出表示诚挚的感谢。

本书是智慧能源研究所多年研究成果的总结，前期成果受国家自然科学基金和中央高校基本业务费资助，在此表示感谢。

本书受华北电力大学研究生院优质课程建设项目资助，在此表示感谢。

谨以此书献给有志于能源经济预测的同仁！

作者于北京朱辛庄

2018 年 7 月

目　录

目录

第1章　电力市场基础知识

1.1　电力市场概念及历史

1.1.1　电力市场概念

电力是一种商品，具有一般商品交易的特征。电力还拥有与普通商品不同的特性，没有品牌和品质的差异。不管来自何种发电机组的电力，一旦进入电网，就无法区分，电力属性完全一样。电力是一种特殊的商品，由于电力不可大规模存储，因此要求发电、输电、配电、供电和配电等各个环节同时进行。电力系统必须保证电压和频率的实时平衡。

从狭义上讲，市场是进行商品交易的场所。而从广义上讲，市场是商品交换关系，是反映供需关系的力量。市场供需关系由供给和需求两个基本要素所决定。所有商品提供者的集合构成了商品的供给方，所有需求者的集合构成了商品的需求方。对于大多数商品而言，商品的供给和需求受价格影响很大，价格越高，供给量越大，需求量越少。通过价格机制，市场供需趋于均衡。

按照市场上商品供给企业数量的多少，可以将市场分为完全垄断市场、寡头垄断市场、垄断竞争市场和完全竞争市场。完全垄断市场是指市场上独一卖家提供产品，卖家具有完全的市场话语权，完全拥有市场价格的制定权。为了保护消费者利益，对于这种独家垄断市场，政府往往会严厉监管，防止其利用市场优势地位，谋求不当利益。如谷歌和微软等大企业经常收到国家的高额垄断罚款通知。寡头垄断市场是指市场上的少数几个企业提供了市场绝大部分的产量，剩下的企业所占的市场份额非常少。寡头垄断市场中，几个少数企业存在一定的竞争关系，但也有可能这几个企业合谋串通，形成价格联盟，通过其市场控制力来侵害消费者利益。垄断竞争市场，是指众多的企业提供市场较为相近的产品，但是每个企业都只占市场份额的一小部分，很难把控市场。而完全竞争市场是指在市场中，大量的企业提供完全相同的产品，每个企业所占的市场份额非常少。单一企业的行为对市场基本没有影响，企业只是市场价格的接受者。完全竞争市场是一个理想的市场，在一个拥有足够数量的买方和卖方的市场中，单一个体的买卖行为、价格波动行为都对市场无显著的影响，市场无垄断行为。市场供需完全受价格波动影响。电力市场改革的主要目的是建立完全反映能源价格的市场机制，通过电价机制调节供需和投资。

电力市场有狭义和广义之分。狭义的电力市场指竞争性的电力市场，是电力行业中某个市场交易场所，如发电市场、供电市场和电建市场等；广义的电力市场指电力商品交换关系的总和。电力市场是采取法律、经济等手段，本着“公平、公正、公开”的市场竞争原则，对电力系统中发、输、供、用电等环节协调组织的机制。电力市场是电力买主和卖主双方决定电价和电量的过程。

1.1.2 国外电力市场发展历程

电力市场改革的核心问题是建立合理的电价机制。传统电力工业采用垂直垄断的一体化系统，它可以提高区域电网规划的效率，在电力系统发展的早期阶段起着非常重要的作用。但其所固有的问题，如电力公司缺乏活力、管理效率低、电价高、服务质量差等，随着经济的发展日益突出。大约在20世纪90年代，英国、美国、澳大利亚、新西兰、挪威、瑞典和阿根廷进行了电力市场改革。在厂网分离、传输与供应的分离以及建立透明公正的市场电价机制等方面取得了显著的成效。各国电力市场改革的背景和进度各不相同，但改革的主要内容都是将传统的一体化经营模式的电力系统拆分成多个互相独立的环节，在发电、配电以及售电等环节引入不同程度的竞争机制。总体来说，建立竞争性的发电侧市场是改革的核心。发电侧电力市场的电价在很大程度上决定着配电市场和售电市场的电价，从而影响着各电力市场参与者的效益。

1981年初，智利就存在能源市场的概念并实行电力系统私有化。智利模式因其电力定价的过程比较透明，电价水平也较为合理而被大家所认可。1992年，阿根廷通过严格限制市场集中度和改善对储备单位的支付结构来改善智利模式，以确保系统的可靠性。阿根廷引入市场概念的主要宗旨是将现有政府垄断的电力资产（资产维护差，服务频繁中断）私有化，同时建立竞争性发电市场。20世纪90年代，世界银行积极在其他拉丁美洲国家（包括秘鲁、巴西和哥伦比亚）引入各种混合电力市场，并取得了一定的进展。

电力市场发展的一个关键事件发生在1990年，当时英国政府在Margaret Thatcher领导下进行电力供应行业私有化，其目的是减少政府对经济的直接干预。随后英国这一模式成为其他几个英联邦国家放松管制的催化剂，特别是澳大利亚和新西兰，以及阿尔伯塔等区域市场。然而在很多国家，尽管市场放松管制也没有出现像英国一样普遍私有化的现象。

1996 年，欧盟颁布《电力市场化改革法令》，这项文件要求各国实施电力市场化改革，以建立一个逐步开放的国内电力市场为目标。2003 年欧盟颁布《电力市场化改革第二法令》，加大推进欧盟统一电力市场建设的力度。欧盟在 2005 年提出将欧盟划分为七个区域电力市场来推进统一电力市场建设。

美国在 1978 年成立联邦能源管理委员会（Federal Energy Regulatory Commission，FERC）负责管理州际贸易中电力和天然气的运输和批发销售等问题。在美国，传统的垂直一体化电力系统模型的传输系统旨在为自己的客户服务，几十年来运行得非常好。在 20 世纪的最后十年，一些美国政策制定者和学者要求电力行业放松管制，建立独立系统运营商（Independent System Operator，ISO）和区域输电组织（Regional Transmission Organization，RTO）。大约有十几个州决定放松管制，但是一些州在 2000 年和 2001 年的加州电力危机后放弃了该决策。

1991 年苏联解体后的俄罗斯保持了对电力工业的垄断。长期以来，俄罗斯的经济发展快于电力工业发展，发电量不能满足用电增长的需求。俄罗斯电力设备严重老化，电力建设资金缺乏，严重制约其电力和经济发展。1992 年，政府决定在电力行业实行股份制。2011 年俄罗斯颁布法令明确电力改革的目标。2006 年，新的批发和零售电力市场规则开始生效。根据 2012 年俄罗斯能源部颁布的《俄罗斯 2020 年前电力现代化纲要方案》，将重点投资电网建设、改造和技术升级。

日本的一次能源如煤炭、石油都要靠海洋运输，运到哪里就地发电、就地消纳，并不需要全国强联网，因此日本采用垂直一体化模式。福岛核事故发生后，地震和核电站关闭造成供电短缺。随后，日本政府开始考虑新的电力市场改革体系，并希望增加其供电能力。2011 年，日本提出新一轮电力改革的框架。主要目标是实现电力安全稳定供应、最大限度抑制电价增长、为用户提供多个供应商的选择并增加供应商的发展机会。

国际上成功的电力市场改革经验表明，建立公开、公平、公正和透明的电力市场以及相匹配的辅助服务市场是电力市场改革成功必不可少的条件。公开、公平、公正的价格体系能够有效防止市场力，保护市场各方参与者的合理利益；透明的电力市场电价能给市场参与者积极的信号，从而调节市场供需，实现资源的最优配置。从长远来看，透明的电价机制也更有利于吸引电力投资，保证电力工业的稳定和持续发展。

1.1.3　我国电力市场发展历程

中国是世界上最早生产电力的国家之一，1882 年中国第一家公共电业公司在上海成立。比世界上第一座发电站——巴黎火车站电厂的出现晚七年，与爱迪生在美国建立的第一座电厂同年，比东京电灯公司早五年。

1882 年到 1949 年是中国电力工业发展的起步时期。在这段时间中国电力工业经历了初创、起步、重创（抗日战争期间）和停滞（解放战争期间）。到新中国成立前夕，中国电力发展在世界上已处于落后地位。

1949 年到 1978 年，中国政府把电力工业作为国民经济的支柱工业，逐步建设中国的电力设备制造体系和电力生产运行体系。

1979 年到 2002 年，电力短缺成为制约中国经济发展的重要因素。单一的投资模式，使得电力建设资金严重不足。国务院颁布《关于鼓励集资办电和施行多种电价的暂行规定》，推行集资办电，落实“谁投资、谁用电、谁得利”的政策；实施“拨改贷”。该政策加强了建设单位的经济责任制，提高了经济收益；实行多种电价，打破单一的电价模式，培育了按照市场规律定价的机制。1987 年国务院提出“政企分开，省为实体，联合电网，统一调度，集资办电”的“二十字方针”和“因地因网制宜”的电力改革与发展方针。1993 年，将电力联合公司改为电力集团公司，组建华北、东北、华东、华中、西北五大电力集团。1997 年中国国家电力公司在北京成立，标志着我国电力工业管理体制由计划经济向社会主义市场经济的转变。2002 年，国务院下发《国务院关于印发电力体制改革方案的通知》，决定设立国家电力监管委员会。新一轮电力体制改革（5 号文）提出“厂网分开、竞争上网、打破垄断、引入竞争”的目标。原国家电力公司分为两大电网公司（国家电网公司和南方电网公司）、五大发电集团公司（中国华能集团公司、中国大唐集团公司、中国华电集团公司、中国国电集团公司、国家电力投资集团公司）和四家辅业公司（中国葛洲坝集团公司、中国电力工程顾问集团公司、中国水利水电建设集团公司、中国水电工程顾问集团公司）。

2003 年国务院出台《电价改革方案》，确定电价改革的目标和措施。建议在改革初期厂网分开后，建立与发电环节适度竞争相适应的上网电价机制；发电、售电价格由市场竞争形成。

2004 年国家出台标杆上网电价政策，统一制定并颁布各省新增机组的上网电价。目前，中国仍处于电力体制改革的过渡时期。根据国家相关规定，上网电价主要是两部制电价。简单来说，两部制电价包括基本电价与电度电价。基本电价也称容量电价，电度电价又称电量电价。在我国电力工业发展初期，不同发电厂的上网电价不同，是政府与电网公司根据发电厂建设及发电成本确定的。随着电力体制改革的进行，为了公平竞价上网，各地统一了上网电价，称“标杆电价”。但根据国家节能环保等政策，地方政府会给不同发电企业一定的补贴。

2005年到2008年，国家发展和改革委员会及相关部门颁布《上网电价管理暂行办法》《输配电价管理暂行办法》等法令。全国平均销售电价每千瓦时增加0.025元。2009年，电监会发布《2008年度电价执行情况监管报告》，发改委等三部门发布《关于规范电能交易价格管理等有关问题的通知》，全国平均销售电价每千瓦时增加0.028元。

2010年到2012年，国网公司总经理刘振亚表示"应坚持现有输配一体化、调度和电网一体化格局"，部分亏损严重的火电企业需要增加上网电价。2013年，国家将国家能源局、国家电力监管委员会的职责整合，重新组建的国家能源局。

2014年安徽、江苏、江西等10余省重新启动"直购电"试点。2015年出台的《中共中央、国务院关于进一步深化电力体制改革的若干意见》(9号文)无疑为大用户直购电带来好处，交易双方有详细规定。随着大用户直购电的增加，电厂发电量也随之增加。一方面增加了经济效益，另一方面也有利于提高机组利用效率，实现火电机组节能减排的目标。

政府以2015年颁布的6个配套文件为重点，构建电力体制改革的"四梁八柱"。国家能源局制定出台了6个配套文件，进一步细化、明确了电力体制改革的有关要求和实施路径。

2016年政府颁布《电力中长期交易基本规则(暂行)》(以下简称《基本规则》)，旨在更好地落实9号文及相关配套文件的要求，加快推进电力市场建设，规范各地电力中长期交易行为。

2017年是电改蓬勃发展的时期。2017年国家发改委发布了《关于取消、降低部分政府性基金及附加合理调整电价结构的通知》。该通知指出，从2017年7月1日起，取消向发电企业征收的工业企业结构调整专项资金，腾出的电价空间用于提高燃煤电厂标杆电价，缓解燃煤发电企业经营困难。2017年4月10日国家发改委和国家能源局印发《关于有序放开发用电计划的通知》。通知提出，各地要加快推进电力体制改革，逐步扩大市场化电力交易量的的规模。

1.2 电力市场类型

1.2.1 电力市场交易品种

电力市场交易品种如图1-1所示。在电力市场中，按照交易双方签订合约所要规范的"客体"内容，可将市场交易分为电量交易、容量交易、辅助服务交易、输电权交易等多种交易品种。

从交易周期看，主要分为中长期交易和现货交易两种类型。中长期交易一般为日以上交易，如周、月、季等；现货交易一般指日前、日内进行的电力交易。中长期交易和现货交易是完整电力市场体系中的重要部分，大多数电力市场以中长期交易为主。中长期交易可以吸引投资、规避市场风险、保证公司收益。现货交易则可以体现真实价格，补充中长期交易与实时调度负荷的偏差、提高电力市场的资产配置效率。

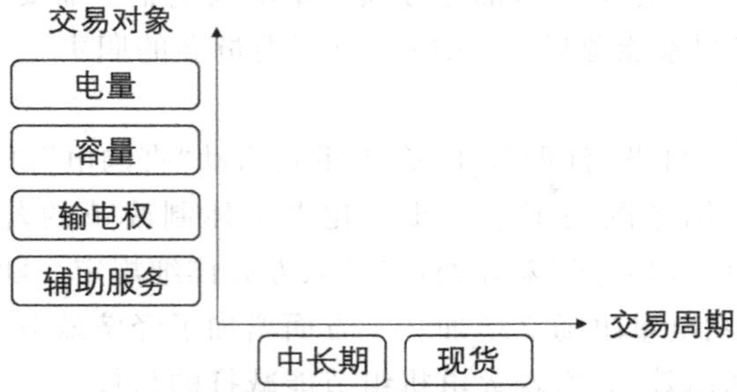

图 1-1 电力市场交易品种

1.2.2 电力市场模式

在电力市场中，按各经济主体关系和竞争程度的不同，电力市场模式可分为垂直垄断电力市场、发电电力市场、批发电力市场和零售电力市场竞争模式。按市场交易度的不同，可分为电力库模式、双边交易模式、多边交易模式和混合交易模式。下面主要介绍垂直垄断电力市场、发电电力市场、批发电力市场和零售电力市场竞争模式。

1.2.2.1 垂直垄断电力市场竞争模式

如图 1-2 所示，垂直垄断模式是指垂直一体化的电力企业，垄断电力供应、分销以及其他生产和消费环节的市场结构，其他电力企业不能在该地区独立销售电力。市场卖方是垄断电力企业，市场买方是电力消费者。在各国电力行业放松管制之前，这是一个广泛使用的模式。

1.2.2.2 发电电力市场竞争模式

在垂直垄断模式的基础上实施厂、网分开，在发电侧实行竞价上网的结构模式。各个发电公司相互竞争，但不允许通过输电网将电直接卖给最终用户。该模式适用于处于电力工业改革初期，或者电力系统太小、缺乏电力市场运行经验的国家或者地区。图 1-3 表示电力行业刚刚引进竞争模式时，出现的一体化模式。图 1-4 是图 1-3 模式可能的演化方向。

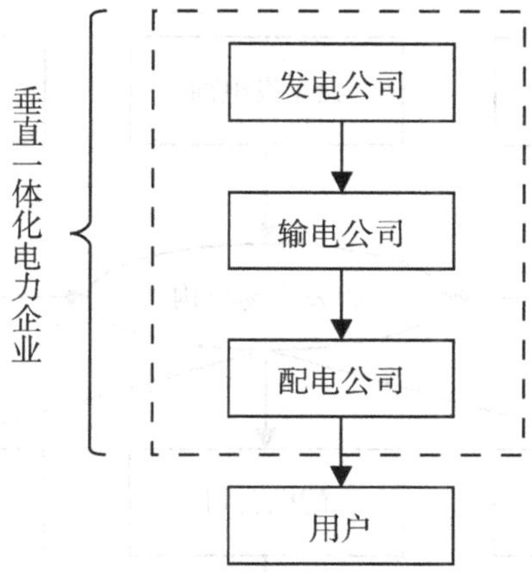

图 1-2 垂直垄断电力市场竞争模式

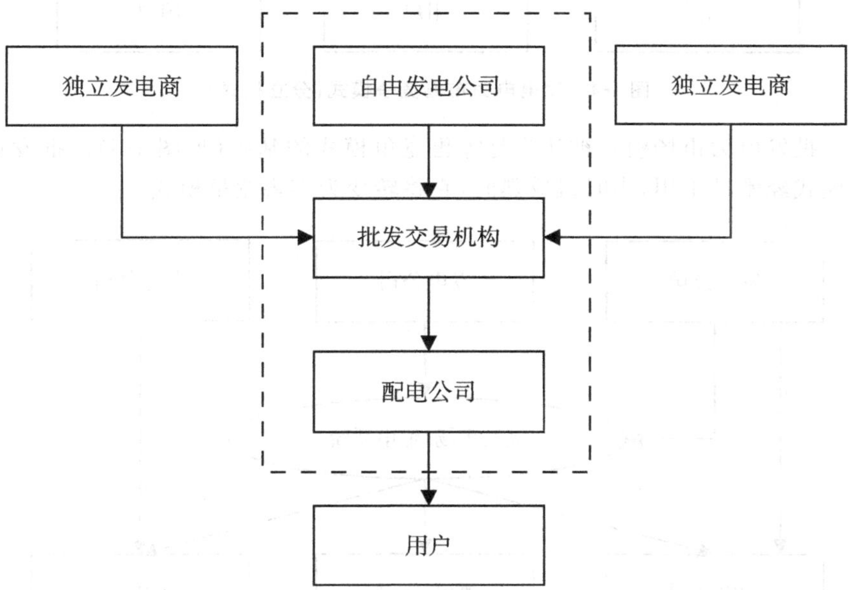

图 1-3 发电电力市场竞争模式(一体化模式)

1.2.2.3 批发电力市场竞争模式

零售商(配电公司/供电公司)和大用户直接向发电企业购买电力产品,以满足用能需求,因此存在批发电力市场。批发市场能增加发电企业之间的竞争,能显著降低电价。但批发电力也有一定的缺陷,如市场买家较少,大部分消费者不能直接参与市场购买。

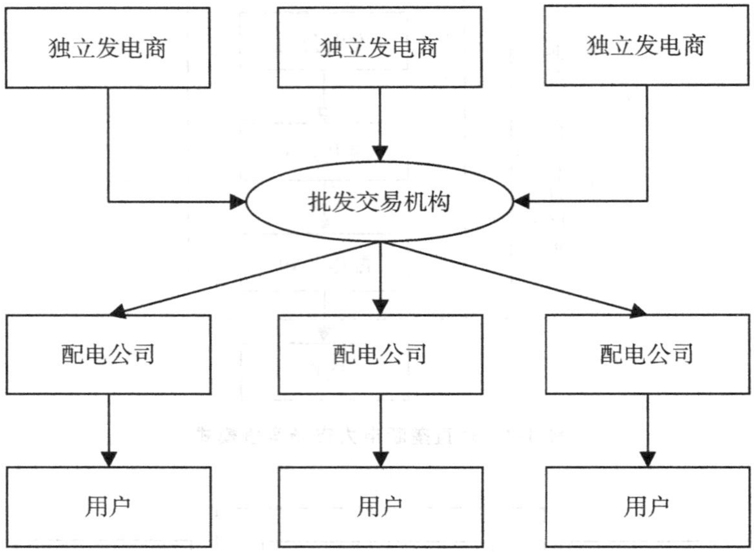

图 1-4 发电电力市场竞争模式(分立模式)

批发电力市场模式被认为是零售竞争模式的基础(见图 1-5)。批发竞争模式经常被采用,当时机成熟时,它将转变为零售竞争模式。

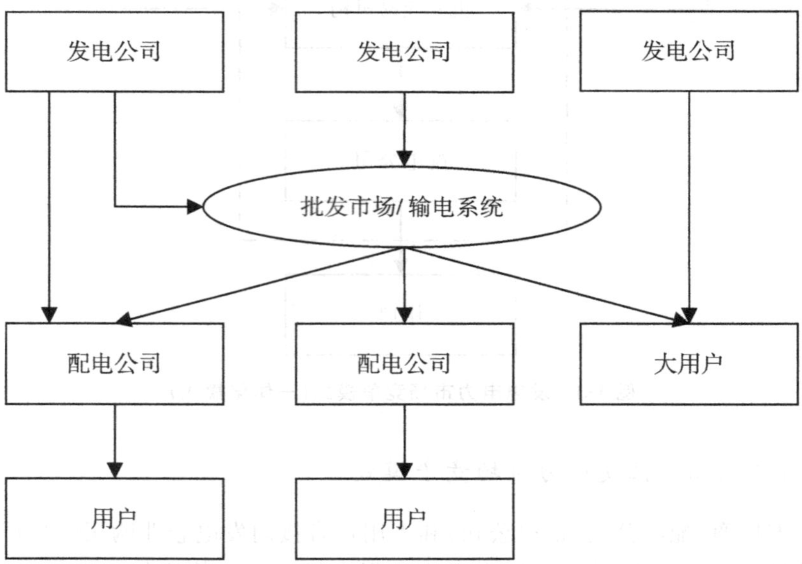

图 1-5 批发电力市场竞争模式

1.2.2.4　零售电力市场竞争模式

电力零售市场是指大多数终端用户可以选择竞争性的电力零售商，由他们提供供电服务（见图 1-6）。零售竞争模式是一种理想的电力市场模式，这种模式适用于那些拥有健全的市场结构、政策和法律的国家。如果在不具备条件的情况下采用这种模式，会存在一定的风险，如 2001 年美国加州电力危机。此外，对终端用户的实时用能计量对于该模式的成功有很大的影响。不过随着信息技术的发展和智能电表的普及，实时电力计量的门槛正逐渐降低。

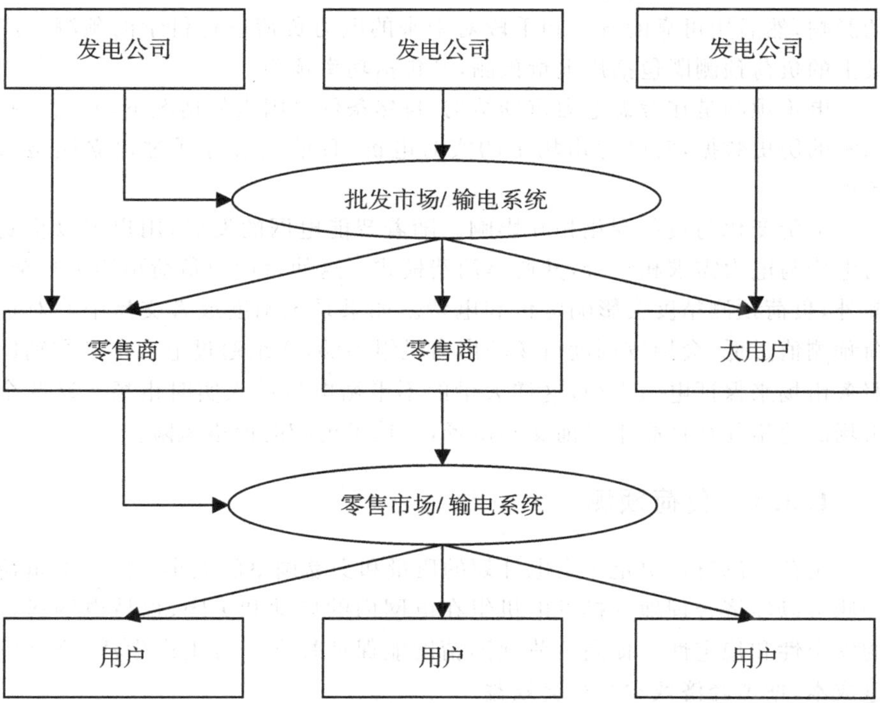

图 1-6　零售电力市场竞争模式

1.3 电力市场预测

预测在任何组织的规划过程中都起着关键作用，因为它提供了对不确定性的洞察。通过模拟，人们将能够评估所提出的策略是否达到期望目标。企业、社会团体和政府对于经济预测都非常关注，准确的预测是其制定决策方案的基础。如何提高预测精度一直是学术界、产业界关注的问题。

在电力市场中，负荷预测和电价预测等是电力市场主体优化决策的基础。负荷预测是指在预测理论的指导下，根据电力负荷、经济、气象等历史数据，研究电力负荷与各影响因素的相关性以及历史数据变化对未来负荷的影响，然后用可靠的方法和手段对未来的电力负荷进行科学的预测。广义上的负荷预测既包括用电量预测，又包括功率预测。

电价预测是在考虑电力市场结构、自然条件等因素的情况下，利用这些因素的历史数据，对电力市场中的实时电价、日前电价等通过建立模型来预测。

电价变化与负荷变化相互影响。随着智能电网的发展，用户可以将实时电价与电力需求相结合，并调整消费模式。这使得用户负荷预测更复杂。此外，负荷预测精度会影响电价和电费。如果系统调度或者交易中心对负荷预测值过低，会导致调度市场的出力机组不够，必须通过电力市场和辅助服务市场来保证电力平衡，这样大量的不平衡电量进入实时市场。这两个市场的价格往往远高于日前交易市场，导致了更高的价格风险。

1.3.1 负荷预测

负荷预测直接决定了发电计划的质量和交易调整的大小。准确的负荷预测可以经济合理地安排发电机组在电网内的启动和关闭，保持电网运行的安全性和稳定性。提高负荷预测精度能保证社会正常生产生活，降低发电成本，增加经济效益和社会效益。

1.3.1.1 负荷及负荷预测的分类

1. 负荷的分类

从全社会用电情况的角度，负荷分为第一、第二、第三产业和居民用电负荷四类。从行业类别的角度可将负荷分为工业负荷，居民生活用电负荷，农、林、牧、渔、水利业负荷，商业饮食、物资供销、仓储业负荷，建筑业负荷，地质勘探业负荷和其他行业负荷。图 1-7 为三大产业、居民用电量和全社会用电量波动图，第一和第三产业的用电量占的比重明显较低。第二产业用电量占的比重较大且与全社会用电量波动相似。

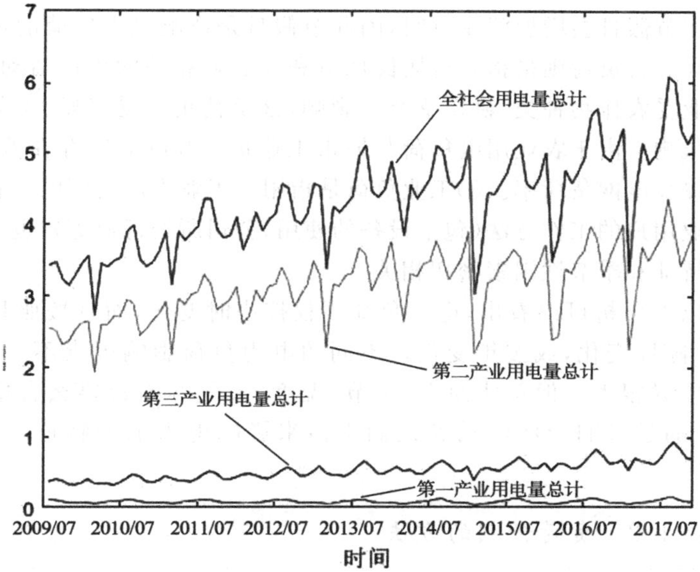

图 1-7　用电量波动图

2. 负荷预测的分类

(1)按预测周期划分。负荷预测根据预测周期可以分为超短期、短期、中期和长期。国家能源局明文要求风电企业进行日预报(以 15min 为分辨率，预测次日 0 时到 24 时的 96 点出力情况)或实时预报(以 15min 为分辨率，预测未来 4h 出力情况)。①超短期负荷预测的预测周期是未来 1h 以内。用于质量控制时为 5～10s，在安全监视状态下需要 1～5min 的预测值，预防性制和紧急状态处理需要 10min～1h 的预测值。②短期负荷预测的预测周期是 1 日～1 周。它用于安排每日和每周调度计划，包括确定机组的开启和关闭、水火电协调以及设备维护等。短期预测需充分研究电网负荷变化规律，分析影响负荷变化的相关因素。③中期负荷预测的预测周期是 1 月～1 年。主要确定机组运行方式和设备检修计划等。④长期负荷预测的预测周期是未来 3～5 年或更长时间。主要进行与电网有关的远期规划。

(2)按全社会用电或行业类别划分。与负荷分类类似，负荷预测分为居民用电负荷预测、商业负荷预测、农村负荷预测和工业负荷预测。①居民用电负荷主要来自城乡居民家用电器的用电负荷，它有逐年增长的趋势以及明显的季节性波动特点。②商业负荷主要指商业部门的照明、空调和其他用电负荷。商业负荷也有季节性波动。商业负荷中照明类负荷占用电力系统高峰时段的比重远超工业负荷和民用负荷。此外，商场、饭店、酒店等商业部门在节假日会增加营业时间，因此节假日是影响电力负荷的重要因素之一。③农村负荷则是指农村居民用电和与农业相关的生产活动的用电。由于农业受农作物种类、耕作季节等影响，该负荷更易受气候、季节等自然条件的影响。由于农业用电负荷与城市工业负荷高峰时间存在差别，所以有利于提高电网负荷率。④工业负荷是指用于工业生产的用电。它不仅取决于工业用户的工作方法（包括设备的使用，公司所处行业等），也与各行业的行业特征和季节性因素密切相关。

由以上分析可以看出，电力负荷不仅按小时变化，而且按照日变化而变化，也随周变化，或按年变化。不同的电力负荷影响因素不一样，负荷特性也差异很大。但总体而言，季节、温度、天气等因素要么直接影响负荷，要么通过影响经济活动和人们生活来影响电力消费特征，从而影响负荷。

1.3.1.2 负荷预测的方法

电力负荷预测方法非常多，主要包括时间序列、灰色预测、回归分析以及人工智能方法等。

1. 时间序列法

时间序列法是最常见的短期负荷预测方法，它基于历史观测值使用模型预测未来值。时间序列预测方法可分为确定型和随机型两类。确定型时间序列是通常所说的时间序列，它将负荷数据按时间先后的次序排列。它可以用作模型残差来估计预测区间的大小。随机时间序列被称为随机序列，它按照时间顺序排列序列生成的随机变量。

2. 灰色模型

灰色系统分析法是通过对原始数据的收集与整理去寻找系统变动的规律。灰色模型是通过少量的、不完全的负荷信息，建立灰色微分方程模型，从而预测未来负荷值并分析负荷发展趋势。灰色预测对于增长性的数据预测效果较好，适合小样本预测建模。但预测跨度大，外界影响因素多的情况下，灰色预测效果会受到影响。

3. 回归分析法

回归分析广泛用于预测领域。它建立了一个数学模型，可以根据负荷的历史数据进行分析并预测未来的负载。回归分析有助于理解变量之间的相互关系。在某些情况下,回归分析可以推断自变量和因变量之间的因果关系,但这不一定是正确的关系。

4. 人工神经网络

人工神经网络理论是利用神经网络的学习功能,让计算机学习包含在历史负荷数据中的映射关系,然后利用这种映射关系预测未来负荷。由于该方法具有较强的自学习能力、可塑性、自适应性以及非线性映射能力,因此可应用在很多领域。但其缺点是需要较长的训练时间,并且可能收敛到局部极小值。

1.3.2 电价预测

在电力市场中,电价是反映其运行效率、评价市场竞争度和市场成熟度的核心指标,也是市场成员进行经营决策的基本依据。通过准确预测市场电价,发电企业可以分配合适比例的电能来参与日前市场交易、实时市场交易、辅助服务市场交易或者签订双边合同,并在电力市场中制订相应的报价策略来达到利润最大化。反过来,供电企业和其他购买者可以选择合适购买策略来达到效用的最大化。在部分市场中,直购大用户还可以根据电价预测来决定企业的生产计划,以及提供相应的可中断负荷服务来实现企业利润最大。通过分析电价的影响因素,对电价进行准确预测,独立系统调度机构可以制订相应的检修计划,确保系统稳定运行。准确的电价预测还是监管机构对市场进行监管,消除市场力的重要依据。

从长远来看,准确的长期电价预测是进行电力投资的重要依据。如果预测在较长一段时间内,某地区(如负荷中心的电价)将维持较高的区域电价,那么在该地区建设电厂,或者架设新的输电线路以缓解输电瓶颈,都将能保证获得较高的收益率。积极透明的电价机制能自动调节长期电力市场中的备用容量,决定着电力市场参与者进入或者退出的门槛,保证供电系统的稳定和健康发展,实现社会资源的最优配置。

电力价格在国家和地区间存在明显差异。决定电力价格的因素有很多,如发电价格、政府补贴、当地天气情况、输配电基础设施和行业监管。电力价格通常反映建筑、融资、维护和运营发电厂和电网的成本。一些营利性质的公用事业,它们的价格也包括股东和业主的财务回报。电价根据客户的类型而不同,客户通常分为住宅、商业和工业用户。电价预测是指电力公司、公用事业公司或大型工业用户能够采用数学模型合理地预测未来的电价。

1.3.2.1 电价预测的分类

1. 按市场类型分类

在目前全球电力市场的实践中，发电侧市场包括以实时市场为主要代表的现货市场、以日前市场为代表的短期期货市场、以及中长期期货市场等。日前市场的电价在很大程度上影响着实时市场的电价，从而也决定着中长期期货市场的电价。全球的电力市场改革经验和教训表明：建立成熟的、竞争充分的日前市场是电力市场改革一个不错的选择。以美国宾夕法尼亚州-新泽西州-马里兰州电力市场（Pennsylvania-New Jersey-Maryland，PJM）等为代表的日前市场，由于能够较好地抑制市场力和促进需求侧响应，市场运行非常成功，逐渐成为关注的焦点。PJM 日前市场被认为是目前最完善的电力市场，其电力市场改革也被公认为是最成功的。我们目前的电力市场改革中，部分区域市场也参考 PJM 电力市场模式。

2. 按时间跨度分类

根据时间跨度，将电价预测分为短期预测和中长期预测。由于电价波动大的特点，具体分为小时、月度、季度预测。针对周末边际电价的特殊性，还将周末边际电价进行单独预测。

在电力市场建立之前，短期电价受政府监管，非常稳定，进行预测意义不大；中长期电价受电厂投资成本和运行成本等因素影响较大，可以通过这些相关因素来进行预测。电力市场放开管制之后，电价由市场供需决定。发电商和供电商在市场中提交报价，由系统运行机构进行撮合而形成最终的市场交易价格。电价影响因素较多，波动较大。短期电价（尤其是日前电价）预测是电力市场参与者最关心的问题之一，也是电价预测研究的焦点。电力市场中长期电价不仅受未来发电成本影响，还受未来相关输电线路状况、系统备用容量以及未来用电需求等影响，较电力市场放开管制前更难预测。

（1）短期电价预测是电价预测的重要组成部分，它主要用于预测未来几小时、1 天至几天的电价。准确的短期电价预测将有助于发电商选择最优报价策略，实现利润最大化。同时也为监管部门的实时监管电力系统提供了重要依据，保证了电力市场的正常运行。

（2）准确的中长期电价预测是进行电力投资的重要依据。利用电价预测可以为用户提供合理的用电计划，这样可以减少生产成本，获取更多的利润。所以，对电力市场中长期电价预测的研究具有非常重要的意义。

电价预测除具有与负荷预测一样的周期性特点外，还具有自身的特殊性：它不具备总体上的增长和上升趋势，而是处于不断的波动变化之中。一般来说，电价的波动除受燃料价格、竞价机组可用容量、水力发电量、用电需求弹性、输电阻塞等电力系统特有约束的影响外，还受到电力市场体制结构、社会经济形势，发电商实施市场力等主客观因素影响。因此，电价预测相对负荷预测难度要大，一些用于电力负荷预测的方法也就无法用来进行有效的电价预测，如用点对点倍比法、一元线性回归法进行电价预测的结果往往都是不准确的。

1.3.2.2　电价预测的方法

预测负荷的方法不能轻易地用于电价预测。电价曲线与负荷曲线在时间变化上基本一致，但电价变化不具备增长性，而且受很多非确定性因素的影响。这些非确定性因素很难被量化，更无法直接被电价预测模型使用。因此，电价预测比负荷预测更难。

总体来说，电价预测方法主要可以分为两类，一类是通过模拟电力市场实时运行来计算市场出清价格。该类方法建模需要掌握大量的信息，如电力市场中的各机组状态、输电网络运行状态以及相邻市场的相关信息；而且还必须计算系统潮流、经济调度以及输电物理阻塞等等。该类方法能够较为准确地反映电力市场的实际情况，短期预测效果较好。但是该类方法对于一般的市场参与者来说较为复杂，进行电价预测难度很大。另外一类是通过统计学方法，利用历史电价、系统信息等建立模型来进行预测。利用统计方法进行预测则简单得多，建模所需要的信息也可多可少。该类方法中常用的主要有时间序列法、计量经济学方法和智能算法等。时间序列法通过挖掘历史电价中的有用信息来对未来电价进行预测，不考虑电价的其他影响因素，这种方法在电价较为稳定的电力市场中预测效果较好。计量经济学方法通过分析电价及其各种影响因素之间的关系来建模预测，这种方法可以较好地寻找电价与其影响因素之间的关系，可解释性强，但不能很好地处理电价与其影响因素之间的非线型关系。如何确定电价的影响因素也是应用计量经济方法进行电价预测的一个难点。智能算法直接通过样本学习来模拟电价及其影响因素之间的关系，非线性拟合能力强，预测精度较高。但智能算法模型的输入变量在考虑时间序列因素方面不够，模型参数选择较难，容易出现过拟合或者拟合不够等问题。结合上述三者优点的混合预测方法较少。电价预测常用方法如图 1-8 所示。

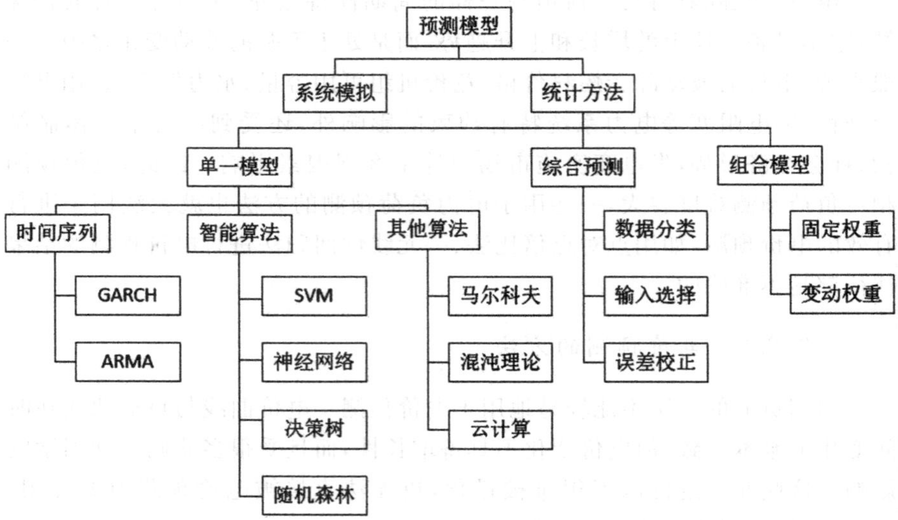

图 1-8 电价预测的常用方法

第 2 章　数学和计算机基础知识

2.1　常见的建模语言

2.1.1　MATLAB

20 世纪 70 年代后期，美国教授 Cleve Moler 为教学编写了接口程序，取名为 MATLAB，受到了学生的广泛欢迎。1984 年成立的 MathWorks 公司开始了 MATLAB 商业化。MATLAB 的内核采用 C 语言编写。MathWorks 公司在继承和发展其原有的数值计算和图形可视能力的同时，开发了与外部进行直接数据交换的组件和符号计算工具包。随后又不断推出改进和提高的版本。

MATLAB 包含众多科学与工程计算的庞大系统。它主要用于算法开发、数据分析以及数值计算等高级技术计算语言和交互式环境，是目前世界上最流行的计算软件之一。MATLAB 可以用于数学计算、分析、可视化和算法开发。

MATLAB 为用户开发的集成环境极大地方便了使用者利用产品自带函数和文件进行产品开发。独特的 MATLAB 编程语言使产品无论是在小规模编程还是在大规模应用程序开发中都显得游刃有余。并且 MATLAB 外部接口允许它与 C 语言、C＋＋、Java、FORTRAN 等高级语言进行交互，方便接入其他语言程序。强大的 Simulink 为用户提供了一个创建动态系统模型的可能，使用户在图形用户接口(Graphical User Interface，GUI)通过单击和拖动鼠标操作，就可以完成系统仿真。正是由于 MATLAB 高效的数值计算和良好的交互性，使之广泛应用于工程计算、图像处理、统计分析和金融分析等领域。

根据不同的应用领域，MATLAB 提供多种工具箱，最新信息可以在 MathWorks 公司网站(http://www.mathworks.cn/products)查询。与本书所介绍内容相关工具箱有并行计算工具箱、数学与优化工具箱、统计与数据分析工具箱、控制系统设计与分析工具箱、信号处理与通信工具箱、计算金融工具箱以及数据库链接和报告工具箱(见图 2-1)。这些工具箱给

MATLAB使用者在处理、分析数据、可视化和算法开发方面以极大的便利。丰富的帮助文档以及算例支持可让使用者在掌握基础知识的情况下，自己动手解决一些简单问题。

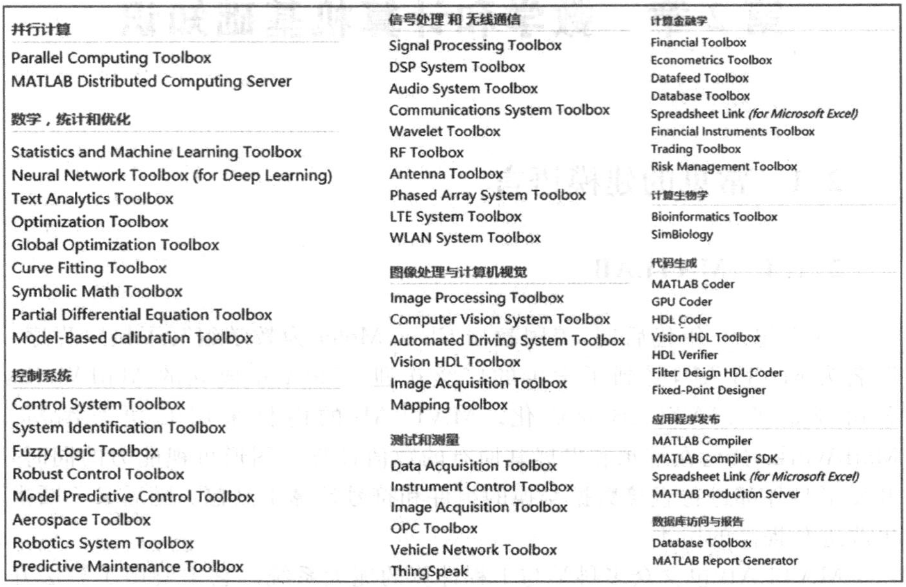
并行计算
Parallel Computing Toolbox
MATLAB Distributed Computing Server
数学，统计和优化
Statistics and Machine Learning Toolbox
Neural Network Toolbox (for Deep Learning)
Text Analytics Toolbox
Optimization Toolbox
Global Optimization Toolbox
Curve Fitting Toolbox
Symbolic Math Toolbox
Partial Differential Equation Toolbox
Model-Based Calibration Toolbox
控制系统
Control System Toolbox
System Identification Toolbox
Fuzzy Logic Toolbox
Robust Control Toolbox
Model Predictive Control Toolbox
Aerospace Toolbox
Robotics System Toolbox
Predictive Maintenance Toolbox
信号处理和无线通信
Signal Processing Toolbox
DSP System Toolbox
Audio System Toolbox
Communications System Toolbox
Wavelet Toolbox
RF Toolbox
Antenna Toolbox
Phased Array System Toolbox
LTE System Toolbox
WLAN System Toolbox
图像处理与计算机视觉
Image Processing Toolbox
Computer Vision System Toolbox
Automated Driving System Toolbox
Vision HDL Toolbox
Image Acquisition Toolbox
Mapping Toolbox
测试和测量
Data Acquisition Toolbox
Instrument Control Toolbox
Image Acquisition Toolbox
OPC Toolbox
Vehicle Network Toolbox
ThingSpeak
计算金融学
Financial Toolbox
Econometrics Toolbox
Datafeed Toolbox
Database Toolbox
Spreadsheet Link *(for Microsoft Excel)*
Financial Instruments Toolbox
Trading Toolbox
Risk Management Toolbox
计算生物学
Bioinformatics Toolbox
SimBiology
代码生成
MATLAB Coder
GPU Coder
HDL Coder
Vision HDL Toolbox
HDL Verifier
Filter Design HDL Coder
Fixed-Point Designer
应用程序发布
MATLAB Compiler
MATLAB Compiler SDK
Spreadsheet Link *(for Microsoft Excel)*
MATLAB Production Server
数据库访问与报告
Database Toolbox
MATLAB Report Generator

图 2-1 MATLAB 工具箱一览图

2.1.2 R 语言

2.1.2.1 简介

R诞生于1980年左右，由新西兰的奥克兰大学教授 Ross Ihaka 和 Robert Gentleman 开发。R语言可追溯到1970年贝尔实验室开发的S语言，可认为R是S语言的一种实现。R是属于GNU系统的一个免费、开源的软件。它集统计分析与图形显示于一体，可以方便实现统计检验、时间序列建模、回归分析建模以及聚类分析等统计功能。它可以运行于UNIX、Windows等操作系统上。

2.1.2.2 优势

(1)很多商业用途的统计软件价格昂贵，投入成千上万美元都很常见，而R是免费、开源的软件。

(2)R具有有效的数据处理和保存机制，非常适用于统计分析工作。R

提供了较为全面的数据处理和分析工具。相对于 MATLAB 等其他软件，R 在数据清洗和预处理上非常有优势。

(3)R 的绘图功能非常强大。R 在复杂问题的数据可视化方面的优势非常明显。在 R 中综合使用各种绘图函数，可以得到纷繁多样的图形结果。另一方面，从数值计算到得到图形结果的过程非常灵活，程序完成之后，只需要调整少数参数，即可得到所需要的图形。对于不同的数据，替换数据源即可得到相同的结果，不需要重复劳动，这节省了大量的人力。

(4)R 的交互式数据分析功能强大且灵活。R 语言是彻底面向对象的统计编程语言。R 程序设计语言相当完善、简洁和高效。

(5)R 可以轻松地从多个数据源导入数据，并且和其他编程语言、数据库之间有很好的接口。这一点很多其他软件还难以做到。

(6)R 语言具有丰富的网上资源，包含最新的大量统计方法和案例，更新速度快。R 社区由全球大量 R 爱好者共同维护，几乎每天都有新的方法资源更新，第一时间提供最新研究的软件代码或者工具箱。

2.1.2.3　R 的安装与使用

R 语言的官方网站是 http://www.r-project.org。与 R 语言有关的重要网站还有 CRAN(Comprehensive R Archive Network)，其主站网址是 http://www.cran.r-project.org，可以下载到很多程序包以及有关 R 语言的资料。

R 有各式各样的 GUI 工具，比较常用的 GUI 工具包括 RStudio、Rattle、Rattle、Red-R、Deducer、RKWard、JGR、R Commander、Tinn-R 等。其中 RStudio 用户数量非常大。

RStudio 是 R 的集成开发环境，把常用的窗口都整合在一起，开发者不用在命令行和绘图窗口来回切换，用它进行 R 编程的学习和实践会更加轻松和方便。官网 RStudio 下载地址：http://www.rstudio.com/ide。

Windows 安装 R 步骤如图 2-2 和图 2-3。打开 R 官网链接后，下载 R 语言安装。

从上图方框中的链接处点击下载完成，安装时不建议修改路径，尽量使用默认位置。

然后一直单击下一步，直至安装完成，这时桌面上会出现 R 的快捷方式，双击即可打开 R。

图 2-4 是 R 语言运行、调试代码的最主要的交互界面。最后还需要将 R 添加到系统的环境变量中，这样就能够通过命令来操作了。

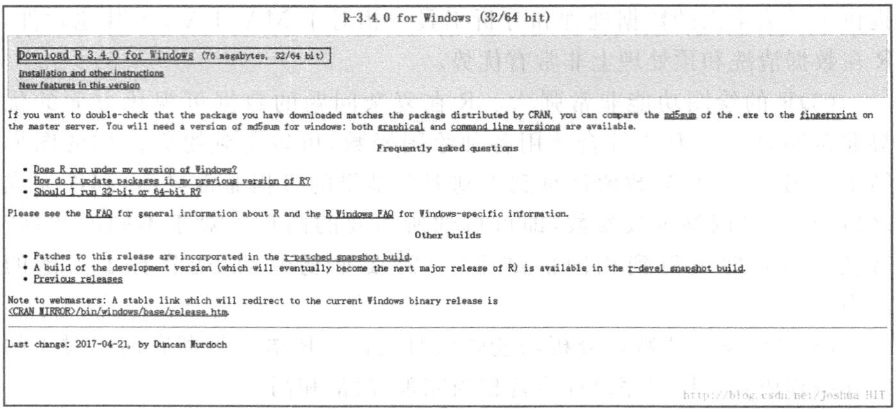

图 2-2　R 语言安装 Step1

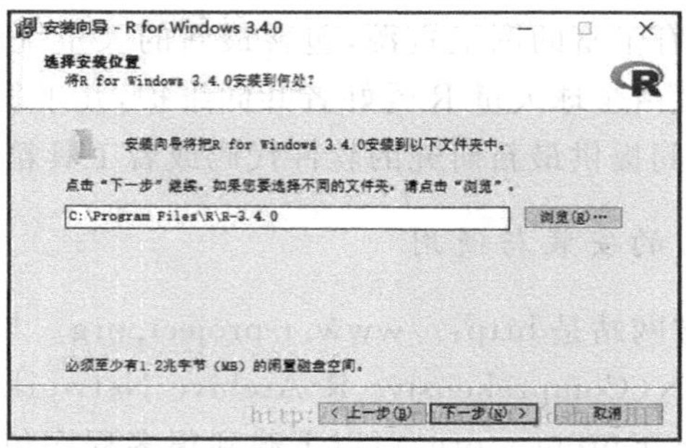

图 2-3　R 语言安装 Step2

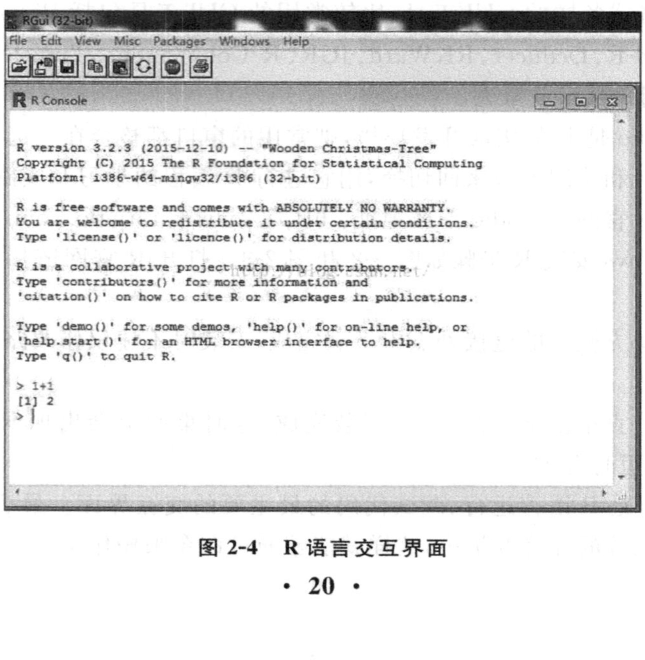

图 2-4　R 语言交互界面

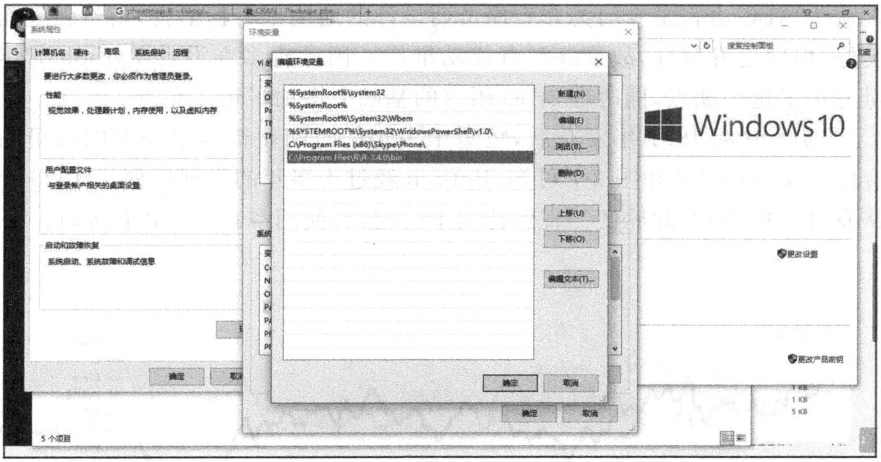

图 2-5　将 R 添加到系统的环境变量

R 包的安装有三种方式：

(1)菜单方式：在联网的条件下，按步骤“程序包→安装程序包……选择 CRAN 镜像服务器→选定程序包”进行实时安装。

(2)命令方式：在已经联网的条件下，在命令提示符后键入
>install. packages(“PKname”)完成安装。

(3)本地安装：在无上网条件下，先从 CRAN 社区下载需要的程序包及与之关联的程序包，再按第一种方式通过“程序包”菜单中的“用本机的 zip 文件安装程序包”选定本机上的程序包安装。

除 R 的标准程序包之外，新安装的程序包必须在使用前载入，有两种载入方式：

(1)菜单方式：按步骤“程序包→载入程序包……”，再从已有的程序包中选定需要的一个加载。

(2)命令方式：在命令提示符后键入
>library(“PKname”) ＃或 library(‘PKname’)，library(PKname)
来加载程序包 PKname。

若有必要，还可通过“程序包→更新程序包……”对本机的程序包进行实时更新。

2.1.3　Python

Python 是一门高级编程语言，它可以帮助用户快速高效地工作并有效地集成系统。Python 是由吉多·范罗苏姆于 1989 年末开始研究，1991 年便发布了第一版 Python。Python 是在 ABC 语言的基础上优化而来。吉

多认为 ABC 语言是专门为非程序员而设计的通用型编程语言，虽然强大而美好，但缺乏开放性，故最终没有成功推广。因此吉多在设计 Python 时尽量避免了这一缺点，同时在 ABC 语言的基础上增加了很多亮点。

Python 从 1991 年发布后，短短十多年的时间便得到了公众的认可与青睐。结合图 2-6 和图 2-7 可知，Python 经过十多年的发展后便于 2008 年跻身排行榜第六，此后便一直保持前十的记录，使用率在 5%上下活动。

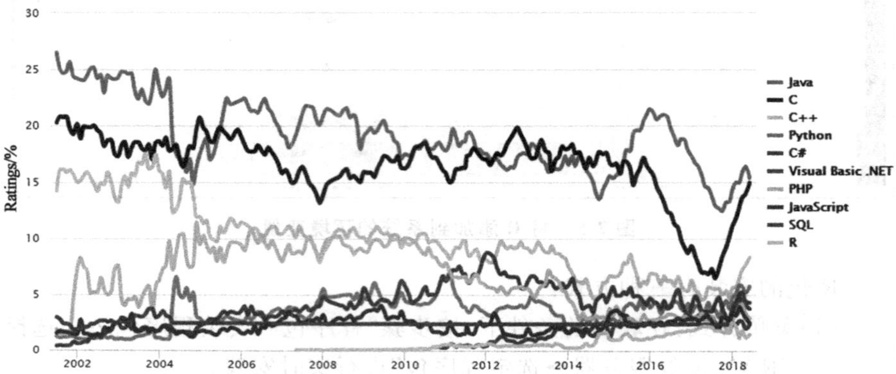

图 2-6　2002—2018 年各类语言使用率情况

（来源：https://www.tiobe.com/tiobe-index）

Programming Language	2018	2013	2008	2003	1998	1993	1988
Java	1	2	1	1	16	-	-
C	2	1	2	2	1	1	1
C++	3	4	3	3	2	2	5
Python	4	7	6	11	23	18	-
C#	5	5	7	8	-	-	-
Visual Basic .NET	6	13	-	-	-	-	-
JavaScript	7	10	8	7	19	-	-
PHP	8	6	4	5	-	-	-
Ruby	9	9	9	18	-	-	-
Delphi/Object Pascal	10	12	10	9	-	-	-
Perl	12	8	5	4	3	12	-
Objective-C	17	3	41	51	-	-	-
Ada	28	17	18	14	8	6	3
Lisp	31	11	15	13	7	5	2
Pascal	146	14	17	96	10	3	13

图 2-7　1988—2018 年 TIOBE 排行榜

（来源：https://www.tiobe.com/tiobe-index）

根据 2018 年 6 月的 TIOBE 的排行榜显示 Python 目前在推广最迅速的 5 种编程语言中排行第四。由图 2-8 可知 Python 的排名与 2017 年 6 月相比并无变化，稍逊 Java、C、C++，稳坐第四的位置，这相当不易。

Jun 2018	Jun 2017	Change	Programming Language	Ratings	Change
1	1		Java	15.368%	+0.88%
2	2		C	14.936%	+8.09%
3	3		C++	8.337%	+2.61%
4	4		Python	5.761%	+1.43%
5	5		C#	4.314%	+0.78%
6	6		Visual Basic .NET	3.762%	+0.65%
7	8	↑	PHP	2.881%	+0.11%
8	7	↓	JavaScript	2.495%	-0.53%
9	-	↑↑	SQL	2.339%	+2.34%
10	14	↑↑	R	1.452%	-0.70%
11	11		Ruby	1.253%	-0.97%
12	18	↑↑	Objective-C	1.181%	-0.78%
13	16	↑	Visual Basic	1.154%	-0.86%
14	9	↓↓	Perl	1.147%	-1.16%
15	12	↓	Swift	1.145%	-1.06%
16	10	↓↓	Assembly language	0.915%	-1.34%
17	17		MATLAB	0.894%	-1.10%
18	15	↓	Go	0.879%	-1.17%
19	13	↓↓	Delphi/Object Pascal	0.875%	-1.28%
20	20		PL/SQL	0.848%	-0.72%

图 2-8　2017—2018 年 TIOBE 排行榜

（来源：https://www.tiobe.com/tiobe-index）

Python 取得这样的成绩主要得益于其优质特征。首先，Python 代码具有很高的可读性，这使得它具有更强的可重用性和可维护性。其代码还具有很强的可移植性，可以在不同的平台上执行程序，产生相同的输出。因此，Python 用户永远不需要在其他平台更改任意一行代码。其次，Python 具有简洁而优雅的编码风格。它使用类似英语的语法，一个简单的赋值将一个名称绑定到任何类型的对象。Python 的代码明显小于等效的 C++ / Java 代码，这意味着代码需要调试与维护更少。作为一门解释语言，Python 进一步提高了开发人员的速度。再者，Python 具有很强的伸展性。Python 不仅具有多个内置库，还可以导入其他外置库。用户可以在需要的时候加载他们使用所需的功能。最值得一提的是，Python 可免费使用、修改和重新发布。Python 采用了 OSS(Object Storage Service)，用户可以自由地使用它，在源代码中进行修改并重新发布，可以用于商业利益。正是因为这种开放性，Python 才获得了一个不断增长和价值增大的庞大社区基础。下面列举了一些常用社区的名称与网址，在这些网站可以找到丰富的资源，如表 2-1 所示。

表 2-1 Python 常用社区

名　称	网　址
GitHub	https://github.com/
Pythontab	http://bbs.pythontab.com/
Python 中文社区	https://python-chinese.github.io/
Reddit 社区	https://www.reddit.com/r/Python/
Stack Overflow	https://stackoverflow.com/
CSDN	https://bbs.csdn.net/forums/ProgrammerStory/
Python-开源中国社区	https://www.oschina.net/question/tag/python/
51CTO	http://blog.51cto.com/search/result?q=python&type=
V2EX	https://www.v2ex.com/
Python 中国社区	http://www.pythonchina.cn/

Python 的优良特性和强大的功能使得其被应用于各行各业。首先，Python 可以用于数据获取，时下最流行的网络爬虫使用的编程语言大多都是 Python。因为 Python 具有爬虫所需的多个库，例如 urllib、requests、Scrapy 等爬虫框架，且很适合作为 Python 入门学习。其次，Python 在数据可视化方面的应用也大放光彩。其 Numpy、Pandas、Matplotlib 模块都可以实现数据分析与可视化，可应用于科学计算、人工智能领域。Python 在机器学习方面的功能也非常强大，scikit-klearn 适合机器学习入门，算法明了简洁，使用起来非常高效。Keras / TensorFlow / Theano 可用于深度学习。Python 在预测领域的应用表现得非常出众。Python 的一些算法包可以实现预测的核心算法——惩罚线性回归、集成方法。例如应用 scikit-klearn 算法包下的 linear 模块、RandomForestRegressor 模块分别实现惩罚线性回归和集成方法预测红酒口感预测。Python 的一些代码与应用可以在相关的社区找到，对于学习 Python 非常有帮助。

既然 Python 那么有用，那么该如何安装 Python 练练手呢？Python 的安装可以选择在 Python 官方网站（https://www.python.org/downloads/）下载，但是在官方网站下载的安装包只是一个纯净的 Python 安装包,因此当需要调用一些库的时候需要通过 pip 命令进行安装,而且还需要为其配置路径。这个方式比较麻烦,推荐使用 PyCharm、Anaconda,因为这些软件基本上包含了 Python 大部分的库,而且安装起来非常方便。以 Anaconda 为例,可以在其官网(https://www. anaconda. com/)下载相应的版本,安装步骤如下所示。

Step 1:双击打开下载好的 Anaconda3 5. 2. 0-Windows-x86_64. exe 安装程序,进入安装界面,如图 2-9 所示,单击 Next,进入下一步。

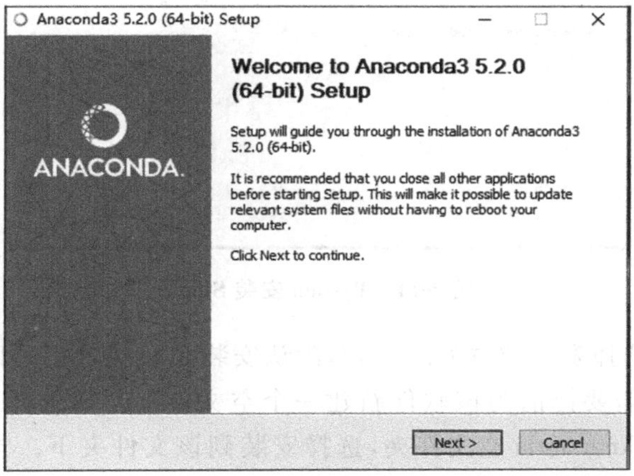

图 2-9　Python 安装 Step 1

Step 2:如图 2-10 所示,选择"I Agree"同意协议。

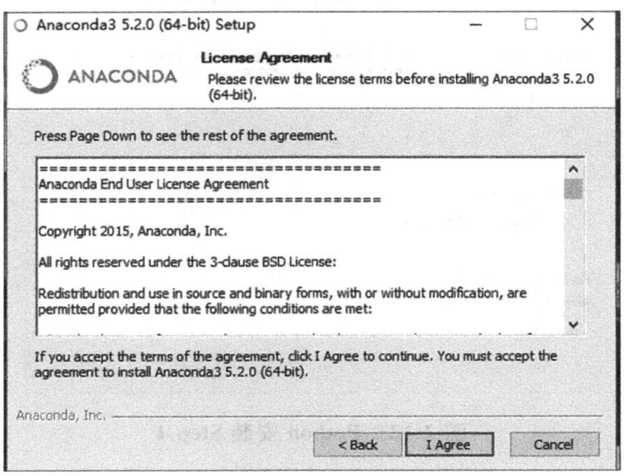

图 2-10　Python 安装 Step 2

Step 3:安装用户,有"Just Me"和"All Users"。即仅对电脑当前用户安装使用和对电脑上的所有用户都安装使用。本书选择的是"All Users"，然后单击 Next。如图 2-11 所示。

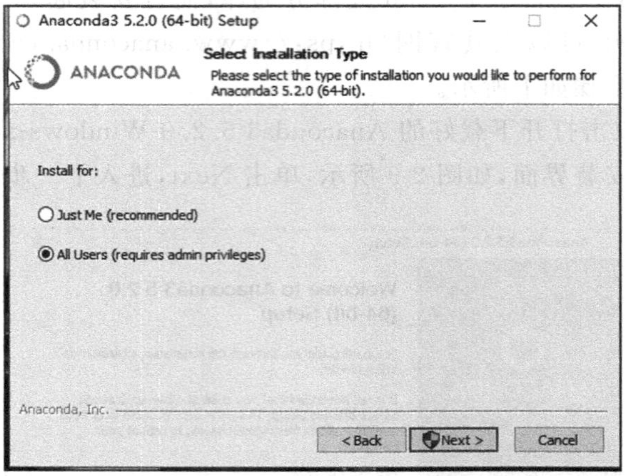

图 2-11　Python 安装 Step 3

Step 4：选择安装位置如图 2-12，默认安装在 C 盘。也可以选择其他安装路径，此时需要提前为该软件新建一个空文件夹。如选择 D 盘安装，则在 D 盘建立 Anaconda 空文件夹，选择安装到该文件夹下。本例中默认安装在 C 盘，然后单击 Next。

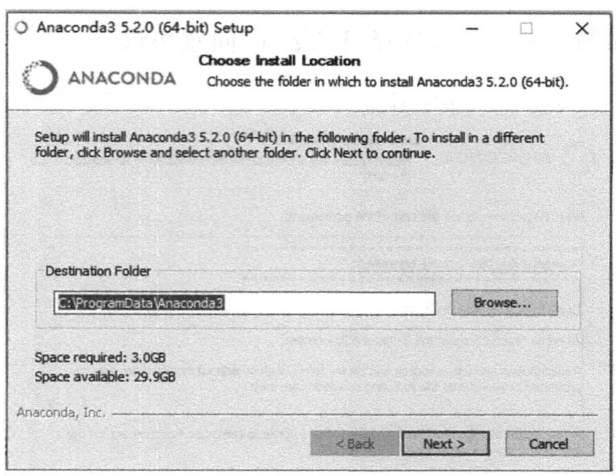

图 2-12　Python 安装 Step 4

Step 5：高级选项如图 2-13 所示，第一项是环境变量配置，这样选择会很方便，不用手动配置；第二项是默认使用 Python3.6，单击 Install，进行安装。

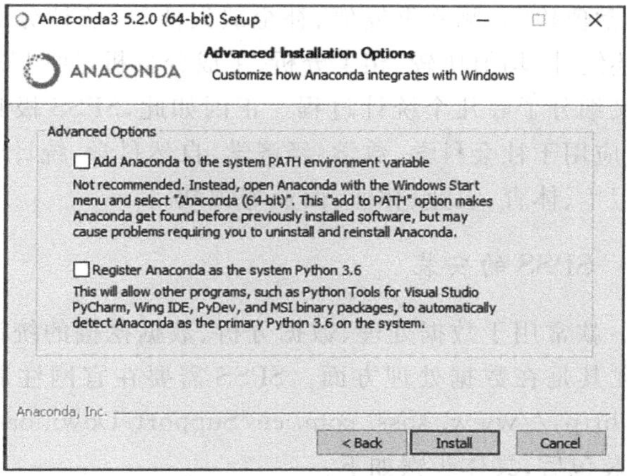

图 2-13　Python 安装 Step5

安装需要一定的时间，等待安装完成即可，如图 2-14 所示。

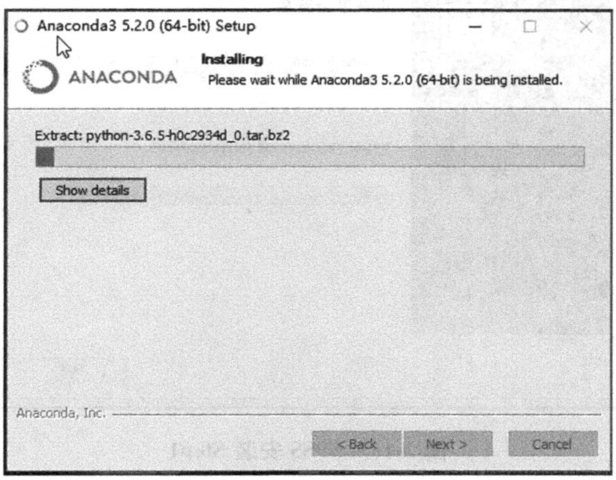

图 2-14　Python 安装完成

2.1.4　SPSS

SPSS 是世界上最早的统计分析软件，由斯坦福大学的三名研究生于 1968 年研发成功。SPSS 公司也于 1968 年成立。2009 年 IMB 公司收购 SPSS 公司，SPSS 更名为 IMB SPSS，其最新版本为 IBM SPSS 25。

SPSS 具有很友好的操作界面，它是世界上最早采用图形菜单驱动界面的软件，而且其输出结果美观漂亮。除了可操作性强以外，SPSS 功能非常齐全，基本功能有数据预处理、统计分析、图表分析、数据管理等。数据预处理主要有异常值检测、删除重复值、补全缺失值等;统计分析过程包括探索性分析、描述统计、均值比较、相关分析、主成分分析、回归分析、聚类分析等,每一类下又细分了好几个统计过程。正因如此,SPSS 极具吸引力。目前其已被广泛应用于社会科学、数学、经济学、自然科学、统计学、物流管理、地理学、医疗卫生、体育、农业、林业、商业等领域。

2.1.4.1 SPSS 的安装

SPSS 是一款常用于数据处理、数据分析、数据挖掘的统计软件。其操作直观方便,尤其是在数据处理方面。SPSS 需要在官网注册后才能购买下载,网址为 http://www.spss.com.cn/Support/Download_List.aspx。下载 SPSS 安装包后,具体步骤如下:

Step 1:双击 SPSS 安装包,弹出如图 2-15 的安装界面。

图 2-15 SPSS 安装 Step1

Step 2:上述安装包解压完成后,弹出如图 2-16 的界面,单击“下一步”按钮。

Step 3:进入用户类型选择界面。选择单用户许可,因为是个人用户使用,如图 2-17 所示。

Step 4:选择“我接受许可协议中的全部条款”并单击“下一步”,如图 2-18 所示。

Step 5:输入客户信息,这里可以输入计算机用户的信息,如图 2-19 所示。

Step 6:选择安装语言,这里选择的是中文。如果选其他的语言可多选,一种语言一般需要 70 多 M 的存储空间。

Step 7:选择安装路径,可以选择安装在其他硬盘。

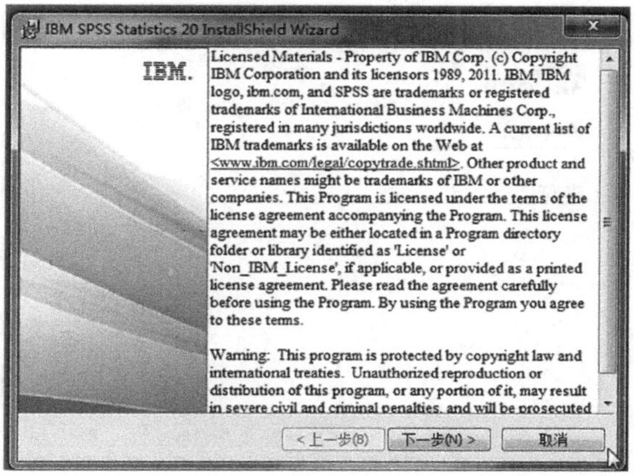

图 2-16　SPSS 安装 Step2

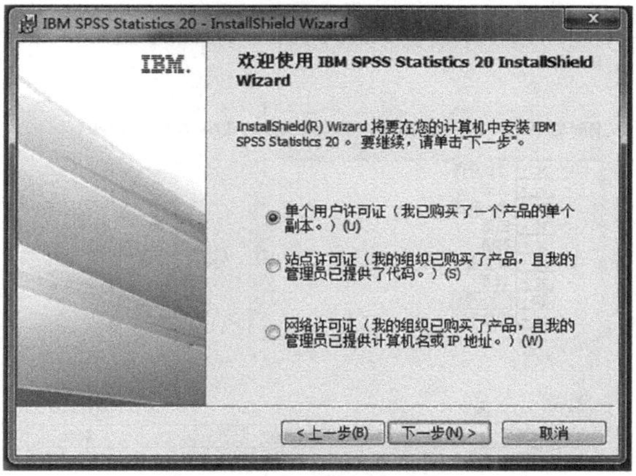

图 2-17　SPSS 安装 Step3

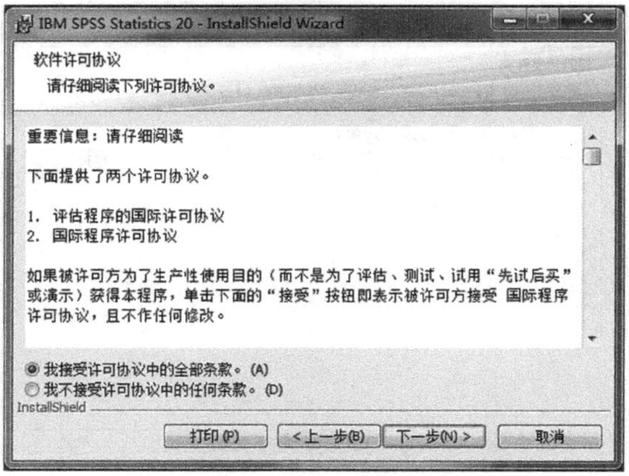

图 2-18　SPSS 安装 Step4

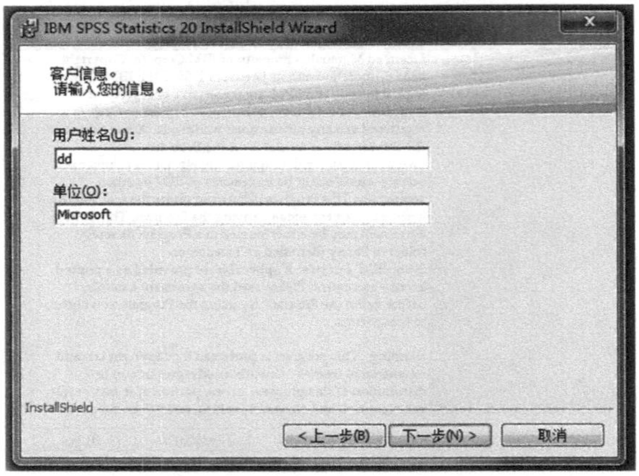

图 2-19　SPSS 安装 Step5

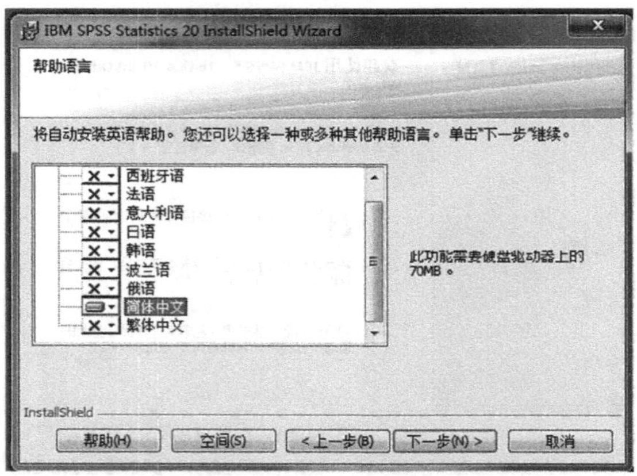

图 2-20　SPSS 安装 Step6

图 2-21　SPSS 安装 Step7

Step 8：上述已经完成了安排的准备基本步骤，进入安装阶段。单击“安装”即可，如图 2-22 所示。

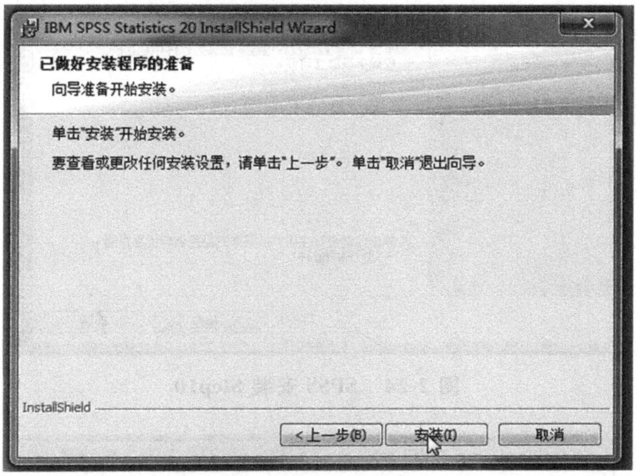

图 2-22　SPSS 安装 Step8

Step 9：安装大概需要两三分钟，需要耐心等待。安装界面如图 2-23 所示。

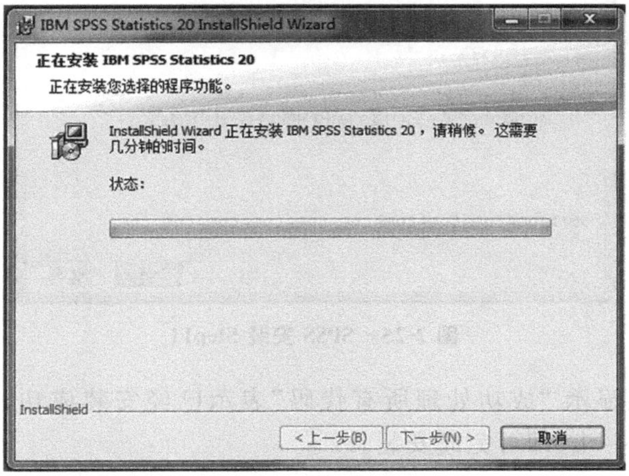

图 2-23　SPSS 安装 Step9

Step 10：选择“单击此处进行注册，以获取产品更新与优惠提醒。”按钮，然后单击确定，如图 2-24 所示。

Step 11：产品授权界面，选择“立即授予产品许可证”，如图 2-25 所示。如果选择启用临时使用，则过后需要在帮助界面输入许可证。

Step 12：输入验证代码激活 SPSS，界面如图 2-26 所示。

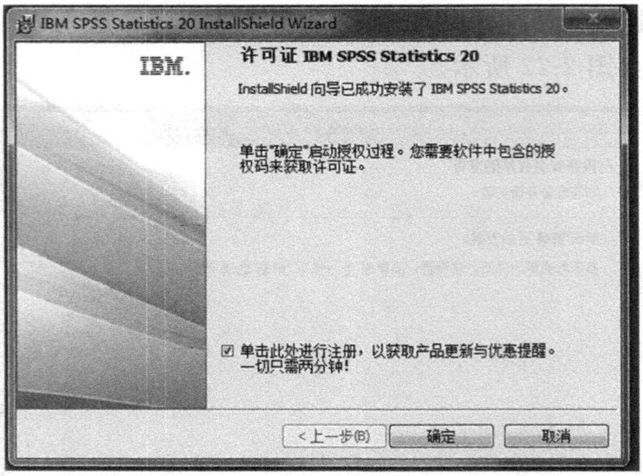

图 2-24　SPSS 安装 Step10

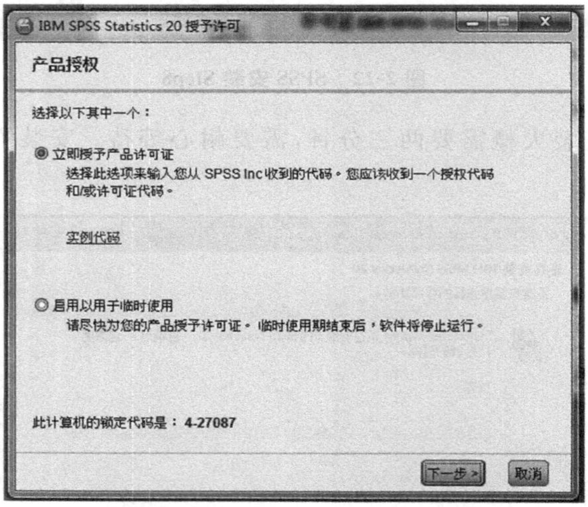

图 2-25　SPSS 安装 Step11

Step 13：显示"成功处理所有代码"表示已经安装成功，如图 2-27 所示。单击"下一步"即可完成安装。

2.1.4.2　SPSS 数据处理常用功能

在数据处理方面 SPSS 非常方便实用，常常用来检测与补全异常值。

1. 探索性分析缺失值检测

SPSS 中有一个探索性分析可用于异常值的检测。具体操作如下：将鼠标放在"分析"项目下，选择"描述性统计"子菜单下的"探索性"分析，如图 2-28 所示。

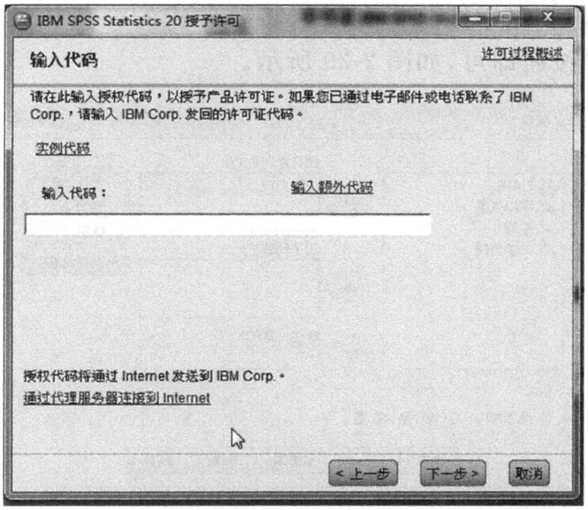

图 2-26　SPSS 安装 Step12

图 2-27　SPSS 安装 Step 13

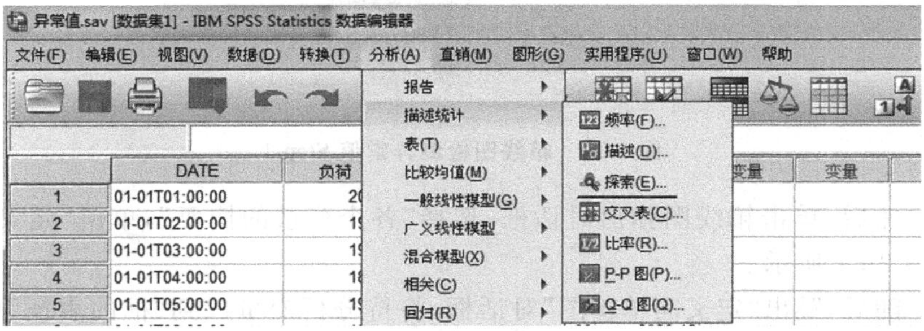

图 2-28　探索性分析检测异常值 Step 1

接着，进入到“探索性分析”界面，将要分析的变量放到“因变量列表”中，单击“确定”按钮即可，如图 2-29 所示。

图 2-29　探索性分析检测异常值 Step 2

2. 箱线图检测缺失值

SPSS 除了可以通过“探索性分析”直接检测异常值外，还可以通过绘制箱线图检测异常值。如图 2-30 所示，选择“图形”选项卡下的“旧对话框”下的“箱图”。

图 2-30　箱线图检测异常值 Step 1

然后，单击箱线图弹出对话框，选择“各个变量的摘要”，单击“定义”，如图 2-31 所示。

随后，跳出“定义简单箱图”对话框，将待分析变量放到“框的表征”中，单击“确定”按钮即可，如图 2-32 所示。

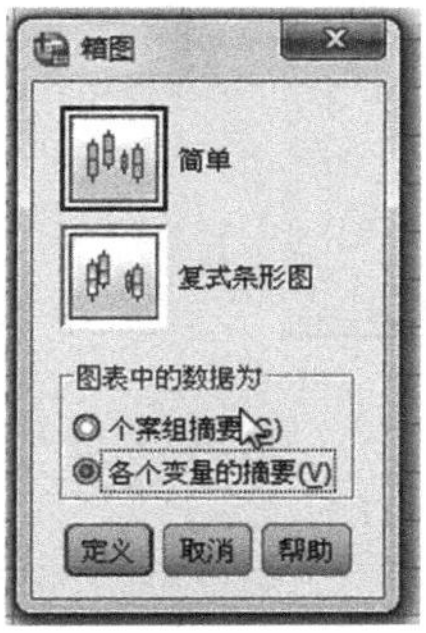

图 2-31　箱图选项

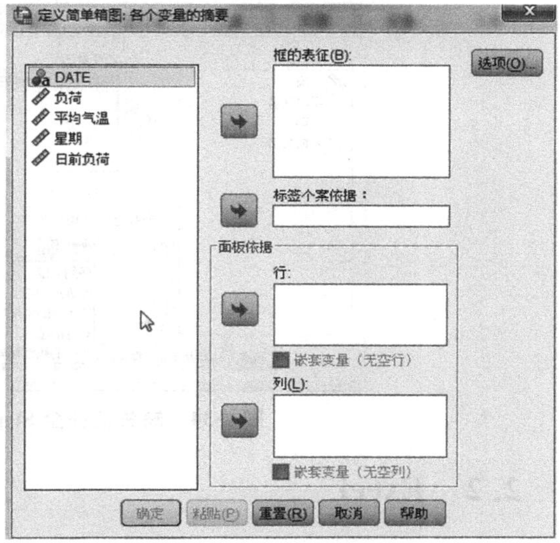

图 2-32　简单箱图定义

3. 缺失值补全

SPSS 也常被用于补全缺失值，因为 SPSS 可同时捕捉到缺失值并将其补全，且补全的方法较多。具体操作方式如下：

首先，选择“转换”选项卡下的“替换缺失值”，如图 2-33 所示。

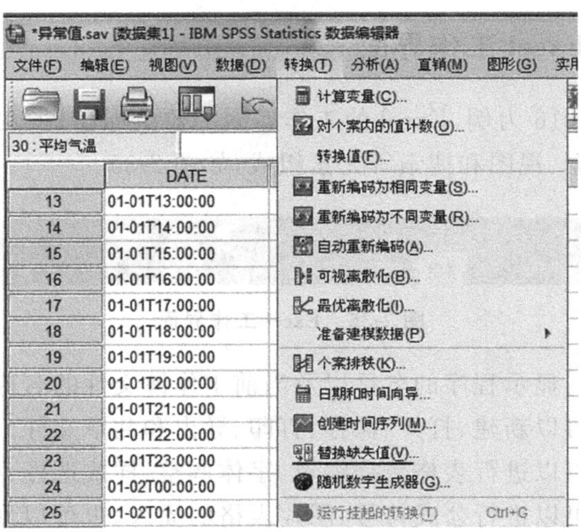

图 2-33　缺失值补全 Step 1

然后，进入到“替换缺失值”界面，选择要分析的变量和补全方法，点击“确定”按钮即可，如图 2-34 所示。

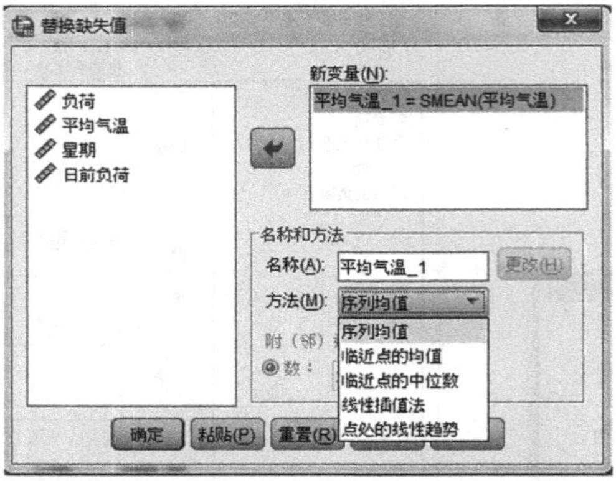

图 2-34　缺失值补全 Step 2

2.2　Excel

Excel 是 Microsoft 公司办公软件 Office 中的产品，它具有强大的计算、分析和图表等功能，是目前最常用的办公数据表格软件之一。

Excel 具有强大的数字运算和数字分析能力。Excel 中内置的公式和函数可以帮助我们进行复杂的计算，有着强大的制作图表功能及打印设置功能等。在电力市场预测方面，我们可以使用 Excel 进行数据记录、分析和预测，完成复杂的数据运算，制作图表等。

2.2.1　Excel 工作界面

以 Excel 2016 为例，Excel 的工作界面主要由标题栏、文件、插入、页面布局、公式、数据、视图和搜索等元素组成，如图 2-35。

图 2-35　Excel 工作界面

(1)标题栏：显示程序的名称以及当前工作簿文件的名称。

(2)文件：可以新建、打开、保存、打印、导出和共享文件。

(3)开始：可以进行表格数据编辑、字体调整、样式选择、格式变换。

(4)插入：可以进行公式符号、图片表格的插入，也可以加载 Excel 的分析工具库，更好地分析数据。

(5)页面布局：可以设置页面、布置主题、调整排列方式。

(6)公式：可以调用函数、编辑函数，也可以审核公式、进行计算。

(7)数据:我们可以获取和转换数据,将数据进行排序和筛选,使用数据工具进行分析计算和模拟预测。

(8)审阅:可以对 Excel 进行校对、批注和语言转换。

(9)视图:可以调整工作簿视图、设置窗口。

(10)搜索:可以快速方便地找到所需要的 Excel 功能和数据。

2.2.2　使用 Excel 预测

首先准备一份数据,第一列是间隔相同的日期,第二列是对应的数值。将用前 16 天的数据来预测第 17 天对应的数值。图 2-36 中可知第 17 天实际值为 32。

G9

	A	B	C	D	E
1	1	26.2			
2	2	25.6			
3	3	25.3			
4	4	25			
5	5	24.6			
6	6	24.5			
7	7	24.1			
8	8	24			
9	9	25			
10	10	26.7			
11	11	28.4			
12	12	30			
13	13	31.3			
14	14	32.2			
15	15	32.6			
16	16	32.6			
17	17	32			
18					

图 2-36　预测需要的数据

选择 16 天的两列数据,然后单击“数据”选项中的“预测工作表”,如图 2-37 所示。得到所学的预测工作表,蓝色对应的是实际值,橙色对应预测值。生成预测工作表格,包含相应的数据表格和图表。这里可以看到第 17 日预测值为 32.99。

日程表	值	趋势预测	置信下限	置信上限
1	26.2			
2	25.6			
3	25.3			
4	25			
5	24.6			
6	24.5			
7	24.1			
8	24			
9	25			
10	26.7			
11	28.4			
12	30			
13	31.3			
14	32.2			
15	32.6			
16	32.6	32.6	32.60	32.60
17		32.99	31.72	34.26
18		33.38	31.09	35.66
19		33.76	30.36	37.17
20		34.15	29.50	38.80

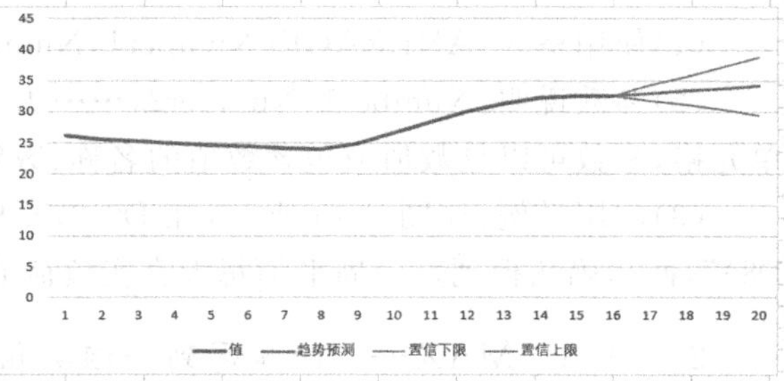

图 2-37　预测工作表

2.2.1 常见函数

2.2.1.1 ABS——计算给定数值的绝对值，即不带符号的数值

(1)使用格式：ABS(Number)。

(2)参数说明：Number 表示需要计算出绝对值的给定数值，可以是具体的数值也可以是引用的单元格。

(3)应用举例：如图 2-38 和图 2-39 所示，在 A27 单元格输入“＝ABS(A26)”，在 B27 单元格输入“＝ABS(B26)”，分别得到－2018 和 2018 的绝对值都为 2018。

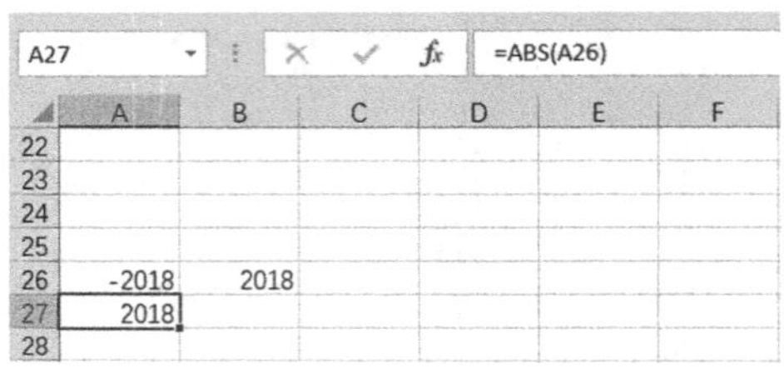

图 2-38 ABS 函数应用举例

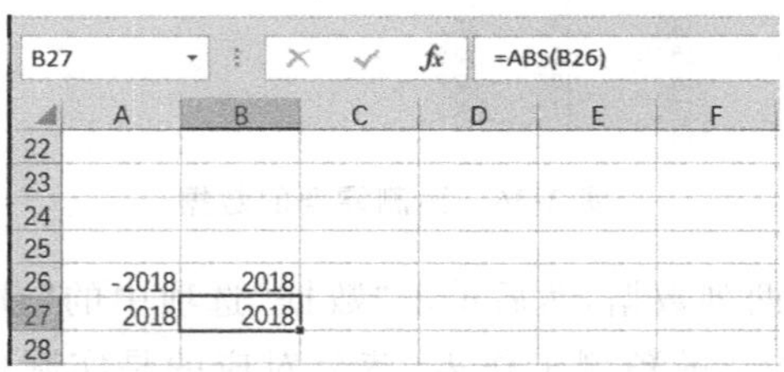

图 2-39 ABS 函数应用举例

2.2.1.2 AVERAGE——计算所选参数的算数平均值

(1)使用格式：AVERAGE(Number1，Number2，……)。

(2)参数说明：Number1，Number2，……为需要求平均值的数值或引用单元格，参数可以是数值或包含数值的名称、数组或引用。

(3)应用举例：如图 2-40 所示，在 D9 单元格输入“＝AVERAGE(D2:D8)”，回车确认得到这一周平均每天真实负荷的数值。

2.2.1.3 MAX——计算得到一组数值中的最大值

(1)使用格式：MAX(Number1，Number2，……)。

(2)参数说明：Number1，Number2，……代表需要求得最大值的数几个

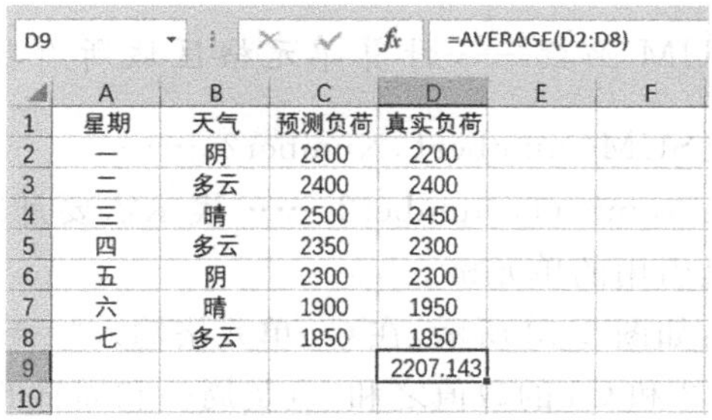

D9　=AVERAGE(D2:D8)

	A	B	C	D	E	F
1	星期	天气	预测负荷	真实负荷		
2	一	阴	2300	2200		
3	二	多云	2400	2400		
4	三	晴	2500	2450		
5	四	多云	2350	2300		
6	五	阴	2300	2300		
7	六	晴	1900	1950		
8	七	多云	1850	1850		
9				2207.143		
10						

图 2-40　AVERAGE 函数应用举例

值或单元格区域,忽略逻辑值和文本。

(3)应用举例:如图 2-41 所示,在 D9 单元格输入"=MAX(D2:D8)",回车确认可以计算得到 7 天真实负荷的最大值是 2450。

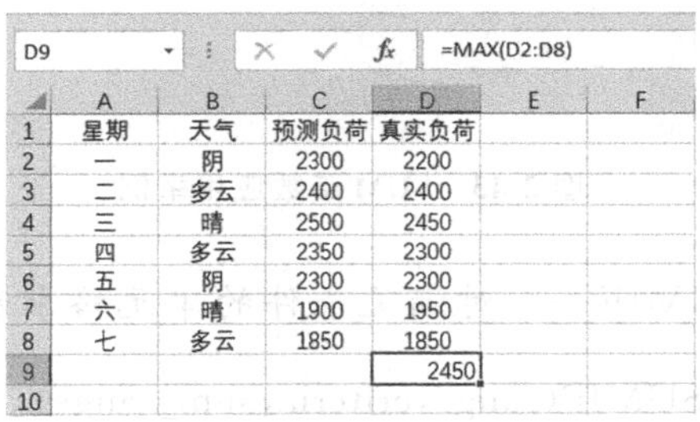

D9　=MAX(D2:D8)

	A	B	C	D	E	F
1	星期	天气	预测负荷	真实负荷		
2	一	阴	2300	2200		
3	二	多云	2400	2400		
4	三	晴	2500	2450		
5	四	多云	2350	2300		
6	五	阴	2300	2300		
7	六	晴	1900	1950		
8	七	多云	1850	1850		
9				2450		
10						

图 2-41　STDEV 函数应用举例

2.2.1.4　STDEV——估算基于给定样本的标准偏差

(1)使用格式:STDEV (Number1,Number2,……)。

(2)参数说明:Number1,Number2,……是对应于总体中的样本的 1 到 30 个数字参数。

(3)应用举例:如图 2-42 所示,在 D9 单元格输入"=STDEV(D2:D8)",回车确认得到一周 7 天真实负荷值的标准偏差。

D9　=STDEV(D2:D8)

	A	B	C	D	E	F
1	星期	天气	预测负荷	真实负荷		
2	一	阴	2300	2200		
3	二	多云	2400	2400		
4	三	晴	2500	2450		
5	四	多云	2350	2300		
6	五	阴	2300	2300		
7	六	晴	1900	1950		
8	七	多云	1850	1850		
9				226.2531		
10						

图 2-42　STDEV 函数应用举例

2.2.1.5 SUM 函数——计算单元格区域所有数值之和

(1)使用格式：SUM(Number1，Number2，……)。

(2)参数说明：Number1，Number2，……表示需要计算的值，可以是具体的数值也可以是引用的单元格。

(3)应用举例：如图 2-43 所示，在 C9 单元格输入"=SUM(C2,C8)"，回车确认之后得到 C2 和 C8 的数值之和，也是周一和周日的负荷数之和。

C9 =SUM(C2,C8)

	A	B	C	D	E	F
1	星期	天气	负荷			
2	一	阴	2300			
3	二	多云	2400			
4	三	晴	2500			
5	四	多云	2350			
6	五	阴	2300			
7	六	晴	1900			
8	七	多云	1850			
9			4150			
10						

图 2-43 SUM 函数应用举例

2.2.1.6 SUMIF——对满足条件的单元格求和

(1)使用格式：SUMIF(range，criteria，sum_range)。

(2)参数说明：range 代表条件判断的单元格区域，criteria 代表指定的条件，sum_range 表示需要计算的数值所在单元格区域。当输入指定条件为文本型时，需要添加英文状态的双引号。

(3)应用举例：如图 2-44 所示，在 C9 单元格输入"=SUMIF(B2：B8，"阴"，C2：C8)"，回车确认得到阴天预测负荷数值之和。

C9 =SUMIF(B2:B8,"阴",C2:C8)

	A	B	C	D	E	F	G
1	星期	天气	预测负荷	真实负荷			
2	一	阴	2300	2200			
3	二	多云	2400	2400			
4	三	晴	2500	2450			
5	四	多云	2350	2300			
6	五	阴	2300	2300			
7	六	晴	1900	1950			
8	七	多云	1850	1850			
9			4600				
10							

图 2-44 SUMIF 函数应用举例

2.2.2 常见绘图

Excel2016 绘制图像功能强大。除了过去版本提供的 14 种标准图表类型，还新增了如瀑布图、柱状图、Pareto 图、箱型图、Whisker 等新的图表类型。每种图表类型中还含有 2～7 种子图表类型，能够快速创建易于理解的可视化内容。

Excel2016 修饰后的图像也更加美观。用户可以对数据系列、坐标轴、图例、图表标题文字的颜色、字体、大小以及图的背景图案、颜色等进行修改调整，使图表赏心悦目。

Excel 在图形中也可以实现统计功能。在“数据系列”单击右键可以向散点图、条形图、柱形图等添加趋势线，并可给出趋势线的方程与决定系数。

1. 柱形图

用于显示一段时间内的数据序列的变化和对比情况，如图 2-45 所示。

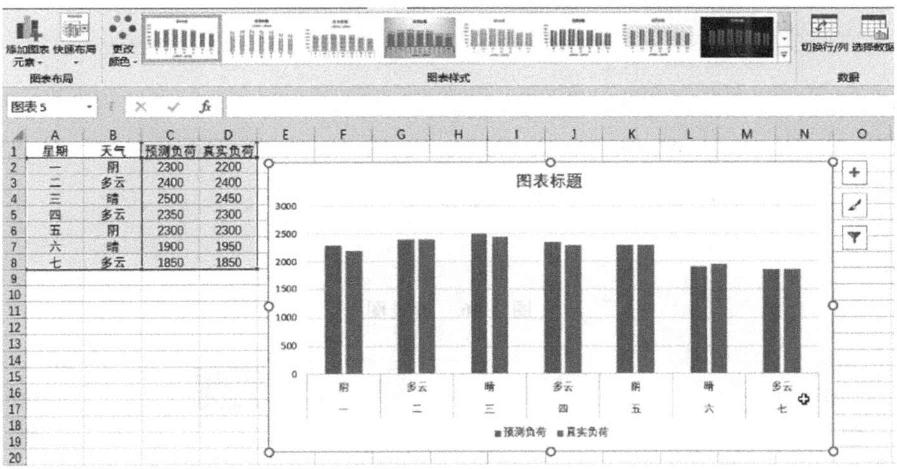

图 2-45　柱形图

2. 折线图

通过折线将数据点连接起来，可以显示数据的变化趋势。非常适用于显示在相等时间间隔数据的趋势，如图 2-46 所示。

3. 条形图

可以通过条形图来展示工作表的列或行中的数据，显示出各个项目之间的对比，如图 2-47 所示。

4. XY 散点图

散点图可显示数据系列中各数值之间的关系，或者将两组数绘制为

XY 坐标的一个系列，如图 2-48 所示。可用于探索两组变量之间的相关性。

5. 直方图

直方图用于分析数据分布情况，画成以组距为底边、以频数为高度的一系列连接起来的直方型矩形图，如图 2-49 所示。

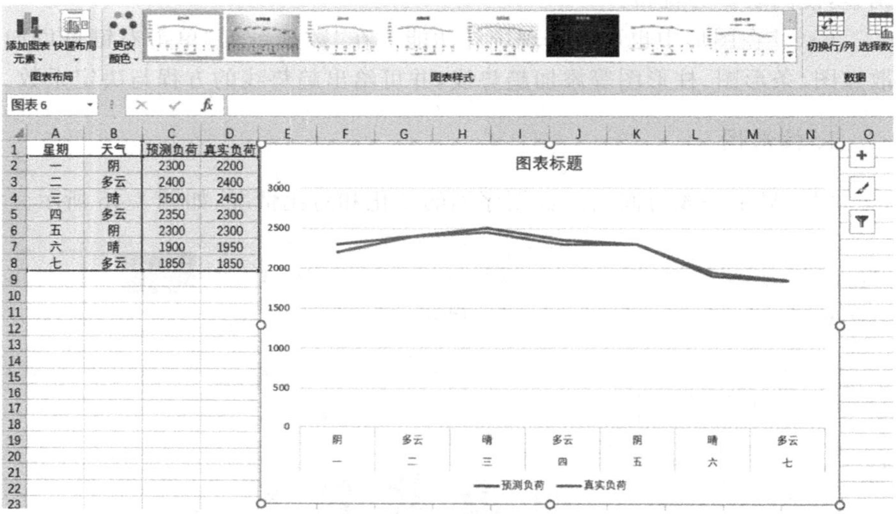

图 2-46　折线图

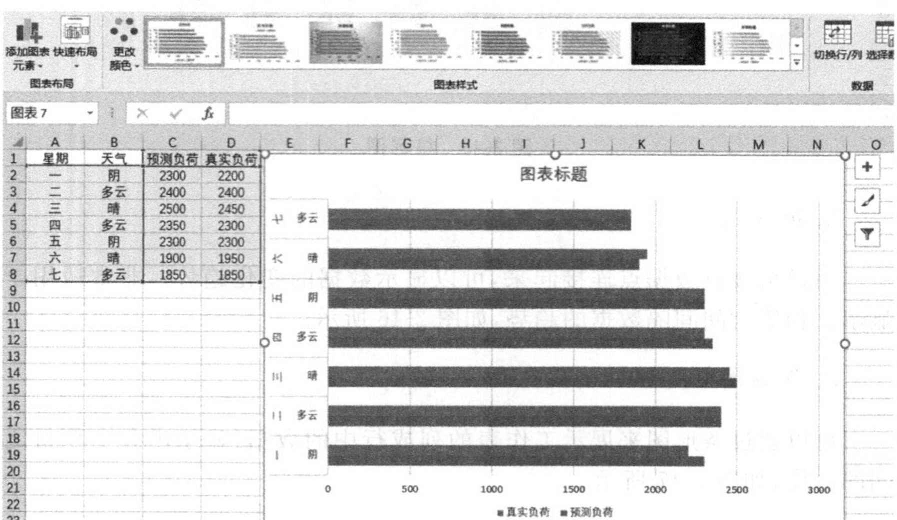

图 2-47　条形图

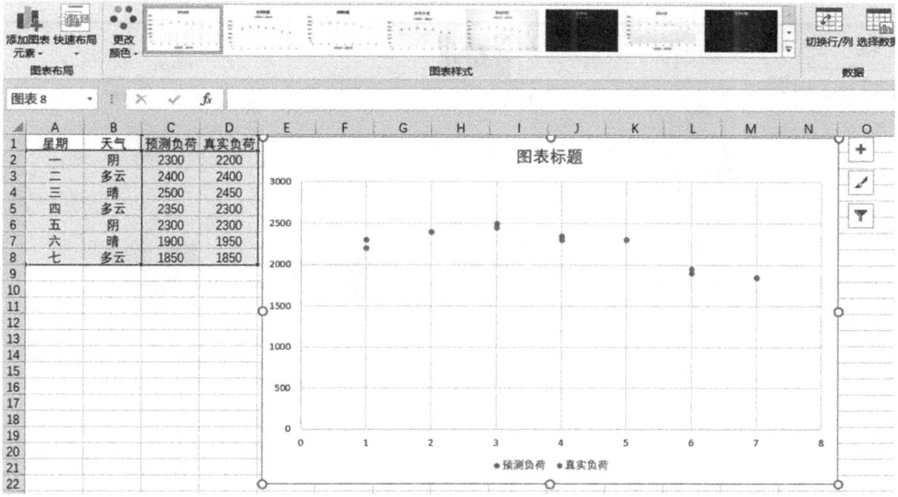

图 2-48　XY 散点图

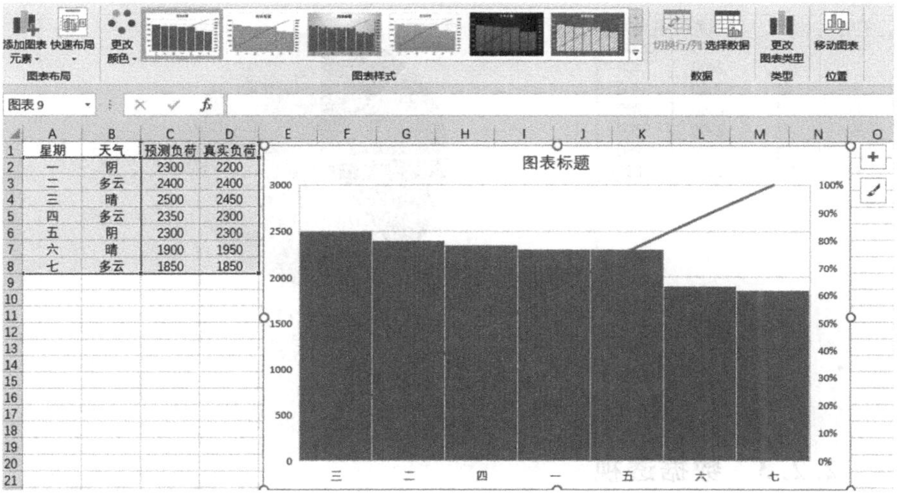

图 2-49　直方图

6. 箱形图

箱形图又称为盒形图、盒式图或箱线图，是一种用于显示一组数据分散情况资料的统计图。因形状如箱子而得名。在各种领域经常被使用，如图 2-50 所示。

7. 饼状图

显示一个数据系列中各项的大小与各项总和的比例，如图 2-51 所示。

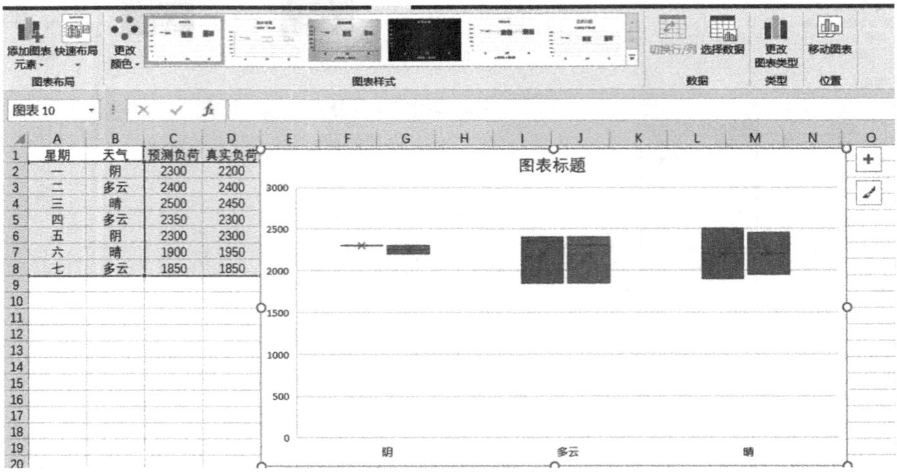

图 2-50　箱形图

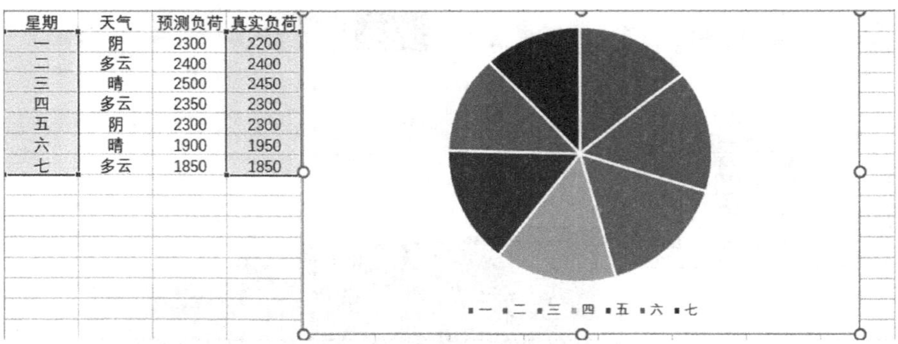

图 2-51　饼状图

2.2.3　数据透视

Excel 2016 数据透视是一种可以快速汇总大量数据的交互式方法。数据透视可以方便查询大量数据，对数据进行分类汇总。可以对最有用和最关注的数据子集进行筛选、排序、分组和有条件的设置格式。使用数据透视表可以深入分析数值数据，从不同的维度来分析数据特征。

2.2.3.1　创建数据透视表

单击“插入”工具栏下“数据透视表”。选择一张表或者单元格区域，单击“确定”，创建一张新的数据透视表，如图 2-52 和图 2-53 所示。

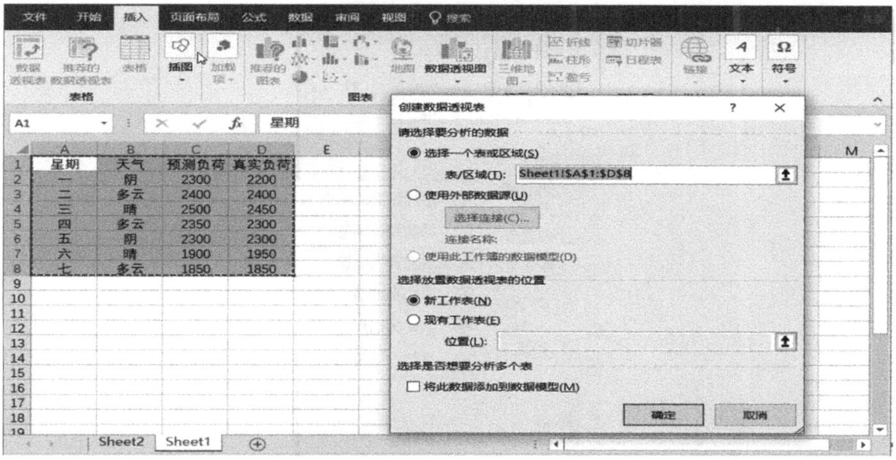

图 2-52　选择单元格区域

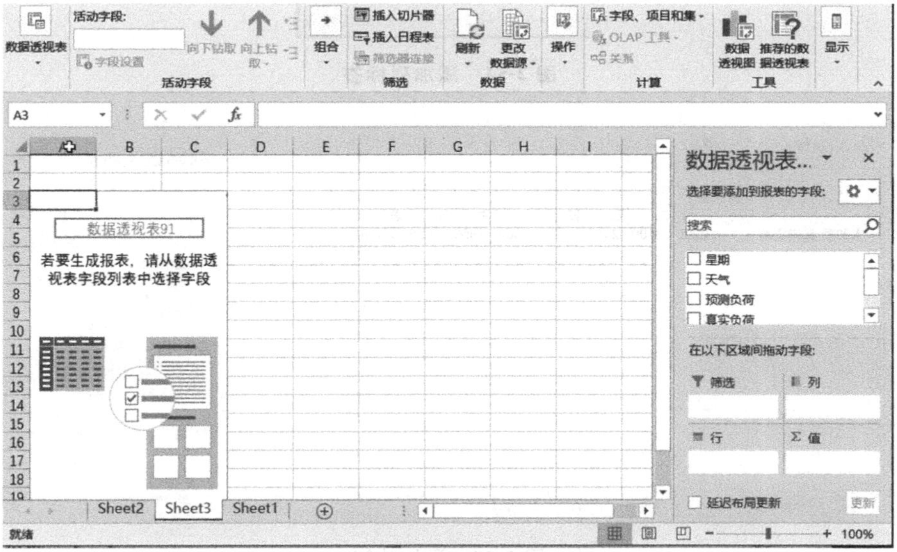

图 2-53　创建数据透视表

如图 2-54 和图 2-55 所示，在界面右方的工具栏中将“星期”添加到列标签中，将“真实负荷”添加到数值中。

透视表默认汇总功能为总计求和。可以双击 A5 单元格，显示值字段设置窗口。可以自定义名称也可以选择用于汇总所选字段数据的计算类型。如图 2-56 所示，值字段设置包括求和、计数、平均值、乘积、最大值等。

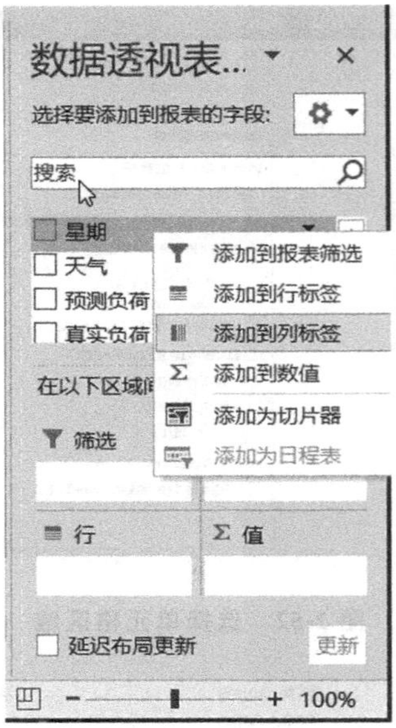

图 2-54 添加列标签

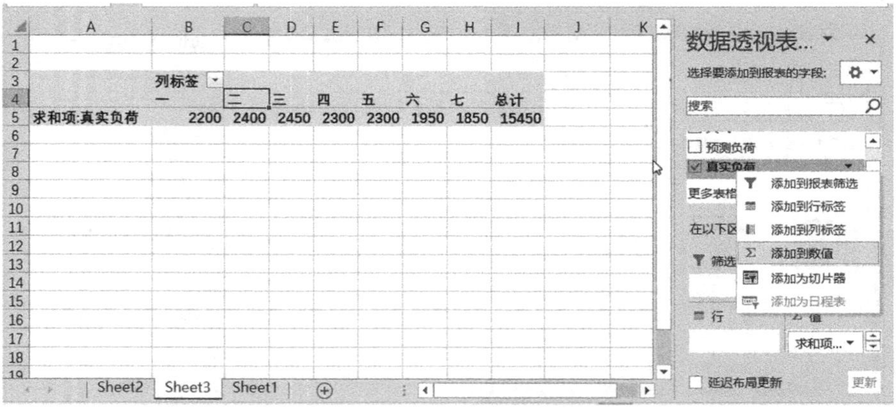

图 2-55 添加数值

2.2.3.2 创建数据透视图

在“插入”下方的图表工具栏，单击数据透视图，在插入图表窗口中单击所有图表，选择需要的合适的图表生成数据透视图。选择柱形图中簇状柱形图，单击窗口右下方“确定”按钮，创建数据透视图步骤如图 2-57～图 2-59 所示。

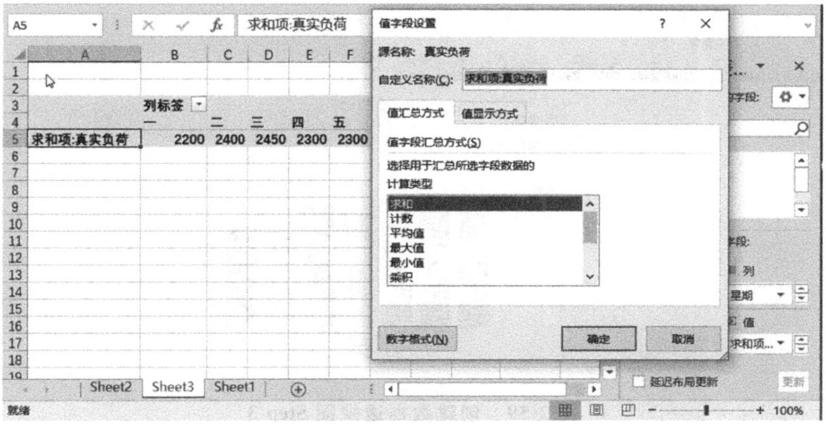

图 2-56　透视表汇总功能

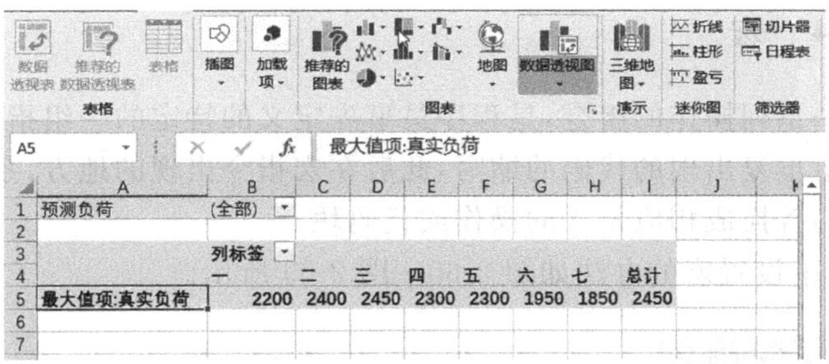

图 2-57　创建数据透视图 Step 1

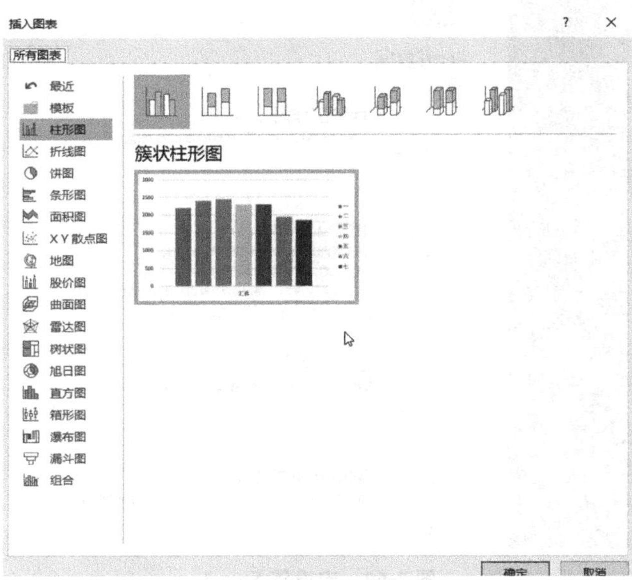

图 2-58　创建数据透视图 Step 2

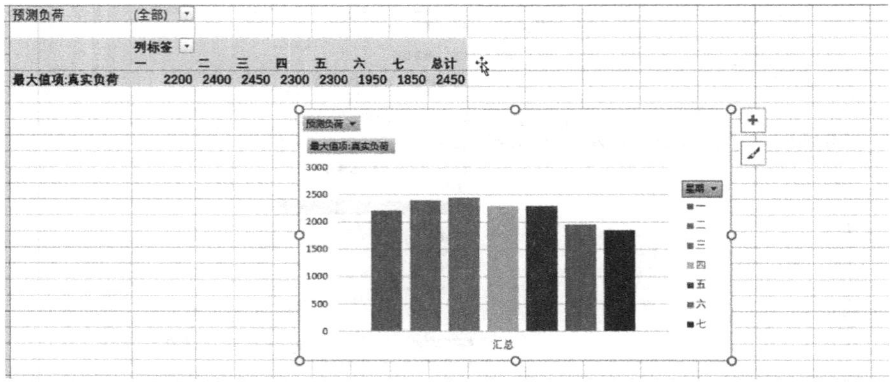

图 2-59　创建数据透视图 Step 3

2.2.4　宏

宏是一系列操作的组合，是程序员事先定义的特定的一组指令，这样的指令是一组重复出现的代码的缩写，此后在宏指令出现的地方，系统总是自动地把它们替换成相应定义的操作或代码块。

Excel 中设置宏的办法如图 2-60～图 2-69 所示。

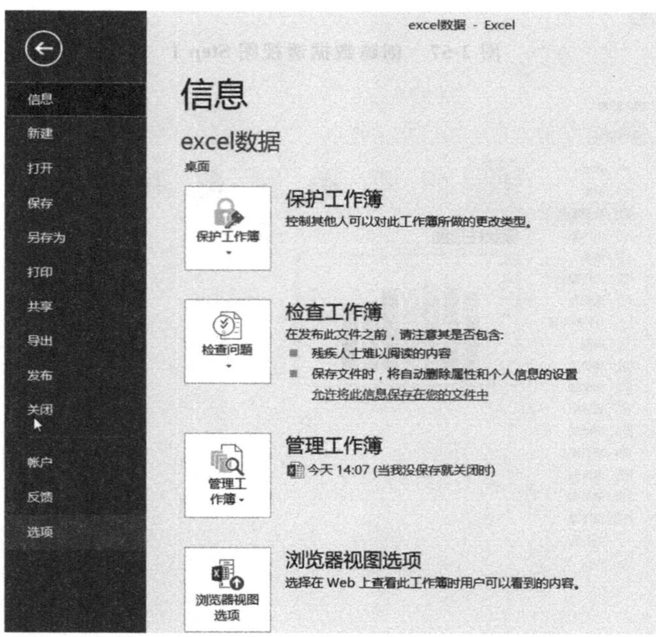

图 2-60　宏设置 Step 1

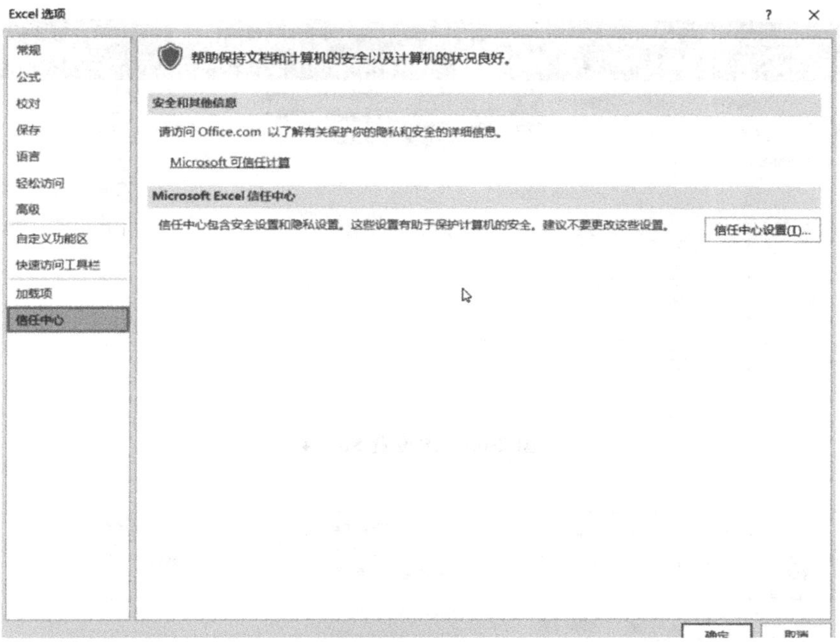

图 2-61　宏设置 Step 2

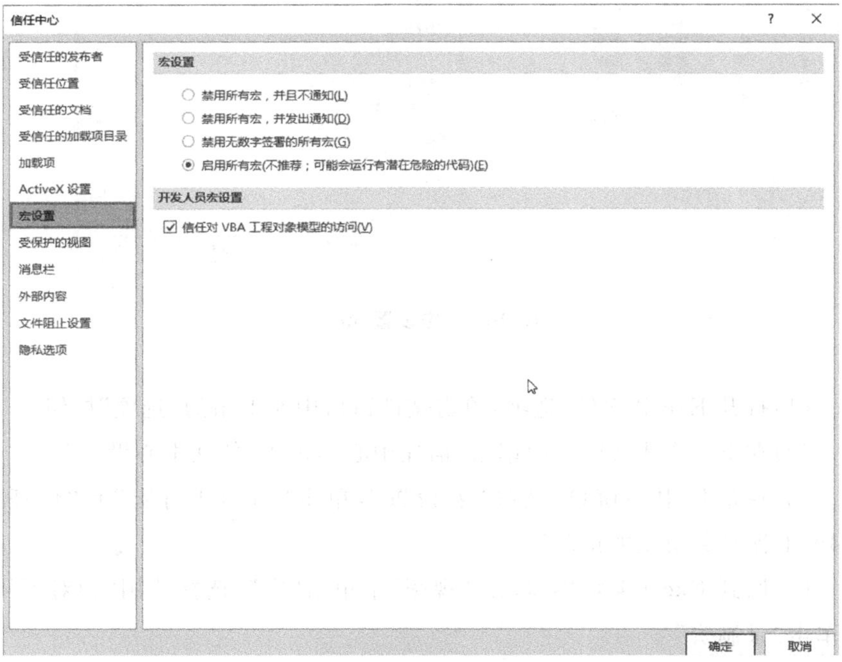

图 2-62　宏设置 Step 3

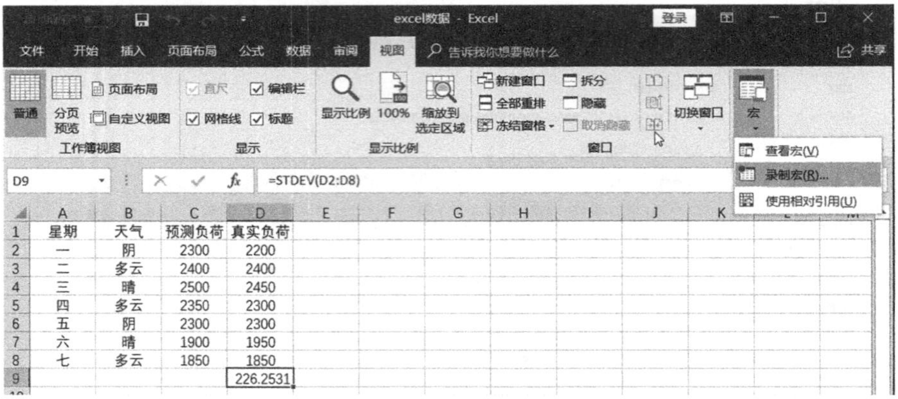

图 2-63　宏设置 Step 4

图 2-64　宏设置 Step 5

(1)打开 Excel“文件”选项,单击文件窗口中左下角的“选项”按钮。

(2)在 Excel 选项窗口中单击“信任中心”,进入“信任中心设置”。

(3)在信任中心窗口,选择“宏设置”,单击“启用所有宏”和“信任对 VBA 工程对象模型的访问”。

(4)回到 Excel 编辑界面,在“视图”中单击“宏”,选择使用“相对引用”再单击“录制宏”。

(5)输入录制的宏名,设置宏的适用范围,单击“确定”,开始宏的录制。

(6)将 D1 单元格填充浅绿色单元格,将字体加粗,颜色改为红色。

(7)录制宏记录了这一过程后,单击“停止录制”。

(8)选择同样需要上述操作的单元格 A1,单击“查看宏”,选择宏“改变字体”,再单击执行。便能在 A1 得到在 D1 进行的相同操作。

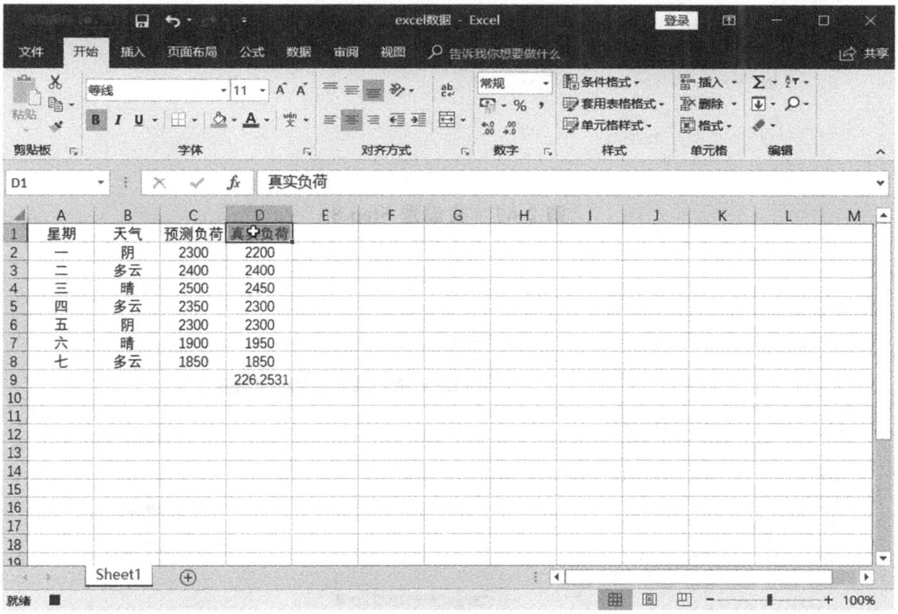

图 2-65　宏设置 Step 6

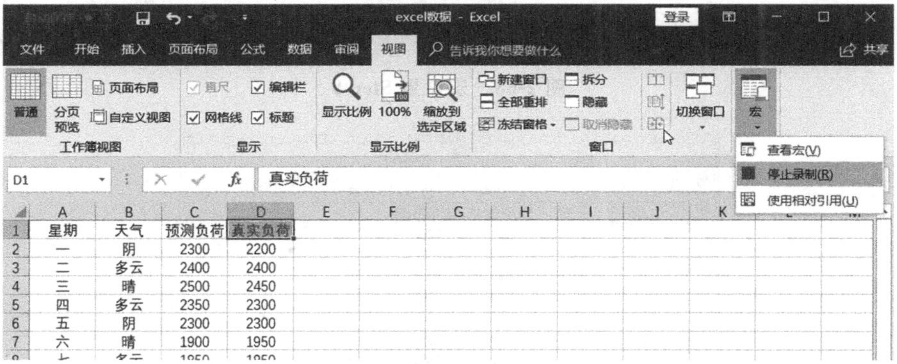

图 2-66　宏设置 Step 7

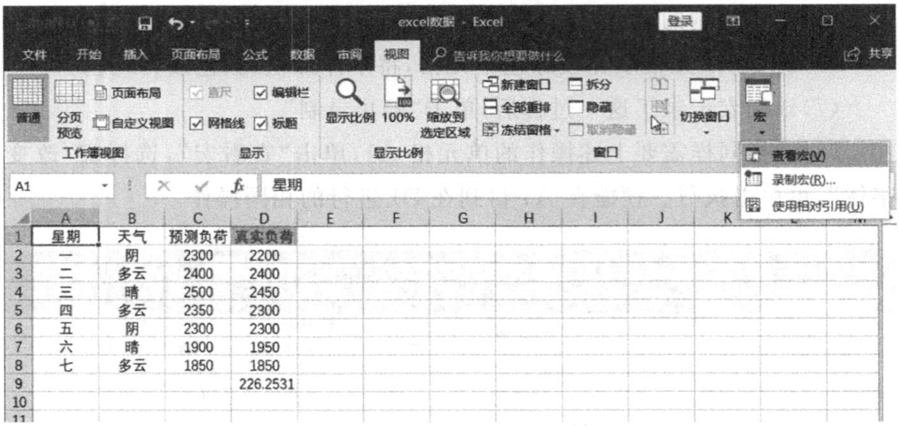

图 2-67　宏设置 Step 8

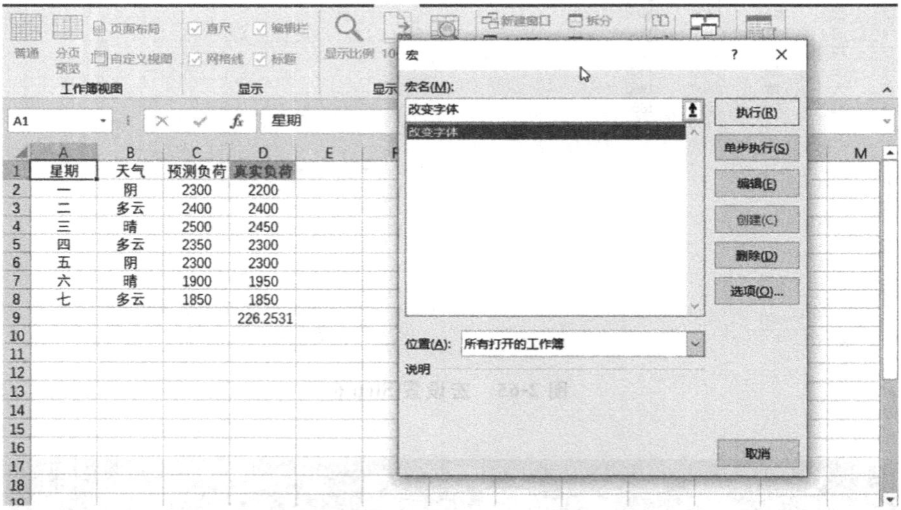

图 2-68　宏设置 Step 9

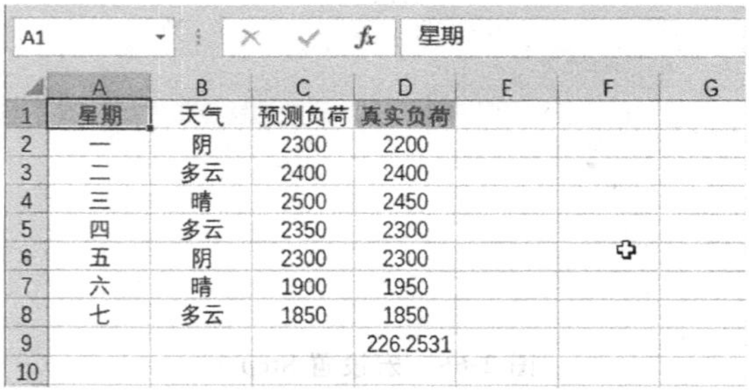

图 2-69　宏设置 Step 10

2.3　MATLAB

MATLAB 每年都会推出 2 个新版本，上半年推出的为 a，下半年推出的为 b。2017 年 9 月发布 MATLAB R2017b，其功能在 MATLAB 2017a 基础上进行改进和完善。本书将基于 MATLAB R2017b 版本来进行相应的操作。

2.3.1　MATLAB 安装和操作界面

2.3.1.1　MATLAB 安装

目前，MATLAB 已经发展成为了一款准确、可靠的科学计算标准软件。在许多国际期刊上都可以看到 MATLAB 的应用。下面我们将详细地介绍一下 MATLAB 的安装步骤。

Step 1：在 MATLAB 官方网站下载 MATLAB R2017b 安装文件。

Step 2：打开 MATLAB 安装文件，找到 setup. exe 文件。

Step 3：双击 setup. exe 文件，弹出 MathWorks 安装程序，其中包括两种安装 MathWorks 产品的方式，分别为：使用 Internet 安装和不使用 Internet 安装。选择“不使用 Internet 安装”，然后单击“下一步”。

Step 4：弹出许可协议对话框，选择“接受许可协议的条款”，然后单击“下一步”。

Step 5：弹出文件安装密钥对话框，选择“我已有我的许可证的文件安装密钥”，并输入相应的密钥，然后单击“下一步”。

Step 6：弹出安装类型对话框，安装类型分为“典型”和“自定义”。“典型”是使用默认设置安装产品，而“自定义”是根据用户的需要来进行安装。选择安装类型后，单击“下一步”。

Step 7：弹出选择文件夹对话框，选择产品的安装路径，然后单击“下一步”。

Step 8：弹出确认的对话框，单击开始安装。

2.3.1.2　MATLAB 操作界面

安装完 MATLAB R2017b 后，下面开始介绍软件启动、功能菜单栏、命令行窗口、工作空间和文件目录。

1. 软件启动

以 Windows 操作系统为例，启动 Windows 后，选择“开始→程序→MATLAB R2017b”，便可以打开如图 2-70 所示的 MATLAB 默认主窗口。如果在安装时在桌面创建了快捷方式，可以直接单击 MATLAB 的快捷方式来启动。

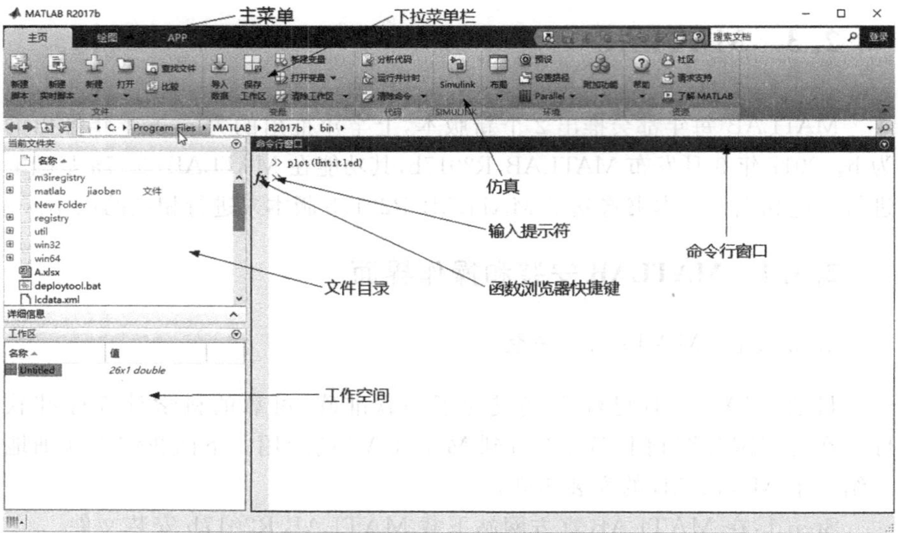

图 2-70　MATLAB 默认主窗口

2. 功能菜单栏

打开 MATLAB 主窗口后，即会看到其主菜单栏。主菜单栏包括主页、绘图和工具箱。主菜单栏的各项及其下拉菜单的功能简要介绍如下：

(1)主页。主页的下拉菜单包括文件、变量、代码、Simulink、环境和资源。

①文件。

- 新建脚本和实时脚本，新建一个可以输入文字命令的可执行文件。
- 打开，打开相应的 m 文件。
- 查找文件和比较，基于名称或内容来搜索文件和比较两个文件的内容。

②变量。

- 导入数据，导入文件中的数据。
- 保存工作区，将工作区文件保存到文件。
- 新建变量，创建并打开变量进行编辑。
- 打开变量，打开工作区变量进行编辑。
- 清除工作区，清除工作区变量或函数。

③代码。

- 分析代码，分析当前文件夹中的 MATLAB 代码文件，查找效率低下的编码和潜在的错误。
- 运行并计时，运行代码并测量执行时间以改善性能。

• 清除命令,清除命令行窗口显示内容。

④Simulink。

• 仿真:根据实际情况来进行真实模拟。

⑤环境。

• 布局,调整桌面布局。

• 预设,指定预设项。

• 设置路径,更改 MATLAB 用于查找文件的搜索路径。

• Parallel,并行计算。

• 附加功能,获取包括硬件支持在内的附加功能。

⑥资源。

• 帮助,在文档、示例以及支持网站提供帮助。

• 社区,访问 MathWorks 在线社区。

• 请求支持,提交技术支持请求。

• 了解 MATLAB:按需访问学习资源。

(2)绘图。MATLAB 提供了强大的绘图功能,如图 2-71 所示为 MATLAB 所提供的绘图功能。其下拉图形主要包括以下几种:

• 线图,例如 plot,即使用线性坐标区的二维线图。

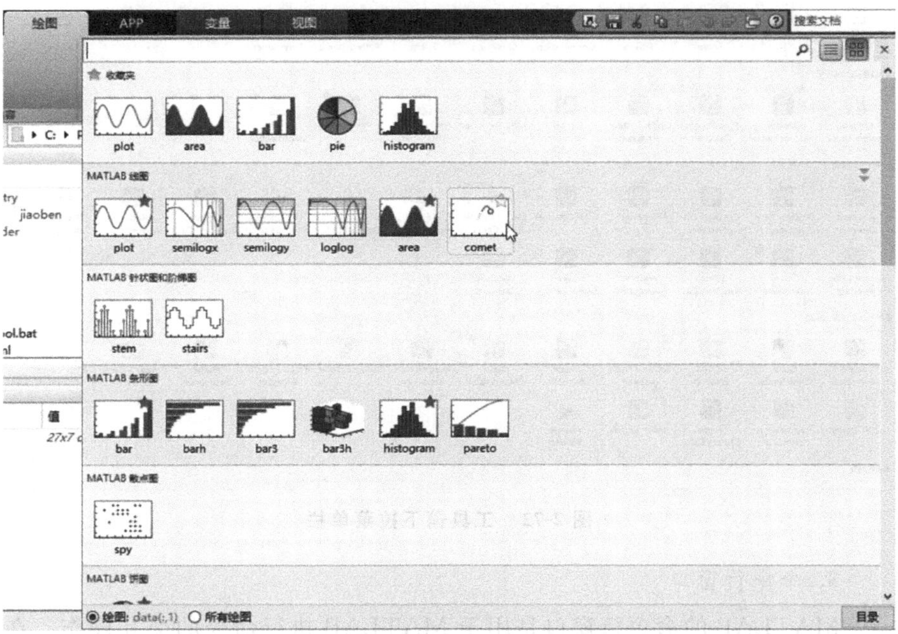

图 2-71　MATLAB 绘图功能菜单栏

- 针状图和阶梯图，例如 stem，即为离散系列或针状图。
- 条形图，例如 bar。
- 散点图，例如 spy，即可视化稀疏模式。
- 饼图例，如 pie。
- 直方图，例如 histogram。
- 极坐标图，例如 polar。

(3)工具箱。MATLAB 开发了一系列的工具箱安装包，如图 2-72 所示。其中工具箱菜单栏中主要包括了数学、统计和优化工具箱，例如 Classification Learner 等；控制系统设计与分析，例如 PID Tuner 等；信号处理与通信，例如 Window Designer 等；图像处理与计算机视觉，例如 Volume Viewer 等；测量与测试，例如 Analog Input Recorder 等；计算机金融学，例如 Binning Explorer 等；计算机生物学，例如 NGS Browser 等；代码生成，例如 GPU Coder 等；代码验证，例如 DO Artifacts Explorer 等；应用程序部署，例如 Application Compiler 等；数据库连接和报告，例如 Database Explorer 等；仿真图形和报告，例如 3D World Editor。

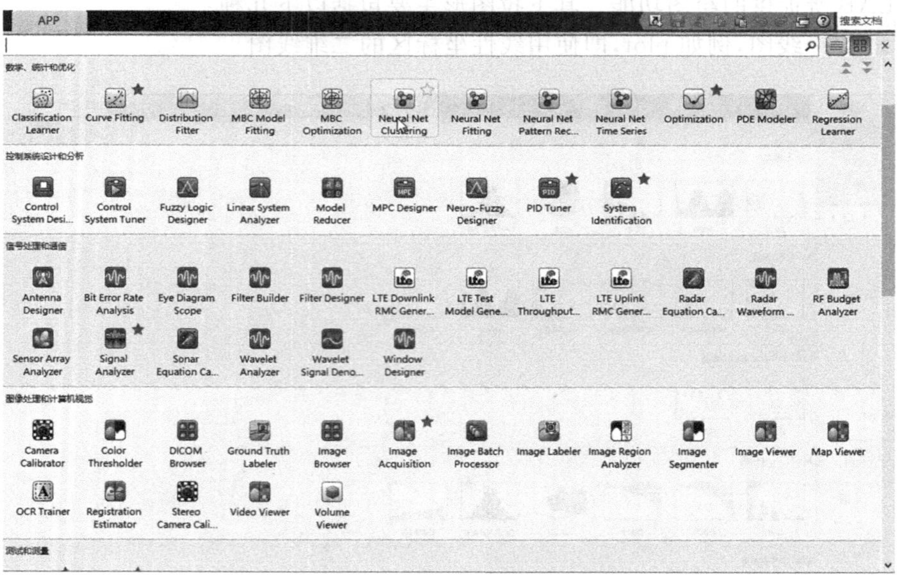

图 2-72　工具箱下拉菜单栏

3. 命令行窗口

MATLAB 的命令行窗口是用于 MATLAB 执行命令的交互操作。在命令行窗口主要执行的操作有：运行函数和输出变量；控制 MATLAB 的输入和输出；执行 m 文件或是所编写的程序；打开或关闭其他应用窗口；对应用窗口的参数进行选择。

MATLAB 的语句形式为

≫变量＝表达式

通过等号来将表达式的值赋予变量。当按下确定键时，该命令被执行。语句执行之后，窗口自动显示出命令执行的结果。MATLAB 提供了可以在命令行窗口输入的命令，以执行相应的操作，常用的命令及功能见表 2-2。

表 2-2　命令窗口中的常用命令及功能

命令	功能	命令	功能
clc	清除命令窗口	whos	列出变量的大小、数据格式等信息
clear	清除工作空间所有的变量	what	列出当前目录下的 m 文件和 mat 文件
clear all	清除工作空间所有的变量和函数	load name	载入‘name’文件中的所有变量到工作空间
clear 变量名	清除指定的变量	load name x y	载入‘name’文件中的变量 x、y 到工作空间
clf	清除图形窗口内容	save name	保存工作空间变量到文件 name. mat 中
delete〈文件名〉	从磁盘中删除指定文件	save name x y	保存工作空间变量 x、y 到文件 name. mat 中
help〈文件名〉	查询所列命令的帮助信息	size(变量名)	显示当前工作空间中变量的维度
which〈文件名〉	查找指定文件的路径	length(变量名)	显示当前工作空间中变量的长度
who	显示当前工作空间中全部变量	disp(变量名)	显示当前工作空间变量

4. 工作空间

MATLAB 工作空间中的变量以变量名、数值和类型显示出来。单击该变量，将会进入变量编辑器，在变量编辑器中，可以对变量进行修改、删除、增加等操作。

5. 文件目录

文件目录可以清晰地看到 MATLAB 中原文件的位置。可以通过一定的指令来将 m 文件存储到相应的文件中以备未来对 m 文件的调用。此外，MATLAB 提供了文件管理命令，包括列文件名、显示或删除文件等，相关的命令及其功能见表 2-3。

此外，MATLAB 对函数或文件的搜索或执行均是在其搜索路径下进行的。因此，下面介绍 MATLAB 路径添加的步骤：

(1)查找 MATLAB R2017b 的搜索路径。可通过功能菜单栏和 path 命令函数两种方法来查看搜索路径。

(2)设置 MATLAB R2017b 的搜索路径。

①在命令行窗口输入 edipath 命令或通过“file-set path”功能菜单选项进入设置搜索路径的对话框。

②在命令行窗口执行 path 命令。

③在命令行窗口执行 addpath，将新的文件目录加到整个搜索路径的开始或末尾。

表 2-3　MATLAB 中文件管理命令及功能

命令	功能	命令	功能
what	显示当前目录与 MATLAB 相关的文件及路径	type filename	在命令窗口中显示文件 filename
dir	显示当前目录下所有的文件	delete filename	删除文件 filename
which	显示某个文件的路径	cd...	返回上一级目录
cd path	由当前目录进入 path 目录	cd	显示当前目录

2.3.2　MATLAB 基本构成

MATLAB 是主要由开发环境、函数库、图像处理系统和应用程序接口四大部分组成。

2.3.2.1　开发环境

它是一个可以进行导入数据和导出数据的集成化的工作空间，并提供 m 文件的集成编译和调试环境。它主要包括 MATLAB 桌面、脚本、命令行窗口、帮助、工作空间和文件目录等。

2.3.2.2　函数库

它包含了大量的函数算法，从一些基本运算如减法、乘法等到一些较复杂的算法如蚁群算法、粒子群优化算法等。

2.3.2.3 图像处理系统

它使得 MATLAB 能够将相应的矩阵和向量以更方便、更直观的图形显现出来，并且可以对图形添加标注和印记。此外，MATLAB 还提供了两种形式的绘图操作，分别为对图形句柄进行的底层绘图操作和建立在底层绘图操作之上的高层绘图操作。

2.3.2.4 应用程序接口

它是一个使 MATLAB 与 C 语言、C＋＋语言等其他高级编程语言进行交互的函数库。函数库中的函数通过选用 dll 实现与 MATLAB 文件中的数据交换。

2.3.3 MATLAB 数据导入和导出

2.3.3.1 数据的类型

MATLAB 包括 4 种基本数据类型，即列向量、数值矩阵、字符串数组和元胞数组，且这 4 种数据类型之间可以相互转化。

1. 列向量

对相应矩阵进行列提取，并将其作为输入的列向量。

2. 数值矩阵

导入的数据中每个元素均为数值的矩阵。

3. 字符串数组

在 MATLAB 中，字符串数组用（'...'）来引到程序中，也可以将多种字符串结合起来组成更加复杂的字符串。

4. 元胞数组

元胞数组通过下标来区分，元胞数组是由元胞和元胞内容两部分组成。元胞数组的内容用{ }来表示，而元胞数组中的元素用( )来表示。对比其他数据类型，特殊的是，元胞可以读取并存放任意类型和大小的数组，且元胞数组中各元胞的内容也可以不同。

2.3.3.2 数据的导入

数据的导入主要包括两种方式：通过功能菜单栏导入数据和通过在命令行窗口输入命令导入数据。

1. 通过功能菜单栏导入数据

打开 MATLAB 主窗口后，选择主页，在主页的下拉菜单栏变量里面点击导入数据即可导入以上四种类型的数据，如图 2-73 所示。

图 2-73 功能菜单栏导入数据

2. 通过在命令行窗口输入命令导入数据

常用的导入数据的函数有 load 和 xlsread 等。调用 load 函数导入数据适合于数字数据的文件，它主要通过两种方式来导入，分别为命令行方式和函数方式。这两者的区别在于命令行方式不能指定导入数据的变量名。调用 xlsread 函数主要适用于读取 Excel 数据文件，即在当前程序所在文件夹里，按照函数中的参数指定的范围，从 Excel 中相应单元格开始读取数据，最终返回到数据。如图 2-74 所示为应用 xlsread 函数来导入 Excel 数据文件的数据。

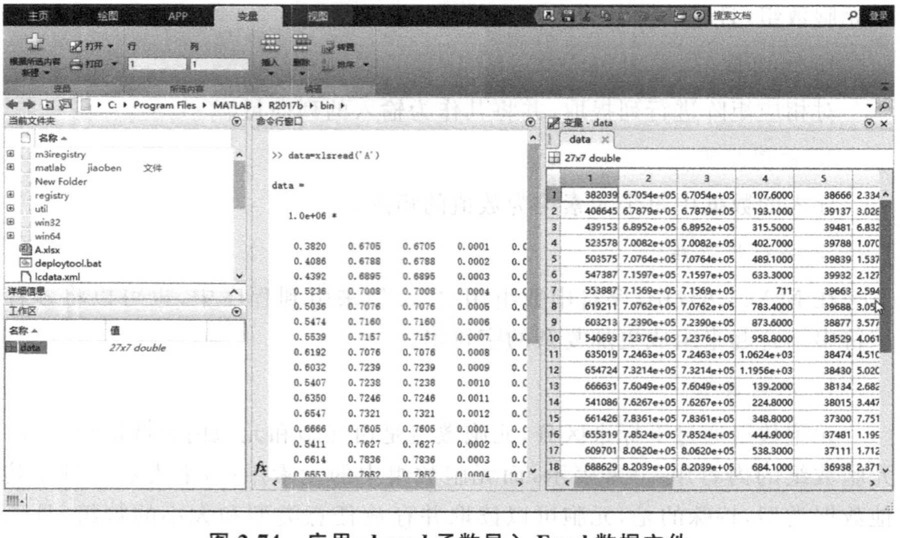

图 2-74 应用 xlsread 函数导入 Excel 数据文件

2.3.3.3 数据的导出

MATLAB 的数据导出可以理解为写入相应的文件。MATLAB 允许在其他应用程序中使用 ASCII 文件中的数据。因此，MATLAB 提供了几个数据导出的选项。首先，可以创建两种类型的文件，分别为来自数组的矩形、有分隔符的 ASCII 数据文件，日志文件的按键和文本输出。除此之外，还可以将数据导出到 Excel。

将数字数组导出为有分隔符的 ASCII 数据文件有两种方法，分别为 save 函数和 dlmwrite 函数。

(1)save 函数

save 函数的命令是

```
≫save data.out num_array-ascii
```
[①]

其中 data. out 是创建的分隔 ASCII 数据文件，num_array 是一个数字数组，-ascii 是说明符。

(2)dlmwrite 函数

dlmwrite 函数的命令是

```
≫dlmwrite('data.out',num_array, 'dlm_char')
```

其中 data. out 是分隔的 ASCII 数据文件，num_array 是数组，dlm_char 是分隔符。

日记文件是 MATLAB 会话的活动日志。diary 函数在磁盘文件中创建会话的精确副本。打开 diary 函数，录入

```
≫diary
```

或者，给出相应日志文件的名称，例如

```
≫diary d.log
```

即可按照指定的方式来进行结果文本输出。

2.3.4 MATLAB 绘图基础

2.3.4.1 MATLAB 绘图

MATLAB 提供了相应的绘图功能，包括条形图、直方图、二维或三维曲面图等。MATLAB 中绘图主要有两种方式，分别为运用绘图功能菜单栏绘图和利用绘图函数绘图。

---

① 注：所有的 MATLAB 命令都是以“≫”为提示符开始，表明该符号后面是 MATLAB 需要执行的命令。MATLAB 中“%”为注释符，表明该符号后面的字符都是注释信息，MATLAB 在执行命令的时候，自动跳过注释信息，执行其后面的命令。

1. 运用绘图功能菜单栏绘图

首先,准备好绘图所需要的数据并导入 MATLAB。其次,打开所导入的数据并选中数据。进一步选择绘图功能菜单栏中想要绘制的图形,即可显现相应的二维或三维图。

2. 利用绘图函数绘图

(1)二维图形。二维图形的绘图命令为

```
≫plot (a, b, option)
```

其中,a 和 b 所导入的数据分别为 x 轴和 y 轴坐标值,option 为选项参数,进而逐点连接成一个二维折线图。而选项参数 option 定义了曲线的颜色(例如 r 表示红色、g 表示绿色等)、线型(如增加标志“#”、“*”等)等。如图 2-75 所示为某电力企业的月度电力负荷 plot 图。其中,横轴为月份,纵轴为企业的月度用电量数据,曲线的颜色为蓝色。

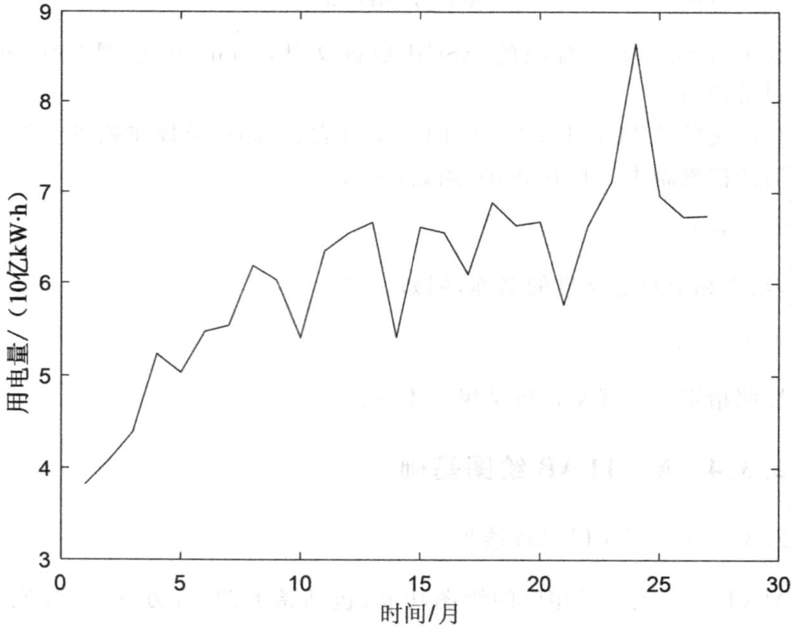

图 2-75 某企业的月度用电量 plot 图

(2)三维图形。MATLAB 三维图形主要包括三维曲线、三维曲面等。绘制三维曲线的函数为 plot3,其常用格式为

```
≫plot3(a, b, c, option)
```

其中，a，b 和 c 所导入的数据分别为 x，y，z 的坐标值，option 为选项参数，进而逐点连接成一个三维曲线图。plot3 命令的使用与 plot 的使用相似，但 plot3 绘制的是三维曲线，因此在命令参数中多了一个 z 轴方向上的参数。

绘制三维曲面的函数为 mesh，其常用格式有以下几种：

- mesh(X,Y,Z,O)：X，Y 和 Z 都为矩阵值，O 表示三维曲面的颜色分布；
- mesh(X，Y，Z)：X，Y 和 Z 都为矩阵值，三维曲面的颜色分布与 Z 轴方向上的高度值成正比；
- mesh(x，y，Z，O)：x 和 y 分别为长度为 m 和 n 的向量值，Z 表示 n×m 的矩阵，O 表示三维曲面的颜色分布；
- mesh(x，y，Z)：x 和 y 分别为长度为 m 和 n 的向量值，Z 表示 n×m 的矩阵，三维曲面的颜色分布与 Z 轴方向上的高度值成正比；
- mesh(Z，O)：Z 表示 n×m 的矩阵，O 表示三维曲面的颜色分布；
- mesh(Z)：Z 表示 n×m 的矩阵，三维曲面的颜色分布与 Z 方向上的高度值成正比。

2.3.4.2　MATLAB 绘图基本命令

绘制完图形后需要对图形进行标注和说明等处理，使图形能够更直观地反映出更多的信息。

1. 图形窗口命令

- 打开图形窗口命令 figure

figure(1)；figure(2)；figure(3)；…；figure(m)：表示打开不同的图形窗口。

- 拆分图形窗口命令 subplot

命令 subplot(a，b，c)：表示拆分图形窗口。其中，a 表示绘制图形的排列行数，b 表示绘制图形的排列列数，c 表示此时正在绘制的图形。

2. 坐标轴命令

- a. axis([xmin xmax ymin ymax])：xmin 和 xmax 分别为 x 轴的最小值和最大值，ymin 和 ymax 分别为 y 的最小值和最大值。
- b. axis equal：x 轴和 y 轴的长度相同。
- c. axis off：去除 x 轴和 y 轴的坐标。

3. 文字标注命令

- a. text(x，y，‘字符串’)：在所绘制图形的(x，y)位置标注‘字符串’。
- b. title(‘字符串’)：在所绘制图形的顶端标注该图形的标题。
- c. xlabel(‘字符串’)、ylabel(‘字符串’)、zlabel(‘字符串’)：设置 x、y、z 轴的名称。

4. 栅格操作命令

- grid:给图形加上栅格线。
- grid on:给坐标系加上栅格线。
- grid off:从坐标系中删除栅格线。

5. 图形保持和覆盖命令

- hold on:当前绘制图形保持不变,允许在当前坐标内绘制另外一个图形。
- hold off:新图覆盖旧图。

6. 应用绘图命令

- bar(x,y):绘制 y 与 x 的条形图。
- hist(x,y):绘制 x 在以 y 为中心的区间分布条形图。
- stairs(x,y):绘制 y 与 x 的梯形图。
- stem(x,y):绘制 y 与 x 的散点图。

2.3.5 MATLAB 数学运算命令

2.3.5.1 算术运算

MATLAB 主要有两种不同类型的算术运算:矩阵算术运算和数组算术运算。其中矩阵算术运算与线性代数中的定义相同。数组算术运算是通过逐个元素来执行数组运算。矩阵运算符和数组运算符由符号(#)来区分,见表 2-4。

表 2-4 算术运算符

运算符	说 明
+	矩阵和数组的加法运算或一元加法运算
—	矩阵和数组的减法运算或一元减法运算
*	矩阵乘法运算
.*	数组乘法运算
/	矩阵左除运算
./	数组左除运算
\\	矩阵右除运算
.\\	数组右除运算
^	矩阵的幂
.^	数组的幂
'	矩阵转置
.'	数组转置

2.3.5.2　关系运算和逻辑运算

MATLAB 还支持关系运算和逻辑运算。其中，关系运算既可以应用于标量，又可以用于非标量。关系运算主要用于控制基于真/假命题的各 MATLAB 命令的流程或执行次序。它把任何非 0 的数值当作真命题，把数值为 0 的当作假命题。表 2-5 为 MATLAB 为关系运算提供的常见操作符。

表 2-5　关系运算符

操作符	说　明
＜	小于
＜＝	小于或等于
＞	大于
＞＝	大于或等于
＝	等于
～＝	不等于

MATLAB 提供了两种类型的逻辑运算符和函数：①逐元素，它是对逻辑阵列的相应元素进行操作；②短路，它是对标量和逻辑表达式进行操作。其中，逐元素逻辑运算符主要包括 &、| 和～，分别代表 and、or 和 not，短路逻辑运算符主要包括 && 和 ||，分别代表 and 和 or。

2.3.5.3　复数及其运算

MATLAB 支持在运算和函数中使用复数或复数矩阵。在 MATLAB 中一个复数可以被看作是实部和虚部的函数，通过 MATLAB 既可以直接表示复数，又可以用符号函数来表示复数，下面分别介绍这两种方法。

1. 直接法表示复数

直接法就是运用符号 i 来表示复数单位，将复数作为一个完整的表达式来输入。

2. 符号函数法表示复数

符号函数法就是将整个复数看成函数的形式，复数中的实部和虚部看成是自变量，进而运用 syms 来表示，运用 subs 来对符号函数中的自变量进行赋值。

MATLAB 被称为“矩阵实验室”,复数矩阵也是其重要组成部分之一。MATLAB 创建复数矩阵的方法有两种,一种是由复数元素创建复数矩阵,另一种是运用两个矩阵来分别做实部和虚部创建新的复数矩阵。表 2-6 为 MATLAB 所提供的复数操作函数。

表 2-6 常用复数矩阵运算函数

函数名	功能	函数名	功能
real(A)	求复数或复数矩阵 A 的实部	abs(A)	求复数或复数矩阵 A 的模
imag(A)	求复数或复数矩阵 A 的虚部	angle(A)	求复数或复数矩阵 A 的相角
conj(A)	求复数或复数矩阵 A 的共轭		

2.3.6 MATLAB 循环

MATLAB 循环能够促使某段程序代码多次重复执行。该软件中提供了两类循环控制语句,分别为 for 循环和 while 循环。其中,for 循环是用于已知循环执行次数的情况,而 while 循环是用于已知循环退出条件的情况。

1. for 循环

MATLAB 中 for 循环的语句格式如下:

```
≫for i= s:p:e
  statements
  end
```

i 为循环变量,p 为增量,s 为起始点,e 为终止点。增量 p 的值可以自由设置。当增量 p 为正值时,循环将 s 的值赋给 i,然后判别出 i 的值是否小于或等于 e。若 i 小于或等于 e,则执行 statements 语句;执行完 statements 语句后,对 i 的值累加一个增量 p,再继续判别出 i 的值是否小于或等于 e,若满足条件,则继续执行 statements 语句。以此来循环往复,直至 i 大于 e 时退出循环。增量 p 也可以设置为负数,但每次都是对循环变量 i 进行递减,直到 i 小于 e 时,退出循环。

2. while 循环

MATLAB 中 while 循环的语句格式如下:

```
≫while a
```

```
statements
end
```

当 a 的结果为真时，就执行 statements 循环语句，直到 a 的结果为假时，才退出循环。

MATLAB 还提供了 continue 语句和 break 语句。在循环中插入 continue 语句表示当前循环不再继续向下执行，而是直接对循环变量 i 进行递增或递减，进入下一次循环。而 break 语句用于直接退出循环。

第3章 电力市场预测对象的影响因素

3.1 负荷预测影响因素

本节主要研究电力负荷预测的影响因素，探索负荷预测与相关影响因素之间的内在联系和变化规律。电力负荷预测主要是从现有的电能需求出发，综合考虑各个方面的相关影响因素，寻求负荷与各种相关影响因素之间的内在联系，对未来的电能需求做出预测。

电力负荷预测按照时间周期的长短可以划分为短期负荷预测和中长期负荷预测。时间周期的长短自然会导致短期和中长期电力负荷预测的影响因素会有所差别。因此，做好短期和中长期负荷预测影响因素分析等基础性研究是十分必要的。这对我国经济的发展、电力资源及能源的有效利用有着重要意义。

3.1.1 短期负荷预测影响因素

短期电力负荷预测影响因素主要分为气象因素、时间因素和随机因素等。

1. 气象因素

气象因素对短期负荷预测会产生很大的影响。与短期负荷预测相关的气象因素有很多，如温度、降水量、风速、日照强度等。其中温度和降水量对短期负荷预测影响最为显著。气温的高低会对各类用电设备例如空调、电风扇、冰箱或是电烤炉等有着重要的影响，使得各类用电设备的总功率不断上升。因此凡有此类用电设备的地区其用电量均会受到影响，当天气变化特别大时，电力负荷也会随之大幅度波动，加大了短期电力负荷预测的难度。降水量对于短期电力负荷预测的影响也比较显著，尤其是在降水量较大的区域。当降水量增多时，水力发电站的发电量就会升高，但电力需求会相应降低，最终影响到电力负荷。

2. 时间因素

时间因素对短期电力负荷预测有着重要的影响，它主要分为了三种：

季节的影响、周循环以及法定节假日。在进行短期电力负荷预测时季节性的差异会导致电力需求的不同，从而对电力负荷预测产生了一定的影响。短期电力负荷的周期性变化也很明显。从星期一至星期五也就是每周的工作日电力负荷变化规律都基本相同；星期六和星期日也就是每周的休息日电力负荷也具有很强的相似性，这是由于供电区域人口工作和休息作用产生的结果。此外，法定的节假日对短期电力负荷也产生了较强的影响。在法定节假日期间，一般电力负荷会明显下降，这是因为工业负荷降低，与正常工作日和休息日相比，表现出了不同的特点。与此同时，与正常日相比在节假日期间可提取的数据也很少，因此这大大增加了负荷预测的难度。

3. 随机因素

电力系统本身存在着一定的随机性，有许多随机性的影响因素很难事前预计，其对负荷预测的影响程度也无法预知。电力用户用电特性不同，用电影响因素也不一样，还存在偶然因素影响，用电也具有一定的随机性。因此，一般情况下电力系统会预留出一定的备用容量来应对随机性的负荷波动。

3.1.2 中长期负荷预测影响因素

中长期电力负荷预测影响因素主要分为经济因素、时间因素和政策因素。

1. 经济因素

经济因素一直以来都被认为是影响电力负荷的重要因素之一。当宏观经济增长时，全社会的电力负荷也会增加，而经济增长形势发生变化时，全社会的电力负荷也会产生一定的变化。近年来，随着国家公共设施的不断扩建以及生产经济水平的逐步提升，这也使得全社会的用电负荷不断加重。因此，经济的发展才是影响中长期电力负荷持续提升的主要因素。

此外，随着我国产业结构的调整，第二产业的结构占比呈现着逐渐下降的趋势，而第三产业则逐年升高。第二产业增速放缓使得全社会用电量的增速也随之放缓，虽然第三产业结构占比不断提升，但由于第三产业对于电能的依附程度要低于第二产业，带动的负荷增长量也要低于第二产业增速放缓带动的负荷减少量。因此，经济结构的变化也会对中长期电力负荷产生一定的影响。

2. 时间因素

时间因素，尤其是季节因素，对中长期电力负荷预测会产生重要的影响。一年分为了春、夏、秋、冬四个季节，不同的季节有着不同的用电结构特性，因此每个季节的用电负荷也会有所不同。以夏季和冬季为例，夏季主要以解暑降温的目的来用电，而冬季主要是以取暖防寒的目的来用电。用电目的不同自然就会导致不同季节用电结构的差异，而这种差异性就会使得不同季节的用电量也会有所不同。因此，中长期电力负荷预测也会受到季节性变化的影响。

3. 政策因素

政策因素对于中长期电力负荷预测也是有一定影响的。国家出台的不同政策，例如供给侧结构性改革、电力需求侧管理等，也会对相应的发电企业、电网企业以及电力用户产生影响。这些相关政策不仅促使社会电力系统更加完善，更使得人们的用电意识也发生了转变。而用电意识的转变也就导致了全社会用电结构的变化，最终对全社会的电力负荷产生影响。

3.2 风电出力负荷预测影响因素

根据《全球风电市场 2017 年度统计报告》发布的数据，风电全球市场 2017 年新增装机 52.6GW，同比下降 3.79%；累计装机容量达到 539.5GW，同比增加 10.65%。同时我国非化石能源占比已经达到 38.1%，可再生能源发电装机容量稳居世界第一。但与《中国可再生能源发展线路图 2050》提出的可再生能源目标占比达 62%相比，还有很大差距。要想大幅度提高风电装机容量占比，首先要解决风电不确定性对电网稳定性冲击的问题。提高电网稳定性要求对于风电功率的准确预测，尤其是未来 0～4h 风电功率的预测有重要影响。

风电功率预测的输入数据可以是历史风速数据、功率数据、天气数据和其他相关因素的历史数据。但考虑过多的风速相关因素无疑会增加输入变量的维度和预测模型的复杂度，这样不仅有降低预测模型精度的风险，而且会导致运算时间和相应统计成本的增加。因此，针对不同提前期输入变量的特征选择和评价有助于剔除不相关特征和冗余特征，保留评价性能最佳时的特征子集作为新模型输入可以起到简化模型的作用。

3.2.1 风电出力(风速)建模的输入特征选取方法

1. 基于相关性系数的输入特征选取

一部分输入变量特征在模型训练过程中所起作用微乎其微，但其存在必定增加模型的复杂度。一种有效的甄别方法就是通过计算各输入变量和输出变量相关性系数来筛选变量。可计算相关性系数有皮尔森相关性系数(Person Correlation Coefficient)、斯皮尔曼相关性系数(Spearman Correlation Coefficient)和肯德尔相关性系数(Kendall Correlation Coefficient)。其中皮尔森相关性系数是反映两个变量相似程度的统计量,但必须假设输入数据是成对从正态分布中去除。斯皮尔曼相关性系数是一种无参数(与分布无关)检验方法,用于度量变量之间联系的强弱。而肯德尔相关性系数是一种计算分类变量的秩相关系数。

在回归问题中,常常选取皮尔森相关系数作为选择输入变量的评判指标,利用在不同提前期下输入数据与输出数据相关性系数大小作比较。例如河北某风场 15min 的短期风速预测,将前两个小时输入数据作为候选输入变量,即当前时刻之前两个小时内该地区的温度、湿度、气压和历史风速作为候选输入变量。具体输入、输出变量见表 3-1。

表 3-1　原始输入变量和输出变量维度表

	矩阵	含义	维度	维度总和
输入	speed	$speed_{t-7}, speed_{t-6}, \cdots, speed_{t-1}, speed_t$	8	32
	Tem	$Tem_{t-7}, Tem_{t-6}, \cdots, Tem_{t-1}, Tem_t$	8	
	Hum	$Hum_{t-7}, Hum_{t-6}, \cdots, Hum_{t-1}, Hum_t$	8	
	Pre	$Pre_{t-7}, Pre_{t-6}, \cdots, Pre_{t-1}, Pre_t$	8	
输出	y	$speed_{t+1}, speed_{t+2}, speed_{t+3}, speed_{t+4}$	4	4

在表 3-1 中,t 表示当前时间,$t-1$ 表示比当前时间提前 15min,$t-7$ 表示比当前时间提前 7×15min,$t+1$ 表示比当前时间滞后 15min。4 个输入指标为历史风速 speed、温度 Tem、湿度 Hum、大气压力 Pre。输入向量维度为 4×8 维数据,输出为 4×1 维数据。候选输入变量维度较高,直接用于建模会导致训练时间过长,训练效果差的情况发生。所以利用 MATLAB 自带 corr 函数计算输入变量和输出变量皮尔森相关系数来作为评价指标。

```
≫[RHO,PVAL]= corr(X,Y,'name',value)
```

X 为输入的 32 维矩阵,Y 为输出的 4 维矩阵,′name′选择 type,value 选择′Pearson′,RHO 即为所得相关系数矩阵,如图 3-1 所示。

在表中相同变量选取相关系数较大的 $speed_{t-1}$, $speed_t$, Hum_{t-1}, Tem_{t-1}, Tem_t, Hum_{t-6}, Hum_{t-7}, Pre_{t-6}, Pre_{t-7}。虽然皮尔森相关系数对线性关系敏感,但是由于皮尔森相关系数对非线性不敏感而导致趋于 0。这时可以将已知的非线性问题转化为线性问题继续进行预算。

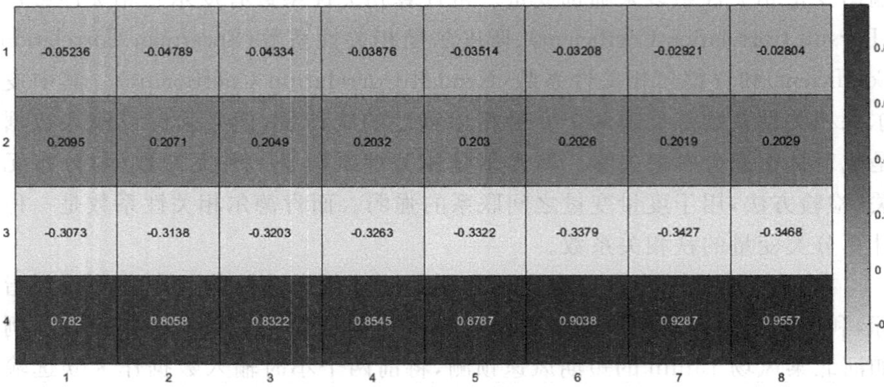

图 3-1　皮尔森相关系数图

2. 基于方差的输入特征选取

方差作为体现一组数据离散程度的变量。在预测过程中，方差越大，有可能说明该输入变量所包含的信息就越多，利用 MATLAB 自带 var 函数可以直接对离散化后的候选输入变量矩阵进行方差计算。因为在输入变量中 95%的数据取某个值的情况少之又少，这类取值变化小的特征在输入之前就应该被剔除，减少对于其他因素的干扰。但此类方法在实际应用的过程中，并不能很好地解决目标问题。所以只是作为特征选取的预处理阶段，去除方差较小的特征，之后再进行进一步特征选择。该方法可以转变成主成分分析来提取多个变量的综合特征。

3. 基于特征排序的输入特征选取

前面提到的都是基于单变量特征方法的选择，是建立每个特征与响应变量之间的联系。当今流行的机器学习模式提供了另一种思路，就是利用机器学习中模型对特征进行打分，通过分数完成输入特征选取工作。

应用决策树对模型输入变量进行特征选择时，主要根据求相应训练集 MAPE 来判断历史风速、温度、湿度和大气压力等特征维度与预测风速 y 的相关性。一般来说，随着提前期加大，相关性逐步降低。风速还与历史温度、湿度、气压等相关，但相关关系更为复杂。

随机森林(Random Forest，RF)利用随机重采样技术 Bootstrap 和节点随机分裂技术有放回地从训练集中抽取新的样本集，建立决策树模型。RF 采用 Bootstrap 抽样时每次产生约 36.8%的“袋外数据”(Out of Bag，OOB)。利用 OOB 作为测试集对 RF 的预测性能进行评价的方法称为

OOB 估计。当 RF 中树的数量足够多时,OOB 估计具有无偏性。可以根据 OOB 误差的大小来选择相应的输入特征。

4. 其他输入特征选取方法

在线性模型中可以引入 L1 范数来求得稀疏解,寻找其中系数不为零的特征作为选取的特征变量;或是通过卡方检验来检验定性的自变量与因变量之间的关系;或是计算最大信息系数或距离相关系数来判断其相关性大小。多种方法适用于不同的应用环境,具体选取还需根据实际情况把握。

3.2.2　相邻风场变量总体关联性研究

随着大风电基地建设和信息通信技术的发展,相邻机组(相邻风场)的大量气象信息和出力数据信息可以方便获取,但其价值尚未被有效挖掘。充分利用相邻机组(或者相邻区域)的风速、风向等历史和实时气象信息,可以弥补现有风电预测系统的不足,提升风电预测精度。

风电功率和相邻区域的历史风速、风向和气压等气象数据高度相关,存在复杂非线性的关系。不同风速对于风电功率影响的滞后期也不一样。上风口的风速越大,影响滞后期越小。风速越小,滞后期越大,且两者的相关性非常低。此外上风口的风向和气压也影响着风电功率。可分析风速、风向和气压等对于风电功率的时变时滞规律,找出影响功率的变量上、下临界点和时变时滞的波动范围。根据相邻区域观测点的位置和风速变时滞波动范围,确定模型的输入变量的时滞期。将相邻区域的风速、风向、温度和湿度等气象信息一起作为模型输入。

根据目标风机的风向分布来确立风机的主要上风口的相邻风机,然后根据上风口的风速、风向和距离,估算其与目标风机相关性的临界时滞点,由此确立最大时滞。根据最大时滞来选择相邻风机的气象信息的提前期,并由此选择相邻区域气象输入。运用 RF 的 OOB 误差大小来确定各个变量相对重要性,来筛选模型输入。

3.3　电价预测影响因素

电力不能像物品一样很容易储存,它的生产需要精准的时间条件。因此,所有的供求因素都会对现货市场的电价产生直接影响。除了生产成本,电力价格是由供求决定的。然而,最基本的驱动力(天气,社会等因素)也是最有可能被考虑的驱动力。如短期电价受天气影响最大,夏季制冷和冬季供暖的需求是季节性价格上涨的主要推动力。

准确的电价预测离不开对电价特点的准确把握和在此基础上的成功建模。在对电价预测建模之前必须先对电价特点进行分析，然后针对不同的电价特点来分别进行建模。

3.3.1 电力市场结构

市场结构不同，发电机组的构成情况不同，电价的影响因素也不相同，对电价的影响因素分析也应该区别对待。发电机组的运行成本和机会成本决定着电价，因此发电燃料成本对电价具有非常大的影响。如在一个燃煤机组占相当部分比例的电力市场中，电价很容易受煤价的影响；在燃油和燃气机组为主的电力市场中，电价则很容易受石油和天然气价格波动的影响；在水电机组占据一定比例的电力市场中，电价则主要受季节性的天气影响较大，如果水电机组所在河流上游流域长期干旱缺水，则会导致水电机组出力不足而促使市场电价上涨。2000 年至 2001 年的美国加州电力危机中，电价成倍上涨，多次逼近价格管制上线。其中很重要的一个原因：加州自身的电力供应中有接近一半来自燃气电厂，天然气价格的上涨直接推动了这些电厂发电成本的上涨，最终导致批发市场电价飙升。同时，当年加州水电机组上游秋冬季来水不足，导致部分水电机组出力不足，也增加了危机的严重程度。

3.3.2 市场成熟度

一般来说，一个市场越成熟，市场集中度越低，单一市场参与者对市场的影响越小。而市场参与者对市场影响越小，电力市场竞争越充分，电价就越接近发电成本，电价波动也越小。市场上卖家数量越多，则卖家越不能左右市场价格，只能接受市场价格；如果市场上卖家数量有限，则部分卖家可以通过人为控制市场供应量来操纵价格，从而达到提高利润的目的。市场上的买家数量也可影响市场价格，情况则正好相反。实际上，由于电力系统的特点，电力市场中的买家和卖家数量都是有限的，其往往不是一个完全竞争的市场，而更接近寡头垄断市场。电力市场的设计应尽可能增加市场的参与者数量，降低每个市场参与者的市场影响力。同时加大对市场的监管力度，尽可能减少市场力发生的频率和减轻市场力发生的危害。

3.3.3 辅助服务市场

辅助服务市场也在很大程度上影响电价。辅助服务市场包括系统备用容量市场、可中断负荷市场以及黑启动服务等市场。辅助服务市场越完善，竞争越充分，则电价越稳定，越少出现价格尖峰。充足的市场备用容量能够防止因紧急情况出现而导致的价格尖峰，还可抑制可能出现的市场力。可中断负荷市场能够在系统高峰负荷期间通过削减部分负荷，从而避免高成本机组投入运行，降低市场的出清电价。从长远来看，较高的容量市场价格还有利于吸引资金投资电力行业，保证系统容量的充足。

3.3.4　输电约束

输电网络也对电价有较大的影响。在输电阻塞严重的地方，部分节点电价非常高，其他地区电价尽管便宜，但由于输电约束而不能将电力输送进来。这些地方的高节点电价抬升了整个市场的出清电价。

3.3.5　市场规则

当市场中存在价格管制时，电价也会受到较大的影响。存在最高价格管制规则的地区，系统的最高电价为管制价格。市场卖方不能通过市场力而无限抬高价格，从而保护市场上的其他参与人利益和保证市场的公平运行。市场监管机构对于市场力的监控和处罚力度也在很大程度上影响着电价。由于电力行业的特殊性，电力市场是一个天然的垄断竞争市场，市场卖方经常有利用市场力谋求不正当利益的机会。监管机构必须随时对市场运行情况进行监控以保证市场的正常运行。一旦发现滥用市场力的情况，监管机构必须没收其非正当所得，并予以处罚。如果市场监管机构监管不力，对滥用市场力的参与者不能予以必要的处罚，使其收益远小于成本，那么监管就不能发挥威慑作用，市场投机者就有了投机的动机，市场就会频频出现尖峰价格。

环境排放标准也是一个影响价格的重要因素。众所周知，火力发电和水力发电尽管发电成本较低，但对环境有一定的影响；风能发电和生物能发电等清洁能源发电成本相对较高，但对环境影响很小。很多国家和地区的电力市场都通过法律政策鼓励清洁能源多发电，限制非清洁能源发电，如美国加州、PJM 等电力市场的电力排放证书，荷兰通过绿色证书系统为绿色电力开发制定的自愿配额政策等。这些政策有利于环保，但在一定程度会增加市场整体的发电成本，导致整个市场出清价上扬。

3.3.6　负荷和市场总装机容量

无论在哪种电力市场中，负荷都是影响电价的一个主要因素。一般来说，在短期内，市场总装机容量变化不大，因此负荷越高，高成本机组被调用的可能性就越大，市场出清价就可能越高。长期而言，电价是影响市场装机容量的晴雨表，电价高则会吸引额外投资进入该行业，从而增加整个市场的装机容量。

短期电力负荷随着时点和天气等因素变化较大，是影响日前电价和实时电价的主要因素。而中长期电力负荷也会随着时间变化和经济发展而变化，和系统装机容量一起影响着市场容量价格，并和其他众多的因素一起影响着中长期电价的走势。因此，在电价预测建模时负荷往往是一个不可忽视的因素，在对电价预测之前必须对负荷作出准确的预测。

3.3.7 气候条件、社会因素等对电价的影响

气候等条件也对电价有较大的影响。如上述长期的干旱性气候会减少上游来水，导致水力发电机组出力不足而形成整个市场出清电价上扬；再如长期的炎热或者寒冷天气会使系统一直处于高负荷运行状态，高运行成本机组被调用，抬升市场电价。此外出于安全考虑，部分机组不得不进行强制检修而退出运行，从而导致系统可用装机容量下降，市场出清价上扬。

短期电价受天气影响最大。夏季制冷和冬季供暖的需求是季节性价格上涨的主要推动力。2017 年，美国计划增加 13GW 天然气发电量。额外的天然气发电量降低了电力价格，增加了电力需求。

自然条件、发电厂和输电中断、经济健康也会影响电价。一个国家自然资源的丰富与匮乏，极大地影响了供电侧的电价标准。供电侧的电价标准受燃料价格和 CO_2 补贴价格的影响最大。欧盟碳价格自 2017 年以来翻了一番，使其成为价格的一个重要驱动因素。无论是计划的还是非计划的，停电都会影响电网可用的总电量。停电会破坏电力供应，进而影响价格。在经济困难时期，许多工厂因消费需求的减少而减少生产，因此减少了与生产有关的电力需求。

第 4 章　负荷预测建模步骤

4.1　数据搜集与整理

4.1.1　数据搜集

通常数据主要来源于政府、企业和社会第三方网站。负荷预测和经济预测一些常用的获取数据的网址见表 4-1。从表中可以看出大多数网站的数据下载形式为 Excel，而和讯宏观数据不能下载，只能通过复制粘贴的形式，因此不是很推荐，但是可以补充其他网站缺少的数据。从网上能获取的数据大多来自政府和社会第三方网站，企业数据属于内部资料，一般人很难拿到内部资料。

由上一章节中的中长期、短期电力负荷预测的影响因素分析可知，研究不同时间尺度的负荷预测所要搜集的数据有所差异。根据需求选择合适的数据是非常关键的一步，如果选择的数据不好，将会影响负荷预测的结果。根据因变量与自变量划分需要搜集的数据类型如下。

1. 因变量

因变量的搜集从时间尺度上可分为年、季、月、日等各类时间尺度的负荷数；从应用范围可以分为全国、各省市、各市区的负荷，还可以分为各产业、各行业的负荷等。总之，应根据个人需求而寻找相关的负荷数据。

2. 自变量

收集因变量数据后，需要根据需求寻找相应的自变量数据。上一章节中已经提到各类型预测的影响因素。例如整点天气预报、气温、降水等气象数据，GDP、城乡可支配收入等，历史的负荷信息、节假日以及时点信息等也是非常关键的自变量。在电价预测中还需要电力市场中的负荷数据，机组数据以及历史的电价信息等。

表 4-1 常用数据搜集网站

类型	网站名称	网址	文件形式
政府	MBS	https://unstats. un. org/unsd/mbs/app/DataSearchTable. aspx	csv/xlm
	世界银行数据库	http://databank. worldbank. org/data/home. aspx	xls/csv/xml
	美国国家可再生能源研究所	https://www. nrel. gov/	pdf
	美国能源信息署	https://www. eia. gov/electricity/monthly/	Pdf/zip/xls
	美国政府公开数据	https://www. data. gov/	xls/html/api
	印度政府公开数据	https://data. gov. in/	xls/ods/xml/json/jsonp/csv
	印度储备银行	https://rbi. org. in/Scripts/Statistics. aspx	pdf
	中华人民共和国国家统计局	http://www. stats. gov. cn/tjsj/	xls/csv/pdf/html/pdf/csv
	北京市统计局	http://tjj. beijing. gov. cn/	html
	中华人民共和国海关总署	http://www. customs. gov. cn/	xls
	中华人民共和国财政部	http://www. mof. gov. cn/index. htm	xls
	中国气象局	http://www. cma. gov. cn/	xlsx
	中国电力联合会	http://www. cec. org. cn/yaowenkuaidi/2018-06-14/181767. html	xls
社会第三方	世界天气	https://rp5. ru/%E4%B8%96%E7%95%8C%E5%A4%A9%E6%B0%94_	xls/csv
	NOAA	https://www. ncdc. noaa. gov/data-access	pdf/csv/txt
	美国国家环境预报中心	https://www. esrl. noaa. gov/psd/data/gridded/data. ncep. reanalysis. html	nc
	国际天气网站	http://weather. uwyo. edu/upperair/europe. html	html
	Research Data Archive	https://rda. ucar. edu/datasets/ds387. 0/#! docs	txt/docx
	EPS 数据库	http://olap. epsnet. com. cn/	xls
	新浪财经	http://finance. sina. com. cn/mac/	csv
	和讯宏观数据	http://mac. hexun. com/	html
	气候资料档案	http://climate. geog. udel. edu/~ climate/html_pages/download. html#lw_temp	tar/gz/z/tar. gz
	Kaggle	https://www. kaggle. com/datasets	Csv/json
	天池大数据	https://tianchi. aliyun. com/competition/index. htm	xls
	UCDATA	http://ucdata. berkeley. edu/	xls

4.1.2　数据整理

由于搜集到的数据往往具有一定的缺陷，例如口径、单位等不一致，存在异常值、缺失值等问题，这些缺陷会对预测结果带来重大影响。因此数据整理环节至关重要，可以通过 Excel 或者 SPSS 等软件来整理数据。以下以 Excel 与 SPSS 为例，展示数据整理步骤。

Step 1：检查输入数据（自变量）与输出数据（因变量）的口径、单位、时间间隔是否一致，如果不一致则需要在 Excel 上通过产生相应的转换数进行转换。

Step 2：对数据进行异常值、缺失值检测。

Step 3：异常值剔除或者修正；缺失值补全。

异常值就是在样本中与平均值的偏差超出两倍标准差的数值。常用的异常值检验方法有折线图法、箱线图法、Z 分数法等。但由于 Z 分数法要求样本服从正态分布，现实情况很难判断。因此，常用箱线图检测异常值。检测出异常值后，一般的处理方法有直接剔除、使用均值或其他统计量替代、视为缺失值然后利用统计模型进行补全等。

缺失值就是样本中为空的值，只需要检测到空值位置即可。对于缺失数据最简单的处理方法就是直接舍弃。这种方法通常会导致结果偏差，但在舍弃的样本不多的情况下，并不会产生实质性的差异。当然，在样本数量极大的情况下，缺失数据相对于样本总量的影响是微乎其微的。但是如果搜集到的样本数据是非常重要或比较稀少时，放弃这些缺失数据的代价非常大。所以这种情况下，需要找到方法把缺失值补上。

以美国代顿 1 月 1—4 日整点负荷数据为例，如图 4-1 所示，分别利用 Excel 与 SPSS 进行检测与处理。

例 4-1：通过 Excel 检验异常值与缺失值。

在 Excel 中，选中所有的负荷数据，通过绘制序列图找出异常值与缺失值。如图 4-2 所示，可以看出在 1 月 1 日凌晨 5 时的时候出现了一个最低点，16 时的时候出现了一个最高点，这两个点的出现都是骤然出现，很有可能属于异常值。在图中有两处断点，可以判断存在两个缺失值。当然还可以通过 Ctrl＋G 锁定空值的方法明确缺失值的位置。

例 4-2：通过 SPSS 检验与处理异常值与缺失值。

将数据录入 SPSS 后，通过“图形＞旧对话框＞箱线图”路径进入箱线图，录入负荷变量后输入结果如图 4-3 所示。从图中可以看出，编号 5、16 是异常值。明确异常值后，本例中采用的是将其视为缺失值，与原有的缺失值一同处理。

序号	DATE	负荷	序号	DATE	负荷	序号	DATE	负荷
1	01-01T01:00:00	2043.23	29	01-02T05:00:00	2207.96	57	01-03T09:00:00	3029.29
2	01-01T02:00:00	1974.91	30	01-02T06:00:00	2294.55	58	01-03T10:00:00	3038.78
3	01-01T03:00:00	1921.99	31	01-02T07:00:00	2403.05	59	01-03T11:00:00	2997.61
4	01-01T04:00:00	1897.40	32	01-02T08:00:00	2498.90	60	01-03T12:00:00	2945.92
5	01-01T05:00:00	911.99	33	01-02T09:00:00	3990.90	61	01-03T13:00:00	2909.47
6	01-01T06:00:00	1955.76	34	01-02T10:00:00	2684.50	62	01-03T14:00:00	2862.87
7	01-01T07:00:00	2018.74	35	01-02T11:00:00	2720.32	63	01-03T15:00:00	2841.40
8	01-01T08:00:00	2064.75	36	01-02T12:00:00	2715.96	64	01-03T16:00:00	2853.63
9	01-01T09:00:00	2134.56	37	01-02T13:00:00	2696.91	65	01-03T17:00:00	2940.98
10	01-01T10:00:00	2227.53	38	01-02T14:00:00	2666.94	66	01-03T18:00:00	3151.79
11	01-01T11:00:00	2295.90	39	01-02T15:00:00	2645.46	67	01-03T19:00:00	3153.70
12	01-01T12:00:00	2289.80	40	01-02T16:00:00	2676.74	68	01-03T20:00:00	
13	01-01T13:00:00	2246.16	41	01-02T17:00:00		69	01-03T21:00:00	3071.18
14	01-01T14:00:00	2199.11	42	01-02T18:00:00	3066.76	70	01-03T22:00:00	2932.44
15	01-01T15:00:00	3387.98	43	01-02T19:00:00	3119.91	71	01-03T23:00:00	2758.65
16	01-01T16:00:00	3992.98	44	01-02T20:00:00	3111.70	72	01-04T00:00:00	2609.66
17	01-01T17:00:00	2246.02	45	01-02T21:00:00	3087.23	73	01-04T01:00:00	2531.60
18	01-01T18:00:00	2447.36	46	01-02T22:00:00	3027.67	74	01-04T02:00:00	2479.97
19	01-01T19:00:00	2436.57	47	01-02T23:00:00	2920.91	75	01-04T03:00:00	2469.28
20	01-01T20:00:00	2415.86	48	01-03T00:00:00	2787.26	76	01-04T04:00:00	2489.26
21	01-01T21:00:00	2396.37	49	01-03T01:00:00	2704.40	77	01-04T05:00:00	2532.90
22	01-01T22:00:00	2365.10	50	01-03T02:00:00	1192.99	78	01-04T06:00:00	2712.80
23	01-01T23:00:00	2291.20	51	01-03T03:00:00	2683.48	79	01-04T07:00:00	2972.98
24	01-02T00:00:00	2207.68	52	01-03T04:00:00	2690.61	80	01-04T08:00:00	3015.31
25	01-02T01:00:00	2149.01	53	01-03T05:00:00	2733.08	81	01-04T09:00:00	2940.29
26	01-02T02:00:00	2127.23	54	01-03T06:00:00	2802.17	82	01-04T10:00:00	2888.52
27	01-02T03:00:00	2133.53	55	01-03T07:00:00	2900.99	83	01-04T11:00:00	2842.56
28	01-02T04:00:00	2160.80	56	01-03T08:00:00	2985.23	84	01-04T12:00:00	2794.62

图 4-1　代顿 1 月 1—4 日整点负荷

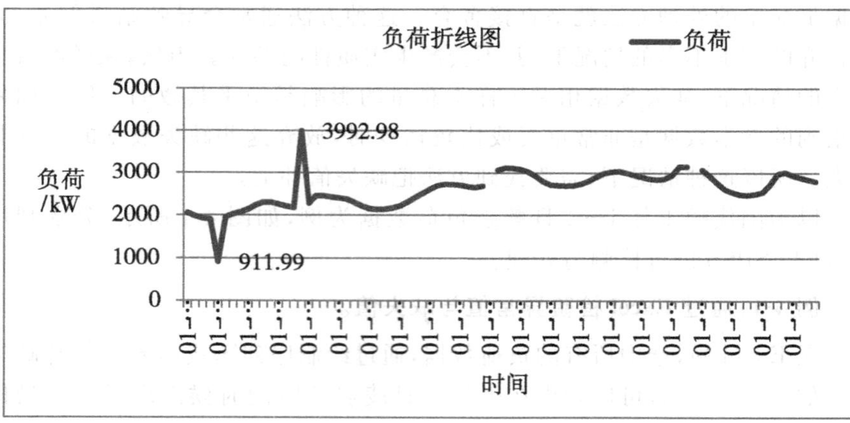

图 4-2　有缺失值的负荷折线图

SPSS 中则非常简便，通过“转换＞替换缺失值”路径可以直接将缺失值补全。在 SPSS 中自带了 5 种缺失值补全方式，分别为序列均值、临近点均值、临近点中位数、线性插值法、点处的线性趋势。本例中采用临近点均值法补全负荷数据，因为相邻时点的负荷比较接近。数据经处理后结果如图 4-4 所示。

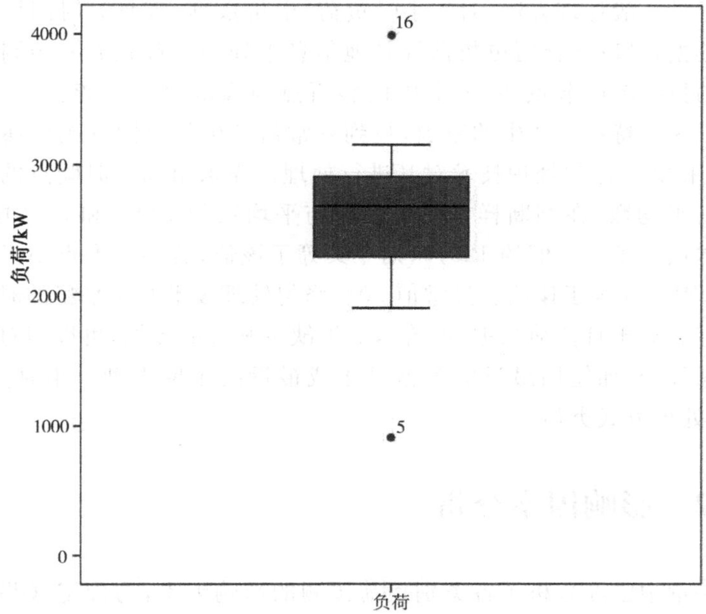

图 4-3　负荷箱线图

序号	DATE	负荷	序号	DATE	负荷	序号	DATE	负荷
1	-01T01:00	2043.232	29	-02T05:00	2207.958	57	-03T09:00	3029.287
2	-01T02:00	1974.909	30	-02T06:00	2294.551	58	-03T10:00	3038.778
3	-01T03:00	1921.991	31	-02T07:00	2403.048	59	-03T11:00	2997.614
4	-01T04:00	1897.399	32	-02T08:00	2498.903	60	-03T12:00	2945.918
5	-01T05:00	**1948.47**	33	-02T09:00	2597.903	61	-03T13:00	2909.47
6	-01T06:00	1955.763	34	-02T10:00	2684.503	62	-03T14:00	2862.87
7	-01T07:00	2018.742	35	-02T11:00	2720.319	63	-03T15:00	2841.4
8	-01T08:00	2064.752	36	-02T12:00	2715.957	64	-03T16:00	2853.627
9	-01T09:00	2134.561	37	-02T13:00	2696.91	65	-03T17:00	2940.98
10	-01T10:00	2227.525	38	-02T14:00	2666.939	66	-03T18:00	3151.787
11	-01T11:00	2295.895	39	-02T15:00	2645.46	67	-03T19:00	3153.699
12	-01T12:00	2289.8	40	-02T16:00	2676.743	68	-03T20:00	**3077.28**
13	-01T13:00	2246.156	41	-02T17:00	**2877.22**	69	-03T21:00	3071.181
14	-01T14:00	2199.106	42	-02T18:00	3066.762	70	-03T22:00	2932.437
15	-01T15:00	2169.165	43	-02T19:00	3119.911	71	-03T23:00	2758.65
16	-01T16:00	**2270.41**	44	-02T20:00	3111.703	72	-04T00:00	2609.661
17	-01T17:00	2266.017	45	-02T21:00	3087.229	73	-04T01:00	2531.603
18	-01T18:00	2447.359	46	-02T22:00	3027.668	74	-04T02:00	2479.974
19	-01T19:00	2436.566	47	-02T23:00	2920.911	75	-04T03:00	2469.28
20	-01T20:00	2415.86	48	-03T00:00	2787.256	76	-04T04:00	2489.26
21	-01T21:00	2396.371	49	-03T01:00	2704.395	77	-04T05:00	2532.902
22	-01T22:00	2365.103	50	-03T02:00	2693.611	78	-04T06:00	2712.797
23	-01T23:00	2291.202	51	-03T03:00	2683.48	79	-04T07:00	2972.984
24	-02T00:00	2207.678	52	-03T04:00	2690.613	80	-04T08:00	3015.306
25	-02T01:00	2149.009	53	-03T05:00	2733.082	81	-04T09:00	2940.29
26	-02T02:00	2127.226	54	-03T06:00	2802.172	82	-04T10:00	2888.521
27	-02T03:00	2133.534	55	-03T07:00	2900.993	83	-04T11:00	2842.563
28	-02T04:00	2160.803	56	-03T08:00	2985.227	84	-04T12:00	2794.623

图 4-4　处理后的负荷数据

以上是一般处理方法，对于小时负荷(电价数据)等具有时间周期的时间序列数据，可以结合历史数据等其他信息来处理。首先需要绘制负荷时间序列的折线图或散点图，图形中的转折点与离散值很可能就是异常值。然后分析这些特殊点产生的原因，找到异常值产生的原因并确认属于异常值后，采用20%修匀处理技术对其进行处理。先求出同一时间点的负荷历史数据的平均数，在判断样本中每个点与平均数的120%和80%的关系。若某样本点大于平均值的120%，则令其等于该值；若某样本点小于平均值的80%，则令其等于该值。异常值20%修匀处理技术对于平稳的时间序列效果较好。对于日负荷数据(电价)，如果缺少某天的数据，可以用对应的历史信息来补全，如使用最近的类似日子或最近的星期类型。小时负荷(电价)数据处理方式类似。

4.2 影响因素分析

上一章中已经分析了各类别负荷预测的影响因素，为确定这些因素会对负荷产生的影响，则需要对这些因素与负荷的相关性进行分析。因此，在预测前需要对因素与用电负荷的紧密程度进行探索性分析。最常用的相关性分析方法有箱线图、散点图、相关系数、回归分析等。

4.2.1 散点图

散点图比折线图更适合分析相关性。因为折线图主要用来描述趋势，适合样本较小的输入，而散点图对于样本大的输入同样适用，且散点图的横坐标自由。下面以2007Q1—2017Q4全国第一产业的用电量与GDP为基础，GDP数据可以从国家统计局网站下载(http://data.stats.gov.cn/easyquery.htm?cn=B01)，用电量可以在新浪数据库下载(http://finance.sina.com.cn/mac/#industry-7-0-31-3)结合自有数据资源。经季节调整和对数处理后的2007Q1—2017Q4全国第一产业的用电量与GDP散点图，从图4-5中可以看出用电量先随着经济增长保持增长趋势，随后会有一段区间处于平稳状态，然后又会随着经济的增长而增加。

4.2.2 相关系数 ρ

两变量间的相关系数 ρ 可以解释变量间线性相关程度。ρ 大于0表明存在正相关关系，小于0表明存在负相关关系，ρ 为0则表示两者不存在相关性。而相关系数 ρ 会根据数据类型求取方法的不同而有所差异。对于定

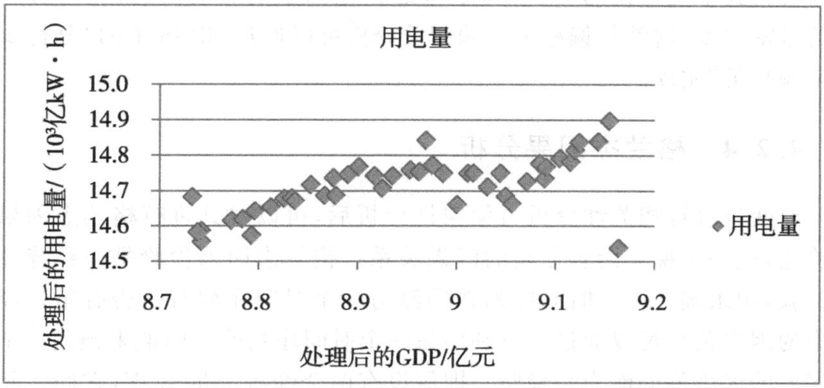

图 4-5　用电量与 GDP 散点图

距连续变量数据采用的是 Pearson 相关系数法，例如负荷与 GDP 、温度、风速、日照小时数、露点等需要求相关系数 ρ 时采用 Pearson 相关系数法。对于分类数据或者呈非正态分布的数据采用 Spearman 和 Kendall 相关系数法。例如负荷与是否工作日(星期)、降雨与否等变量之间的相关系数时，采用这两种方法。以代顿 1 月 1—4 日的负荷数据为例，在 SPSS 中通过“分析>相关性>双变量”进入相关系数求解界面，输入相应的变量，选择 Spearman 相关系数法。据此分析负荷与是否工作日的相关系数，结果见表 4-2。从表中可以看出，负荷与是否工作日的相关系数与 0.512，存在一定的相关性。

表 4-2　相关系数

指　　标			负荷	是否工作日
Spearman 的 rho	负荷	相关系数	1.000	.512**
		Sig.(双侧)	.	.000
		N	80	80
	是否工作日	相关系数	.512**	1.000
		Sig.(双侧)	.000	.
		N	80	84

**. 在置信度(双侧)为 0.01 时，相关性是显著的。

4.2.3　偏相关分析

当几个变量间存在相互影响时，研究一个因素与另一个因素间的相关性需要将其他变量视为常量,即不考虑其他因素的影响,仅研究两者间的相关紧密程度,这就是偏相关。偏相关分析可以通过 SPSS 中的“分析≫路径≫偏相关”实现。

4.2.4 格兰杰因果分析

对变量进行相关性分析与偏向性分析后,可以对其进行格兰杰因果关系检验,进一步探究两者之间的因果关系。格兰杰因果检验是一种统计假设检验,用来确定一个时间序列在预测另一个时间序列时是否有用。经济学中的因果关系可以通过测量利用另一个时间序列的先验值来预测一个时间序列的未来值的能力来检验。即假设有两个经济变量 X、Y,它们之间的格兰杰因果关系可以定义为:在同时存在 X、Y 的条件下,对变量 Y 的预测效果优于仅对 Y 过去的信息进行预测的效果,那么就可以认为 X 有助于解释 Y 将来的变化,即 X 是 Y 的格兰杰因,两者存在显著相关关系。格兰杰因果关系检验的模型如下:

$$Y_t = \beta_i + \sum_{i=1}^{m} \beta_i Y_{t-i} + \sum_{i=1}^{m} \alpha_i X_{t-i} + \mu_t \tag{4-1}$$

$$X_t = \delta_i + \sum_{i=1}^{m} \delta_i X_{t-i} + \sum_{i=1}^{m} \lambda_i Y_{t-i} + v_t \tag{4-2}$$

格兰杰因果关系检验存在四种结果:

(1)从 X 到 Y 存在单向影响,即式(4-1)X 各滞后项前的参数不为 0,式(4-2)Y 的滞后项前的系数都为 0。

(2)从 Y 到 X 存在单向影响,即式(4-2)Y 各滞后项前的参数不为 0,式(4-1)X 的滞后项前的系数都为 0。

(3)从 Y 到 X 存在双向影响,即式(4-1)X 各滞后项前的参数都不为 0,同时式(4-2)Y 各滞后项前的参数都不为 0。

(4)X 与 Y 之间不存在格兰杰因果关系,即式(4-1)X 各滞后项前的参数都为 0,同时式(4-2)Y 各滞后项前的参数都为 0。

格兰杰因果关系检验需要在 Eviews 上实现,首先选中需要检验的变量以组(group)的形式打开(存储),然后打开组(group)后操作路径为“view≫Granger Causality...”,弹出对话框输入滞后期后单击“OK”即可。

4.2.5 回归分析

回归分析是相对于箱线图、散点图、相关系数来说更加具体研究变量间的相关关系。它不仅可以反映变量间的相关趋势,还可以度量变量间影响的大小程度。对于连续性变量可以通过线性回归、非线性回归的方法进行探索，对于非连续性变量、分类变量等可以采用最优尺度回归方法分析因素与负荷之间的相关性，如降雨与负荷的关系。回归分析判定变量间是否存在相关性的指标是拟合系数 R^2 或调整后的 R^2，回归分析在 SPSS 中同样也可以实现。

4.3　数据预处理

在实际生活中，实际负荷可能受多种因素影响，这些因素可能存在周期性变化，也可能是由于偶然因素而产生随机波动造成的。随机性的存在使得预测模型可信度大大降低，正确对待序列中随机波动成为影响负荷预测精度的关键所在。可以通过分解集合的思想，分解出不同特质序列或是映射到不同维度空间来解决随机波动问题。

4.3.1　Wavelet

小波变换是通过伸缩平移变换对信号（序列）逐步进行多尺度细化，最终得到信号的频率特性。小波变换可分为离散小波变换（Discrete Wavelet Transform，DWT）和连续小波变换（Continuous Wavelet Transform，CWT）两大类。两者的主要区别在于：连续变换在所有可能的缩放和平移上操作；而离散变换采用所有缩放和平移值的特定子集。由于连续小波变换的计算量非常大，在实际工程应用中经常采用的是离散小波变换。执行离散小波变换的有效工具是 Mallat 滤波器。函数 $f(x)$ 的 CWT 定义为

$$W_{\mathrm{f}}(a,b)=\frac{1}{\sqrt{|a|}}\int_{-\infty}^{\infty}\overline{\psi(2^{-k}x-n)}\mathrm{d}x \tag{4-3}$$

式中：a 为缩放因子（对应于频率信息）；b 为平移因子（对应于时空信息）；$\psi(x)$ 为小波函数；$\overline{\psi(x)}$ 为 $\psi(x)$ 的复共轭。

令 $b=n2^k$，则可得到 DWT 为

$$W_{2^k}(n)=2^{-k/2}\int_{-\infty}^{\infty}f(x)\,\overline{\psi(2^{-k}x-n)}\mathrm{d}x \tag{4-4}$$

在实际应用过程中，一般将原始用电或电价数据分解为概貌序列和若干个细节序列，通过剥离细节分量剔除随机波动的影响，以概貌序列的预测结果直接作为用电或电价预测值。通过这种方法可以有效避免由外界因素和偶然性因素造成的数据不规则影响。忽略细节部分可剔除数据波动时的随机部分，提高模型预测精度。但对于波动过大的序列小波分解作用有限。图 4-6 是 2004 年 PJM 电力市场 19:00 电价序列经小波分解后的子序列波动图。

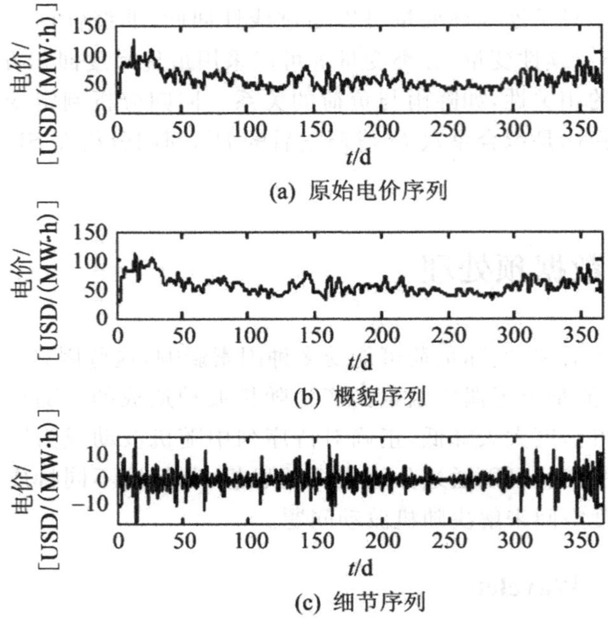

(a) 原始电价序列

(b) 概貌序列

(c) 细节序列

图 4-6　小波分解的子序列波动图

小波函数和分解水平对结果都有很大影响。小波变换的水平直接决定着电价预测的精度，分解的分量既要在概貌序列中体现原始电价序列的波动趋势，又要在细节序列中反映原始电价序列的突变和随机波动。在实际应用中，可通过对比概貌序列与原始序列的相似程度来决定分解水平。分解完成后可以根据不同分量的特点分别予以建模预测。

细节分量的处理过程与概貌序列的处理过程基本相同。不过，由于细节分量往往体现的是电价序列的随机波动和局部突变，这些变化很难找到准确的相应外生变量影响因素，在电价预测中通常更难处理。考虑到细节分量在原始电价中所占的比重较小，提高其预测精度对提高整体电价的预测精度意义不大；因此，一般直接应用 GARCH 模型进行预测，不再考虑外生变量的影响。

4.3.2　EEMD

经验模态分解（Empirical Mode Decomposition，EMD）是一种适用于分析和处理非线性、非平稳数据的方法，由 Norden E. Huang 于 1998 年提出。其假设为，由于数据自身的复杂性，也许在同一时间，有许多不同的波动模式共存。EMD 基于数据自身的局部特征尺度，可从原始数据中解析出这些内在模式，记为 $IMFi$。这些 $IMFi$ 需要满足两个条件：

(1)在整个数据序列中,极值点的数量与跨零点的数量必须相等或最多相差 1 个。

(2)在任何一点,由数据序列的局部最大值点确定的上包络线和局部极小值点确定的下包络线均值为 0,即信号关于时间轴局部对称。图 4-7 是我国东北某地区冬季日负荷 EMD 分解子序列图。

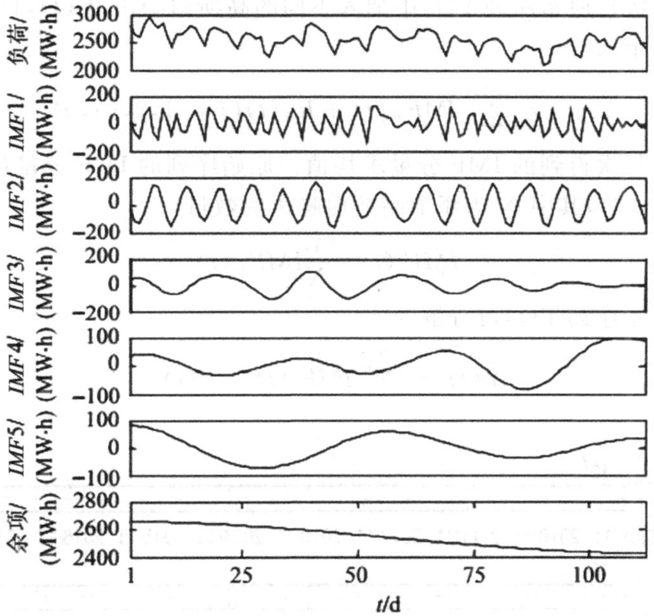

图 4-7　东北某地区冬季日负荷 EMD 分解子序列图

从图 4-7 数据序列分解可观察到,*IMF*2 的周期约为 7 天且规律性表现很好,该分量反映了负荷以一周为周期的波动。*IMF*1 的平均周期稍大于 3 天,这与一周之内工作日与周末用电规律的差异有关,也说明该序列是在一周的范围之内进行波动,但是其规律性很差,具有一定的随机性。*IMF*3～*IMF*5 的周期幅度较大,在 2 周到 2 个月之间,它们波动平滑,反映了负荷在较长周期范围的缓慢波动,但因为它们对整体负荷的波动贡献较小,所以在负荷分析过程中经常被忽略。

为了解决 EMD 在应用时候的局限性,研究人员又提出集合经验模态分解(Ensemble Empirical Mode Decomposition, EEMD)来解决 EMD 的模态混叠问题。具体来说就是在原有信号的基础上多次加入辅助噪声,在进行 EMD 分解后求得平均值。

(1)在原始序列 $Y(t)$ 中添加一个高斯白噪声序列 $H(t)$,得到新序列 $Y_0(t)$。表示公式为

$$Y_0(t)=Y(t)+H(t) \tag{4-5}$$

(2)对新序列$Y_0(t)$进行 EMD 分解，得到 m 个 IMF 分量$IMF_i(t)$和一个残差序列$R_n(t)$，公式表示为

$$Y_0(t)=\sum_{i=1}^{n} IMF_i(t)+R_n(t)(i=1,2,\cdots,n) \tag{4-6}$$

(3)每次在原始序列 $Y(t)$中加入不同的高斯白噪声 $W(t)$，再执行步骤2)，公式表示为

$$Y_i(t)=\sum_{j=1}^{n} IMF_{ij}(t)+R_{in}(t)(j=1,2,\cdots,n) \tag{4-7}$$

(4)对每次得到的 IMF 分量求均值。原始序列的 IMF 分量$IMF_i(t)$表示为公式(4-8)，其中 N 为添加高斯白噪声的数量：

$$IMF_i(t)=\frac{1}{N}IMF_{ij}(t) \tag{4-8}$$

(5)原始序列 $Y(t)$可分解为

$$Y(t)=\sum_{i=1}^{n} IMF_i(t)+R(t) \tag{4-9}$$

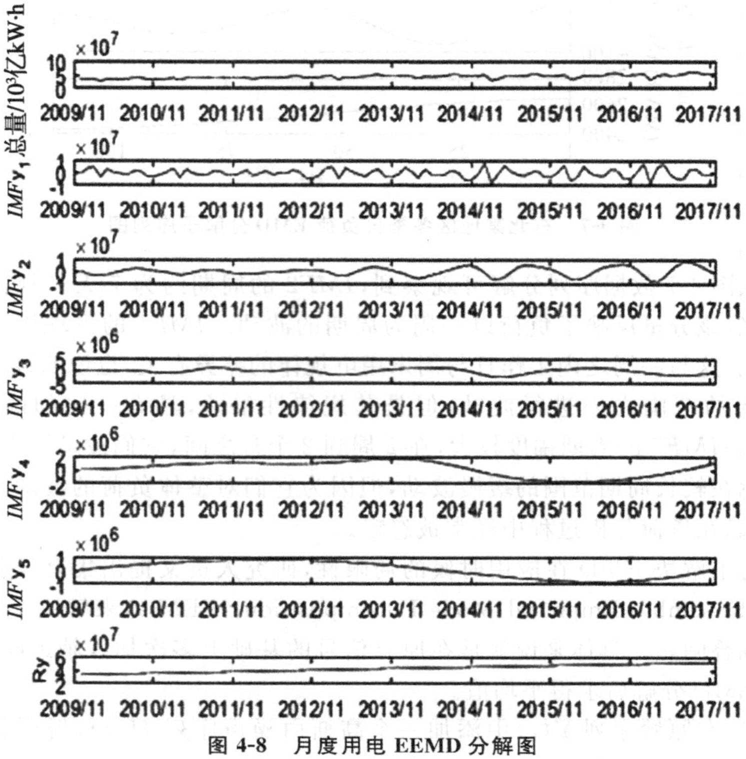

图 4-8 月度用电 EEMD 分解图

从图 4-8 中可以观察到如上文一样的规律，标号较小的分量波动频率快幅度小，在标号大的分量中可找出负荷长期变化趋势。长期趋势预测中可忽略高频波动，但是它们在短期预测中很重要。由于高频分量具有随机性，可选择对随机过程描述效果较好的时间序列类模型进行预测，从而能够综合各种环境因素对该序列的影响。

4.3.3 PCA

主成分分析(Principal Component Analysis，PCA)，是将多个变量通过线性变换以选出较少个数重要变量的一种多元统计分析方法。PCA 能够在尽可能保留信息的情况下，对原始的高维数据进行变换，用少量的变量反映数据的大致特征。大部分数学和统计软件都支持 PCA，如 MATLAB 和 Eviews 都有专门的函数处理。部分文献通过 PCA 对模型输入变量进行预处理，在保留大量信息的前提下，剔除其中的冗余信息，大大提高了模型的预测精度。PCA 算法流程如下：

(1)计算数据集 X 列向量的均值X_{mean}，使$X_{new}=X-X_{mean}$；

(2)求解矩阵X_{new}的协方差矩阵 Cov 以及相应特征值和特征向量；

(3)按照特征值大小进行排序，选择 k 个最大特征值所对应的特征向量作为列向量组成特征向量矩阵W；

(4)计算$X_{new}W$，将数据集X_{new}投影到选取的特征向量上，得到已经降维的数据集$X_{new}W$。

PCA 的思想是将 n 维特征映射到正交的 k 维上($k<n$)。重新构造的 k 维特征按重要性排序，根据具体需要选择前面最重要的部分，在最大程度保持原有数据信息的基础上实现数据压缩。在传统负荷预测建模过程中，常常因模型输入变量过多而导致模型复杂度增加，预测精度降低，PCA 的应用可大大降低模型复杂度，降低无关因素对模型精度的影响。后文有对“PCA＋SVM”建模的详细说明。

4.4 规律发现与曲线拟合

通过观察由因变量与自变量绘制出来的散点图，初步猜测样本所满足的曲线方程式。如果曲线接近直线则只考虑线性回归方程，但散点图呈曲线状态可能要考虑指数方程、高斯方程等，若呈现多峰值曲线则考虑多项式曲线方程。一般情况下，在直观判断不明显时可以先尝试直线拟合，再尝试多项式曲线拟合。直线拟合可能产生欠拟合的情况，而多项式曲线拟合则可能会产生过拟合的情况。这主要看拟合的方差与偏方差的值，当然若是某一方程能同时使两者最小再好不过，但是实际上往往很难达成。因此，只要方差与偏差能够达到一个比较低的值即可用该方程进行曲线拟合。

通过规律发现确定了模型采用的拟合方式。因为一元多项式进行拟合比较简单常用，所以下面就以一元多项式拟合为例介绍曲线拟合的过程。一元多项式曲线方程如式(4-10)所示，其中 ω 为权重。当 $n=1$ 时为直线方程。

$$y=\omega_1 x^n+\omega_2 x^{n-1}+\omega_3 x^{n-2}+\cdots+\omega_n x^1+c=\sum_{i=1}^{n+1}\omega_i x^{n-i+1} \tag{4-10}$$

曲线拟合后需要对模型进行误差分析，均方根误差为判定指标。然后通过绘制以 n 为横坐标，均方根误差为纵坐标的折线图，观察均方根误差的最低点则为最佳模型。在多项式拟合过程中，可能会遇到欠拟合情况，此时只需要增加参数(自变量 x)即可。当遇到过拟合问题时，则需要通过增大数据集或者通过增加正则化惩罚项以降低过拟合。

例 4-3：以 2007Q1—2017Q4 全国第一产业用电量和经济增长数据为例演示规律发现与拟合。通过图 4-10 的散点图可知，散点图呈曲线状态，考虑用多项式或高斯函数进行拟合，维度为 2。利用 MATLAB 中的曲线拟合工具箱，对负荷与温度的散点图进行拟合。具体操作为：首先通过 xlsread 命令导入数据(因为数据与程序脚本在同一文件夹下，所以不需要添加文件路径，若文件不在同一文件夹下则需要加上文件的绝对路径如“xlsread(‘D:\\新建文件夹\\data. xls’)”)，输入 cftool 调用曲线拟合工具箱。随后在工具箱中选中具体变量与拟合函数即可。具体代码如图 4-9 所示。

```
>> clc;clear all % 清除所有
data=xlsread('曲线拟合.xlsx') %导入数据
EG=data(:,2); %对自变量EG (economic growth) 赋值
EC=data(:,1) %对因变量EC (electricity consumption) 赋值
cftool    %导入曲线拟合工具箱
```

图 4-9　曲线拟合代码

经多次试验比较发现高斯的拟合效果更好，调整后的 R^2 其 SSE 与 RMSE 都比多项式拟合的小。拟合曲线如图 4-10 所示，可以看出用电量会随着经济增长而保持增长状，随后便保持平稳状。

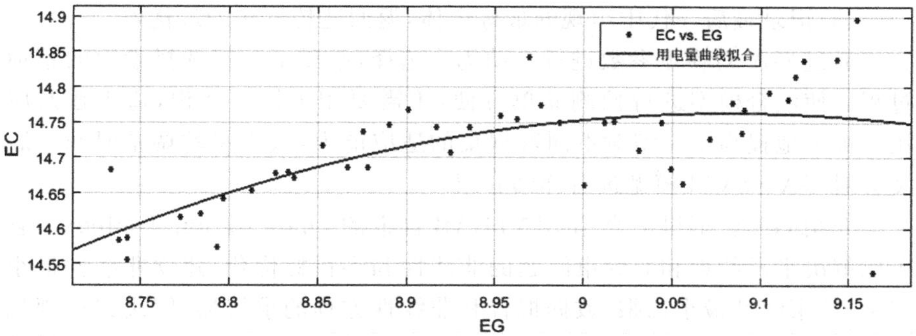

图 4-10　EC-EG 拟合曲线图

4.5　建模参数优化

经典预测方法中，时间序列法就是通过分析时间序列来反映出发展方向和趋势，借以预测下一段时间可能达到的水平。大部分时间序列模型所需确定的参数较少，可以通过统计学理论来解决。近年来受到广泛关注的人工智能技术，如人工神经网络、支持向量机乃至于深度学习等模型，其中涉及的参数量大，而且这些参数对于模型预测精度影响很大。人为地调整这些参数费时费力，也未必能保证得到最佳的结果。如果引用启发式算法等计算机程序来搜寻模型参数的最优解，将能大大提高模型预测精度和自动化水平。以下将简单探讨几种常见的优化算法及其基本原理。

4.5.1　GA

遗传算法(Genetic Algorithm，GA)的基本思想是基于达尔文进化论，它充分分析模拟了自然界“优胜劣汰”的自然选择过程。其基本思想是：遗传算法 GA 把问题的解表示成“染色体”，在算法中即是以二进制编码或十进制编码的串。并且在执行遗传算法之前，给出一群“染色体”，也即是“假设解”，然后把这些“假设解”置于问题的“环境”中，并按“适者生存”的原则，从中选择出较适应环境的“染色体”进行复制，并通过交叉、变异等手段产生新一代更适应环境的群体，这样一代一代地进化，最终会收敛到最适应环境的一个“染色体”上，最终得到问题的最优解。遗传算法的主要参数有群体规模 M、算法迭代次数 Q、复制频率 p_r、杂交频率 p_c 和变异频率 p_m 等参数，其主要步骤如下：

(1)随机产生一个由确定长度的特征串组成的初始种群。

(2)计算种群中每个个体的适应性和应用复制、杂交和变异算子产生下一代群体，直到满足停止准则。

(3)记录最后一代中出现的最好个体,返回遗传算法的最优解。

通过 GA 对模型参数进行自动优化选择,避免了人工选择参数的繁琐过程。使混合模型进行预测简单方便,不需要相关模型知识,适于普及应用。极大地提高了模型对不同数据集的适应能力,减少参数调整时间。后文会对 GA+SVM 模型进行详细介绍。

介绍 GA 就不得不介绍 MATLAB 自带的 Optimization Toolbox。它可以解决平滑约束和非约束问题的非线性和多目标优化,建立非线性最小二乘、约束线性最小二乘、数据拟合和非线性方程的求解器,解决二次规划(QP) 和 线性规划 (LP)问题,解决混合整数线性规划 (MILP)问题,并带有优化建模工具和优化进度的图形监视,使用 Parallel Computing Toolbox 可以进行梯度预估加速。

进行 GA 操作的时候,可以通过 optimtool('ga')命令或是在 APPS 窗口中找到 Optimization 选项打开图形用户界面(Graphical User Interface,GUI)如图 4-11。

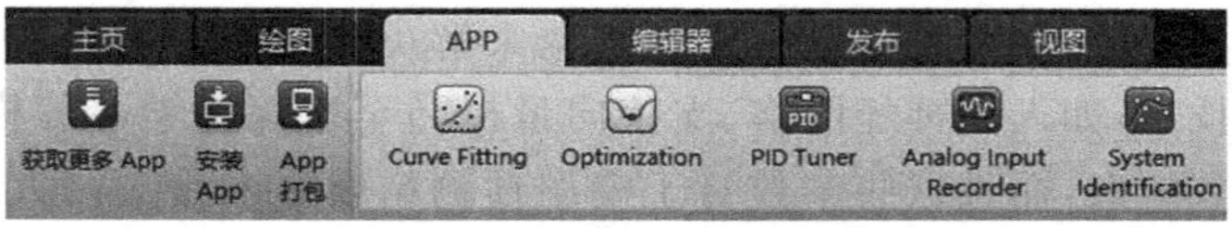

图 4-11 Optimization 位置图

Optimization Tool 内部设计如图 4-12 所示,通过左上角的 Solver 可以选择求解程序种类,这里选择 ga-Genetic Algorithm,接下来 Fitness Function 是设定适应度函数,Number of Variable 设定变量个数,下面分别是设定线性不等式(A,b)和等式条件(Aeq,beq),设定上下界(Bounds)。通过 Start 按钮运行 GUI,运算结果在中间框格内显示,左下角显示为最终停止点。

中间一栏为具体 GA 参数设置,包括迭代次数、适合度选择、保留方式、变异交叉选项、迁移约束参数、混合方式、停止准则、画图函数、输出方式和用户功能评估。具体函数功能可以在右侧帮助中找到详细说明。

本书借用 MATLAB 文档中的例子,帮助读者进一步理解 GA 原理。首先建立 ps_example. m 文件,文件内容如下:

```
> > xi =  linspace(- 6,2,300);
> > yi =  linspace(- 4,4,300);
> > [X,Y] =  meshgrid(xi,yi);
> > Z =  ps_example([X(:),Y(:)]);
> > Z =  reshape(Z,size(X));
> > surf(X,Y,Z,'MeshStyle','none')
```

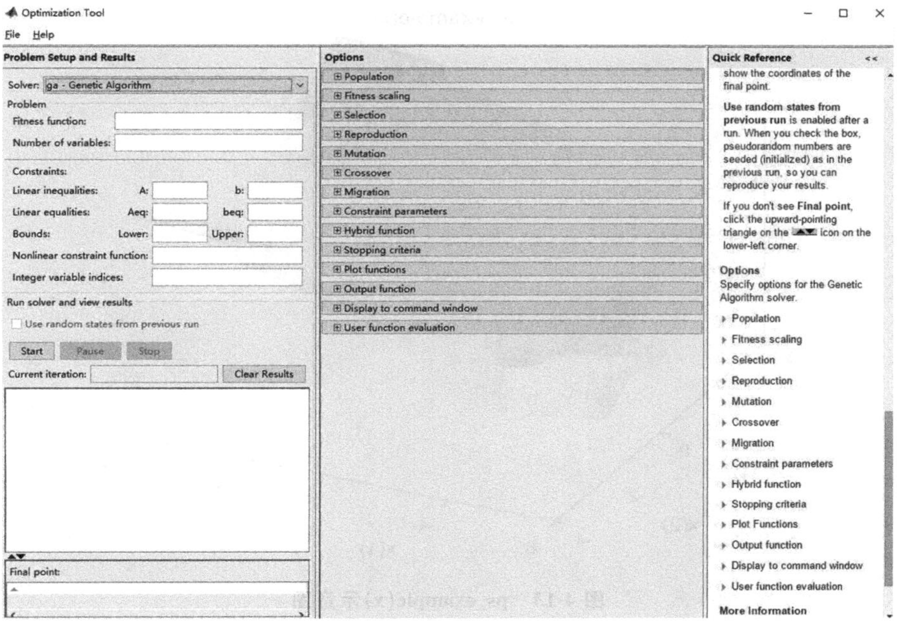

图 4-12　Optimization 内部图

```
> > colormap 'jet'
> > view(- 26,43)
> > xlabel('x(1)')
> > ylabel('x(2)')
> > title('ps\\_example(x)')
```

文件主要功能就是建立一个三维平面(如图 4-13),使得运用 GA 在平面找到最小值所在坐标。

```
> > rng default % %  For reproducibility
> > x =  ga(@ ps_example,2)
```

调用 GA 函数,找到最小值点。

−4.6793　　−0.0860

4.5.2　PSO

粒子群算法(Particleswarm Optimization,PSO)由 Kennedy 和 Eberhart 在 1995 年提出,该算法对于 Heppe 的模拟鸟群(鱼群)的模型进行修正,以使粒子能够飞向解空间,并在最好解处降落,从而得到了粒子群优化算法。PSO 算法与 GA 都是基于群体迭代实现的智能算法,不同的是 GA 算法利用交叉和变异来跳出局部最优增强解的可靠性,PSO 算法是利用追随最优

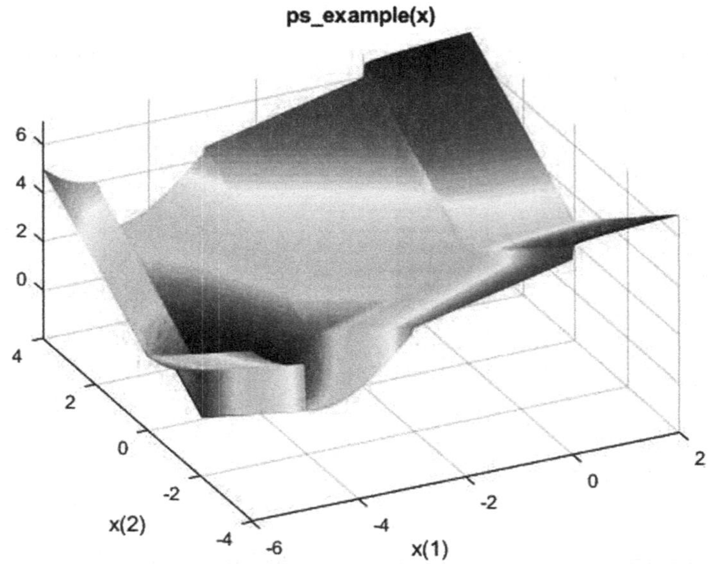

图 4-13 ps_example(x)示意图

粒子在解空间进行搜索完成的。PSO 的优势在于参数少，实现简单，实数编码方便工程问题优化。其基本假设如下：

(1)每个寻优的问题解都认为是一个“粒子”。所有粒子都在一个 D 维(解空间)空间进行搜索。

(2)所有的粒子都由一个适应度函数确定适应值以判断目前的位置好坏。

(3)每一个粒子拥有记忆功能，能记住所搜寻到的最佳位置。

(4)每一个粒子拥有一个速度以决定飞行的距离和方向。这个速度根据它本身的飞行经验以及同伴的飞行经验进行动态调整。

在实际操作过程中利用 x = particleswarm(fun，nvars，lb，ub，options)构建 PSO 模型，其中 fun 为目标函数，nvars 为正整数变量个数，lb 为取值下线，ub 为取值上线。options 选项中含有显示选项 Display、迭代显示的间隔时间 DisplayInterval、检查目标函数和约束值是否有效的 FunValCheck、最初粒子群信息 InitialSwarmMatrix、创建的粒子位置的初始范围 InitialSwarmSpan、最大迭代次数 MaxIterations、一次迭代中最佳目标函数值的相对变化小于终止值 MaxStallIterations、最小自适应邻域的大小 MinNeighborsFraction、调整速度时每个粒子的最佳位置加权 SelfAdjustmentWeight、调整速度时邻居最佳位置的权重 SocialAdjustmentWeight、群体中的粒子数 SwarmSize、当并行计算目标函数 UseParallel 和矢量化的方式计算目标函数 UseVectorized。

图 4-14 表示一个解空间示意图，利用 PSO 可以很轻易找到该图形符合目标问题的最优值。图 4-15 展示 PSO 寻优过程中适应度的变化，我们可以看出在最大迭代次数为 100 次的情况下，20 次左右时就已经找到了最优值，适应度从此基本保持不变。智能算法的应用可以让模型参数进行自动选择，以避免人为因素的影响，提高模型的预测精度。

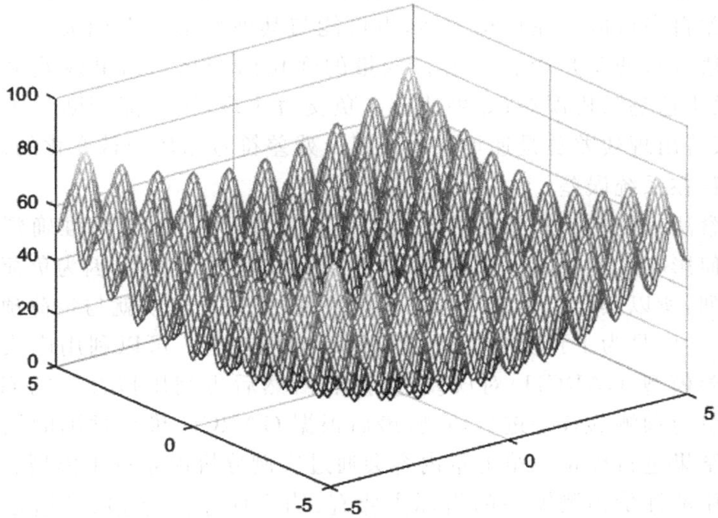

图 4-14　解空间示意图

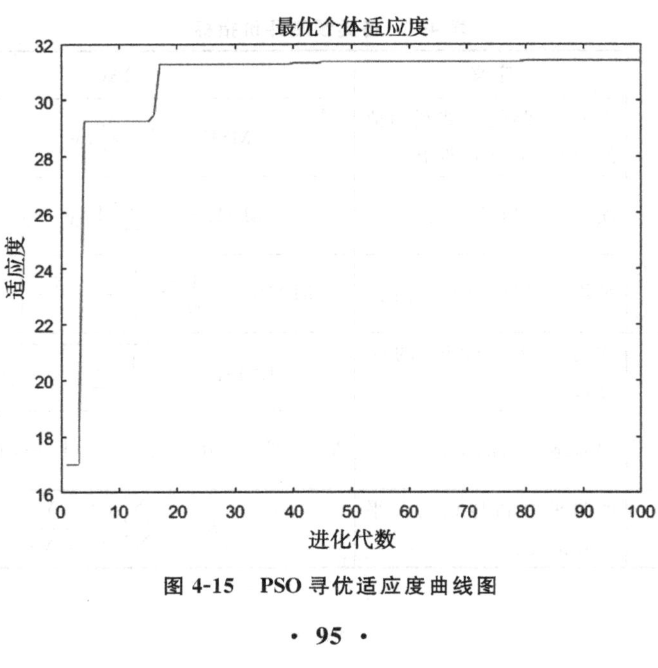

图 4-15　PSO 寻优适应度曲线图

4.6 误差处理

由于预测的结果与实际值之间会存在误差，为了提高精度，我们需要知道误差产生的原因，从而降低误差或发现其中的规律以进一步提高预测精度。误差自身可能存在自相关性，也可能与其他变量存在相关性。可以通过观察法查看残差是否会随着自变量的变化而变化。如果残差呈正态分布，则说明这是随机误差；如果残差正负交替出现，则不能判断是否存在系统误差；若出现残差总是递增或递减以及残差符号循环交替变化的情况，都说明其存在系统误差。

观察法只能粗略地判断系统误差是否存在，但是不能够准确判断自变量是如何影响其变化的。因此，需要对误差模型进行建模，因为负荷数据是时间序列，所以其产生的残差也是时间序列，残差的建模就与负荷预测的建模一样，主要是为了预测自变量会如何影响残差值。可以利用广义回归条件异方差模型（GARCH）对误差进行拟合，然后再利用拟合好的 GARCH 模型对负荷预测的残差进行预测，最后根据 GARCH 模型预测的结果对负荷预测结果进行校正。第七章内容会通过实例分析误差校正模型。

常用的评价预测模型的指标主要有：均方误差（MSE）、平均绝对误差（MAE）、方均根差（RMSE）、平均绝对百分误差（MAPE）、中值绝对误差（MedAE）、R^2决定系数，具体介绍如表 4-3 所示。

表 4-3 各类预测评价指标

指标	定义	公式
均方误差（MSE）	误差（观测值与被观测值的差）的平方的期望值	$\mathrm{MSE}=\frac{1}{m}\sum_{i=1}^{m}(y_i-\hat{y}_i)^2$
平均绝对误差（MAE）	误差绝对值的平均值	$\mathrm{MAE}=\frac{1}{m}\sum_{i=1}^{m}\lvert(y_i-\hat{y}_i)\rvert$
平均绝对百分误差（MAPE）	平均绝对误差的百分比	$\mathrm{MAPE}=\frac{1}{m}\sum_{i=1}^{m}\left\lvert\frac{(y_i-\hat{y}_i)}{y_i}\right\rvert\times 100\%$
均方根差（RMSE）	均方误差（MSE）的平方根	$\mathrm{RMSE}=\sqrt{\frac{1}{m}\sum_{i=1}^{m}(y_i-\hat{y}_i)^2}$
中值绝对误差（MedAE）	误差绝对值的中位数	$\mathrm{MedAE}=\mathrm{median}(\lvert y_1-\hat{y}_1\rvert,\cdots,\lvert y_n-\hat{y}_n\rvert)$
R^2	回归平方和与总离差平方和的比值	$R^2=\frac{\sum(\hat{y}_i-\bar{Y})}{\sum(Y_i-\bar{Y})}$

各个评价指标都有各自的优缺点，均方误差与均方根误差实际意义是一样的，但是均方根误差适用于描述数量级大的统计量，因为开根号后可以让数据保持一个级别。平均绝对误差与平均绝对百分误差的实际意义也一样，只不过平均绝对百分误差适合用在数量级特别大的数据分析。中值绝对误差非常适用于含有离群点的数据集。

4.7 模型检验与验证

运用统计方法预测建模后，需要对预测模型的可信度进行检验。通常的检验方法有拟合优度检验、模型整体的显著性检验、参数显著性检验。

拟合优度检验主要分析模型预测的各项指标，见表 4-3。MSE、MAE、MAPE、RMSE、MedAED 这几项指标都是值越小代表模型的拟合效果越好；R^2 取值在 0～1 之间，越接近 1 代表模型的拟合效果越好。当模型的拟合效果非常好的时候，要注意是不是将测试机当作训练集使用了。

模型整体检验是为了检验模型是否成立，即各个解释变量是否不全为 0。通常使用 F 检验。以多元线性回归方程为例，判断各个解释变量与被解释变量间是否存在显著的线性关系，模型如下：

$$Y_i=\beta_0+\beta_1 X_{i1}+\beta_2 X_{i2}+\cdots+\beta_k X_{ik}+\mu_i,i=1,2,\cdots,n \tag{4-11}$$

F 检验就是检验参数$\beta_1,\cdots,\beta_k$是否显著不为 0。原假设与备择假设分别是

$$H_0:\beta_1=0,\beta_2=0,\cdots,\beta_k=0$$

$$H_1:\beta_j(j=1,2,\cdots,k)\text{不全为零}$$

在原假设成立的条件下，统计量为

$$F=\frac{\mathrm{ESS}/(k)}{\mathrm{RSS}/(T-k-1)}\sim F(k,T-k-1) \tag{4-12}$$

式中，RSS 为回归平方和；ESS 为残差平方和。模型服从自由度为$(k,n-k-1)$的 F 分布。给定显著性水平 α，查表得到临界值$F_\alpha(k,n-k-1)$。判定标准是 $F>F_\alpha(k,n-k-1)$时拒绝原假设，判定多元线性回归方程线性关系成立。若 $F\leqslant F_\alpha(k,n-k-1)$接受原假设，则方程线性关系不存在。

参数显著性检验就是检验模型中的每个解释变量是否对被解释变量都存在显著性。通常使用 t 检验。同样以多元线性回归方程为例，判断每个解释变量对被解释变量是否存在显著影响，以决定解释变量是否可保留在模型中。如果某一解释变量对被解释变量的影响不显著，则可以将其剔除，建立更简单的模型。t 检验的原假设与备择假设分别如下：

$$H_0:\beta_j=0,j=1,2,\cdots,k$$

$$H_1:\beta_j\neq 0,j=1,2,\cdots,k$$

其对应的统计量为

$$t=\frac{\hat{\beta}_j-\beta_j}{s(\hat{\beta}_j)}=\frac{\hat{\beta}_j-\beta_j}{\sqrt{c_{jj}\dfrac{\boldsymbol{e}'\boldsymbol{e}}{n-k-1}}}\sim t(n-k-1),j=1,2,\cdots,k \tag{4-13}$$

式中，$\hat{\beta}_j$是β_j的估计量；$s(\hat{\beta}_j)$是$\hat{\beta}_j$的样本标准差。给定显著性水平α，查表得到$t_{\frac{\alpha}{2}}(n-k-1)$。判定标准如下表$|t|>t_{\frac{\alpha}{2}}(n-k-1)$时拒绝原假设，判定该解释变量对被解释变量存在显著性。若$|t|\leqslant t_{\frac{\alpha}{2}}(n-k-1)$时接受原假设，则该解释变量对被解释变量不存在显著性。

模型检验通过后还需要对预测模型的泛化能力进行验证，因为当模型的被解释变量过多时，会造成自由度低，模型表现高度拟合，这时就需要注意模型的泛化能力是否过低。因此需要用一部分的验证集数据对模型进行验证，检验模型的泛化能力。通过测试样本的结果与真实结果比较，最终才能确定模型是否可行。

第 5 章　基础建模

5.1　回归模型预测方法

回归分析是研究变量之间关联关系的一种数学方法。自变量和因变量之间存在密切的数量关系，但它们之间不存在明确的函数关系，不能由自变量来唯一确定因变量。自变量和因变量存在一定有规律的关系，即相关关系。相关关系虽不是确定性的，但在大量的观察下，往往呈现出一定的规律性。尽管变量之间的相关关系不是函数关系，但仍然可以借助相应的函数表达它们的规律性，这样的函数称为回归函数。

研究变量间的相关关系，确定回归函数，以及由此预测变量就是回归分析的内容。回归分析按照涉及的自变量的多少，可分为一元回归分析和多元回归分析；按照自变量和因变量之间的关系类型，可分为线性回归分析和非线性回归分析。

电力负荷回归模型预测方法就是根据过去的负荷数据，建立合适的回归模型，对未来的负荷进行预测。本章重点介绍通过 Excel 建立一元线性回归或多元线性回归，包括回归分析中的参数估计、假设检验以及预测分析等方面的内容。

5.1.1　一元回归模型建立及参数估计

5.1.1.1　一元线性回归模型

在一元线性回归中，自变量是可控制或可以精确观察的变量，用 x 表示，因变量是依赖于 x 的随机变量，用 y 表示。假设 x 与 y 的关系为

$$y=\beta_1+\beta_2 x+\mu \tag{5-1}$$

式中，μ 是随机误差，也称为随机干扰，它服从正态分布 $N(0,\sigma^2)$；β_1，β_2 及 μ 都是不依赖于 x 的未知参数。x 与 y 的这种关系称为一元线性回归模型。这种模型也可以记为

$$y=\beta_1+\beta_2 x+\mu,\mu\sim N(0,\sigma^2) \tag{5-2}$$

在式(5-2)中增加的随机误差项，主要有以下几个方面的原因：

1. 代表未知的影响因素

由于人类的认知及观察有限，许多对因变量具有影响作用的因素并没有考虑在内，因此需要用随机误差来表示这些未知的影响因素。

2. 代表残缺数据

有些被考虑的变量由于数据无法获取或是缺失数据较多，模型中不得不删除这些变量，而用随机误差来代表它们。

3. 代表众多细小影响因素的综合

有一些影响因素虽然数据可以获取，但是它们对因变量的影响却是微弱的。考虑到模型的简洁性以及方式多重共线的产生，建模时往往将这些微弱变量省略，而将它们归为随机误差项。

4. 代表数据观测误差

模型建立后，在对自变量进行观测时，由于各种原因，往往会存在测量的误差，这些测量误差往往也被归为随机误差项中。

在给定自变量 x 条件下因变量 y 的期望轨迹称为总体回归曲线，函数 $E(y|x)=f(x)$ 称为总体回归函数。总体一元线性回归函数是总体回归函数中最简单的一类，而式(5-2)则为总体的一元线性回归函数的随机设定形式。

在正式做回归分析之前，往往需要大致了解自变量与因变量之间存在怎样的关系。即在平面直角坐标系中画出坐标为 $(x_i, y_i)(i=1,2,\cdots,n)$ 的 n 个样本点，这样样本点构成的图形称为散点图。如果随着 n 的增大，散点图中的样本点逐渐分布在一条直线附近时，则可以初步确定 x 与 y 具有线性关系。而这样的一条直线就是根据样本数据拟合的直线，称为样本回归直线。由于样本取自总体，可用该直线近似地代表总体回归线。样本回归直线对应地函数称为样本回归函数，记为

$$\hat{Y}=f(X)=\hat{\beta}_1+\hat{\beta}_2 X \tag{5-3}$$

式中，$\hat{Y}$ 表示因变量样本 Y 的拟合值；$\hat{\beta}_1$ 为样本回归直线在纵坐标上的截距；$\hat{\beta}_2$ 称为回归系数。

同理，样本回归函数也有如下的随机形式，即

$$Y=\hat{Y}+e=\hat{\beta}_1+\hat{\beta}_2 X+e \tag{5-4}$$

式中，e 称为残差项，代表了其他未被考虑或是省略的影响因素的集合，可看成是总体误差项 μ 的估计量。

回归分析的主要目的就是选择合适的回归类型构造出样本回归函数，

根据样本回归函数，估计总体回归函数。也就是根据 $Y=\hat{Y}+e=\hat{\beta}_1+\hat{\beta}_2X+e$ 估计 $y=E(y|x)+\mu=\beta_1+\beta_2x+\mu$。

5.1.1.2 一元回归参数估计

在做一元线性回归时，对于穿过散点图的回归直线，最优的方案应该使该直线所代表的因变量估计值和与其对应的实际值之间的残差平方和 $Q=\sum(Y-\hat{Y})^2$ 最小。将式(5-3)代入 $Q=\sum(Y-\hat{Y})^2$，有

$$Q=\sum(Y-\hat{Y})^2=\sum(Y-\hat{\beta}_1-\hat{\beta}_2X)^2 \tag{5-5}$$

即在给定的样本值下，选择 $\hat{\beta}_1$ 和 $\hat{\beta}_2$，使 Y 与 $\hat{Y}$ 之差的平方和最小。

由于残差平方和是 $\hat{\beta}_1$ 和 $\hat{\beta}_2$ 的二次函数，并且是非负和连续可微的。根据微积分中求极小值的原理，可知残差平方和存在极小值。根据微积分运算，当 $\hat{\beta}_1$ 和 $\hat{\beta}_2$ 的一阶偏导数为 0 时，Q 达到最小。即

$$\begin{gathered}\frac{\partial Q}{\partial\hat{\beta}_1}=0\\ \frac{\partial Q}{\partial\hat{\beta}_2}=0\end{gathered} \tag{5-6}$$

可推得用于求解 $\hat{\beta}_1$ 和 $\hat{\beta}_2$ 的方程组为

$$\begin{gathered}\sum(Y-\hat{\beta}_1-\hat{\beta}_2X)=0\\ \sum(Y-\hat{\beta}_1-\hat{\beta}_2X)X=0\end{gathered} \tag{5-7}$$

求解式(5-7)中的方程组，得到

$$\begin{gathered}\hat{\beta}_1=\frac{\sum X^2\sum Y-\sum X\sum XY}{n\sum X^2-\left(\sum X\right)^2}\\ \hat{\beta}_2=\frac{n\sum XY-\sum X\sum Y}{n\sum X^2-\left(\sum X\right)^2}\end{gathered} \tag{5-8}$$

设 $\bar{X}$ 和 $\bar{Y}$ 分别为变量 X 和 Y 样本观测值的平均值，记 $x=X-\bar{X}$，$y=Y-\bar{Y}$，则有

$$\sum x^2=\sum(X-\bar{X})^2=\sum X^2-\frac{1}{n}\left(\sum X\right)^2 \tag{5-9}$$

$$\sum xy=\sum(X-\bar{X})(Y-\bar{Y})=\sum XY-\frac{1}{n}\sum X\sum Y \tag{5-10}$$

将式(5-8)，式(5-9)，式(5-10)代入式(5-7)，则有

$$\begin{gathered}\hat{\beta}_2=\frac{\sum xy}{\sum X^2}\\ \hat{\beta}_1=\bar{Y}-\hat{\beta}_2\bar{X}\end{gathered} \tag{5-11}$$

求得 $\hat{\beta}_1$ 和 $\hat{\beta}_2$ 的估计值后，得到如式(5-3)的一元线性回归方程。

与总体回归函数相类似，因变量样本 Y 的实际值并不等于样本的拟合值 $\hat{Y}$，Y 的实际值与拟合值 $\hat{Y}$ 之间的差别称为残差，即

$$e=Y-\hat{Y} \tag{5-12}$$

将式(5-3)代入得到

$$e=Y-\hat{\beta}_1-\hat{\beta}_2 X \tag{5-13}$$

对上式两边累加求和，根据式(5-7)有

$$\sum e=\sum(Y-\hat{\beta}_1-\hat{\beta}_2 X)=0 \tag{5-14}$$

设 $\bar{e}$ 为残差 e 的平均值，有

$$\bar{e}=\frac{\sum e}{n}=0 \tag{5-15}$$

即样本残差的均值为 0。

同时，将 $\hat{\beta}_1=\bar{Y}-\hat{\beta}_2\bar{X}$ 代入式(5-3)，有

$$\hat{Y}=(\bar{Y}-\hat{\beta}_2\bar{X})+\hat{\beta}_2 X=\bar{Y}+\hat{\beta}_2(X-\bar{X}) \tag{5-16}$$

从而可知回归直线通过样本均值。

将上式两边累加求和，再除以样本容量 n，有

$$\frac{\sum\hat{Y}}{n}=\frac{\sum[\bar{Y}+\hat{\beta}_2(X-\bar{X})]}{n}=\bar{Y}+\frac{\hat{\beta}_2}{n}\sum(X-\bar{X}) \tag{5-17}$$

因为 $\sum(X-\bar{X})=0$，则有

$$\frac{\sum\hat{Y}}{n}=\bar{Y} \tag{5-18}$$

即拟合值 $\hat{Y}$ 的均值等于实际值 Y 的均值。

以上就是求解一元线性回归函数的方法。回归分析就是采用适当的方法，充分利用样本所提供的信息，构造出样本回归函数，并尽可能接近于真实的总体回归函数。

5.1.2 一元线性回归模型的检验

在前面的讨论中，假定了变量 x 和变量 y 具有式(5-1)形式的线性关系，也即假定了 y 关于 x 的回归具有形式$\beta_1+\beta_2 x$。但是在实际问题中，这些假定是否成立无法直接看出，需要验证得到，如果假定被检验不成立那么模型就失去了本来的意义。因此下面就模型的检验介绍几种常用的方法。

5.1.2.1 拟合优度检验

所谓拟合优度，是指样本回归曲线对样本观测值的拟合程度。检验方

法是构造一个可以表征拟合程度的指标，从检验对象中计算出该统计量的数值，然后与某一标准进行比较，得出检验结论。度量拟合优度的统计量是可决系数R^2。

对于单个观测值有如下关系式：

$$Y-\bar{Y}=(Y-\hat{Y})+(\hat{Y}-\bar{Y}) \tag{5-19}$$

那么用整个样本计算离差平方和有如下关系：

$$\begin{aligned}\sum (Y-\bar{Y})^2 &= \sum [(Y-\hat{Y})+(\hat{Y}-\bar{Y})]^2 \\ &= \sum (Y-\hat{Y})^2+\sum (\hat{Y}-\bar{Y})^2+2\sum (Y-\hat{Y})(\hat{Y}-\bar{Y})\end{aligned} \tag{5-20}$$

式中，$\sum (Y-\hat{Y})(\hat{Y}-\bar{Y})$ 可以证明等于 0，所以，

$$\sum (Y-\bar{Y})^2=\sum (Y-\hat{Y})^2+\sum (\hat{Y}-\bar{Y})^2 \tag{5-21}$$

称 $\sum (Y-\bar{Y})^2$ 为总平方和(Total Sum of Square, TSS)，$\sum (\hat{Y}-\bar{Y})^2$ 为回归平方和(Explained Sum of Squares, ESS)，$\sum (Y-\hat{Y})^2$ 为误差平方和(Residual Sum of Squares, RSS)。

因此，可以用来自回归直线的回归平方和 ESS 占 Y 的总离差的平方和 TSS 的比例来判断样本估计值与样本观测值的拟合优度。计算公式如下：

$$R^2=\frac{\sum (\hat{Y}-\bar{Y})^2}{\sum (Y-\bar{Y})^2}=\frac{ESS}{TSS} \tag{5-22}$$

显然，回归平方和占总离差平方和的比重越大，回归直线与样本点拟合得越好。即R^2越接近 1，模拟得拟合优度最高。

5.1.2.2 相关系数显著性检验

在做回归分析时，自变量与因变量之间的相关程度过低，则实际意义将减弱。而回归分析就是基于相关性而进行的研究，因此相关程度的检验对于回归分析的实际意义很重要，两个变量 X 和 Y 之间的相关程度用相关系数 ρ 表示，其定义为

$$\rho=\frac{Cov(X,Y)}{\sqrt{Var(X)Var(Y)}} \tag{5-23}$$

式中，$\mathrm{Var}(X)$为变量 X 的方差；$\mathrm{Var}(Y)$为变量 Y 的方差；$\mathrm{Cov}(X,Y)$为变量 X 和 Y 的协方差。

相关系数 ρ 的取值范围是 $-1\sim1$。当 $\rho>0$ 时，称 X 与 Y 正相关；当 $\rho<0$ 时，称 X 与 Y 负相关；当 $\rho=0$ 时，称 X 与 Y 不线性相关。当$|\rho|$越接近 1 时，相关程度越高。

5.1.2.3 参数显著性检验

当得到回归参数的估计值后，所关心的就是解释变量与被解释变量之间是否真的存在回归关系，这时就需要对参数进行显著性检验。所谓回归参数的显著性检验，就是根据样本估计的结果对总体回归参数的有关假设进行检验。常用的参数显著性检验有：单个回归参数的显著性检验，回归方程的显著性检验。

1. 回归参数的显著性检验

回归参数的显著性检验主要是检验β_2是否为0。通常用样本计算的$\hat{\beta}_2$的值不等于0，但应检验是否与$\beta_2=0$存在统计显著性差异。

β_2的检验步骤如下：

Step 1：提出假设。如果变量X是显著的，那么参数β_2应该显著地不为0。于是，在变量显著性检验中设计的原假设为

$$H_0:\beta_2=0;H_1:\beta_2\neq 0$$

式中，H_0表示原假设；H_1表示备择假设。

如果原假设成立，表明X对Y没有显著的影响；反之，表明X对Y具有显著的影响。

Step 2：计算回归参数t的统计量值。其表达式为

$$t=\frac{\hat{\beta}_2-\beta_2}{SE(\hat{\beta}_2)} \tag{5-24}$$

Step 3：根据给定的显著水平α确定临界值。给定一个显著性水平α，查t分布表，得到一个临界值$t_{\frac{\alpha}{2}}(n-2)$。

Step 4：做出判断。如果$|t|>t_{\frac{\alpha}{2}}(n-2)$，则拒绝原假设$H_0$，即变量$X$是显著的，通过了参数显著性检验；如果$|t|\leqslant t_{\frac{\alpha}{2}}(n-2)$，则接受原假设$H_0$，即变量$X$是不显著的，未通过参数显著性检验。

2. 回归方程的显著性检验

F检验是对回归总体线性关系是否显著的一种假设检验。回归平方和ESS和残差平方和RSS分别服从自由度为1和$n-2$的卡方分布，ESS和RSS的计算参见式(5-21)。因此可以由此构造如下F统计量：

$$F=\frac{\mathrm{ESS}/1}{\mathrm{RSS}/(n-2)} \tag{5-25}$$

由抽样分布理论可知，统计量F服从第一自由度为1，第二自由度为$n-2$的F分布，即

$$F=\frac{\mathrm{ESS}/1}{\mathrm{RSS}/(n-2)}\sim F(1,n-2) \tag{5-26}$$

利用 F 统计量进行回归方程显著性检验的步骤如下：

Step 1：提出假设。

$$H_0:\beta_1=\beta_2=0$$

$$H_1:\beta_1,\beta_2\text{不全为 }0$$

式中，如果原假设 H_0 成立，表明回归总体不是显著性的；反之，表明回归总体存在线性关系。

Step 2：计算回归方程的 F 统计量值。其表达式为

$$F=\frac{\mathrm{ESS}/1}{\mathrm{RSS}/(n-2)} \tag{5-27}$$

Step 3：根据给定的显著水平 α 确定临界值 $F_\alpha(1,n-2)$。

Step 4：做出判断。如果 $F>F_\alpha(1,n-2)$，就拒绝原假设，接受备择假设；反之，如果 $F\leqslant F_\alpha(1,n-2)$，则接受原假设。

5.1.3　一元线性回归预测

一元线性回归预测法是指自变量和因变量的分布大体上呈线性相关关系，可根据自变量与因变量之间的关系，运用合适的参数估计方法，求出一元线性回归模型，预测因变量的趋势。很多社会经济现象之间都存在近似线性的相关关系，因此，一元线性回归预测在实际生活中应用很广泛。

5.1.3.1　预测步骤

进行线性回归预测时，必须选用合适的统计模型，并对模型及其参数进行统计检验。下面介绍回归预测的一般步骤：

1. 利用散点图判断变量关系

由于在线性回归预测中，数据必须满足大体呈直线趋势。如果呈曲线趋势，那么就不适合利用线性回归法进行预测。

2. 求相关系数验证

利用散点图，只是从直观的角度对数据进行了预处理。接下来需要对数据进行相关系数和线性关系检验。如果自变量与因变量之间的相关性较弱，则利用回归方法预测建模不合适。

3. 求回归系数，建立回归方程

自变量与因变量之间通过相关系数的检验后，可以建立线性回归模型，并通过合适的方法求解出回归系数。

4. 回归方程检验

对于求得的线性回归方程，需要进行方程整体的检验。利用拟合优度

以及 F 检验对回归方程整体进行检验。

5. 参数的检验

线性回归方程整体通过了检验后，还需要对每个回归系数进行单独的检验。

6. 预测

做完以上检验和分析后，就可以正式利用求得的回归方程预测数据。

5.1.3.2 案例分析

下面利用 Excel 介绍一元线性回归预测的实际案例。某市 1998—2016 年的电力经济数据如表 5-1 所示，要求利用一元线性回归模型预测 2019 年该市的电力负荷(假设未来几年的经济增长保持在 9%)。

表 5-1 某市 1998—2016 年电力经济数据

年份	电力消费/(亿 kW·h)	GDP 总量/亿元
1998	291.48	2377.21
1999	314.71	2678.82
2000	350.34	3161.71
2001	363.19	3708.14
2002	399.34	4315.16
2003	427.25	5007.27
2004	469.46	6033.24
2005	525.81	6969.53
2006	575.35	8117.88
2007	628.24	9846.83
2008	660.79	11115.12
2009	703.98	12153.11
2010	781.22	14113.63
2011	806.85	16251.95
2012	860.91	17879.44
2013	848.84	19800.87
2014	873.47	21330.85
2015	889.96	23014.64
2016	956.61	25669.12

1. 输入自变量和因变量

确定自变量和因变量，在 Excel 表中输入观测值，如图 5-1 所示。

	A	B	C
1	年份	电力消费（亿 kW·h）	GDP总量(单位:亿元)
2	1998	291.48	2377.21
3	1999	314.71	2678.82
4	2000	350.34	3161.71
5	2001	363.19	3708.14
6	2002	399.34	4315.16
7	2003	427.25	5007.27
8	2004	469.46	6033.24
9	2005	525.81	6969.53
10	2006	575.35	8117.88
11	2007	628.24	9846.83
12	2008	660.79	11115.12
13	2009	703.98	12153.11
14	2010	781.22	14113.63
15	2011	806.85	16251.95
16	2012	860.91	17879.44
17	2013	848.84	19800.87
18	2014	873.47	21330.85
19	2015	889.96	23014.64
20	2016	956.61	25669.12

图 5-1　Excel 表中输入观测值

2. 散点图

选中电力消费和 GDP 总量两列数据，单击“插入”工具栏中的“图表”菜单。选择所有图表中的 XY 散点图，选择右边图形进行创建，如图 5-2 所示。标上横纵坐标，得到电力消费与 GDP 总量的散点图，如图 5-3 所示。

从图 5-3 可知，电力消费与 GDP 总量之间大致呈线性关系。

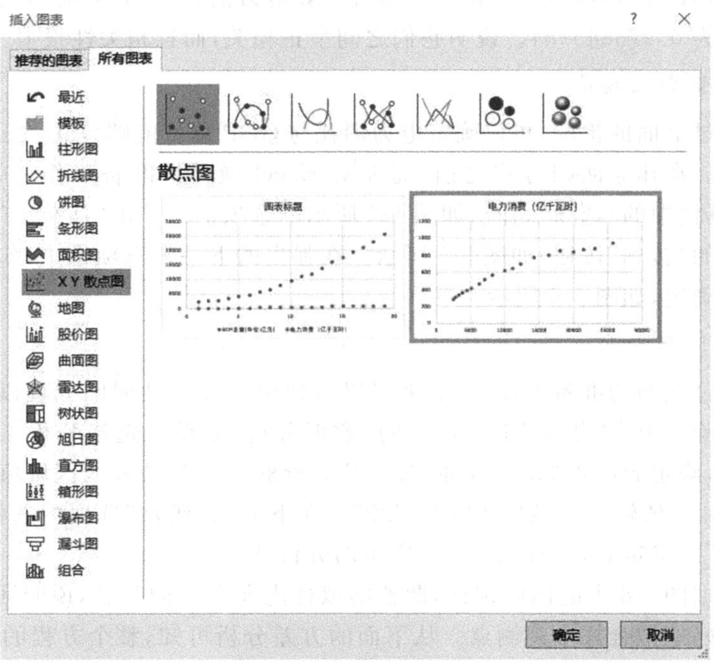

图 5-2　散点图的选择

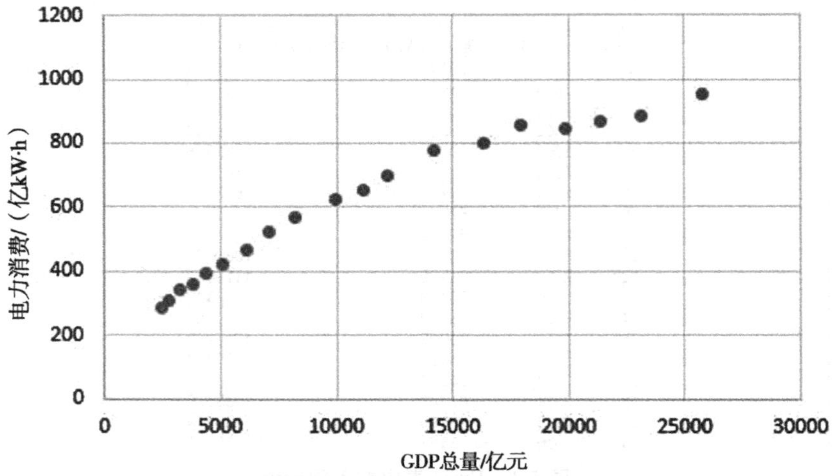

图 5-3　电力消费与 GDP 总量散点图

3. 相关性分析

上面使用散点图大致看出两个数据之间具有线性关系，接下来需要计算它们之间相关关系到底有多大。在 Excel 中使用 correl 函数计算数据间的相关性。假设两组数据为，A1:A7 和 B1:B7，在空白处输入公式＝correl(A1:A7,B1:B7)即可。本例子中通过计算电力消耗与 GDP 总量之间的相关关系为 0.973845984。说明它们之间呈正相关，而且相关性很强。

4. 回归工具箱

通过上面的检验，可以确定电力消耗与 GDP 总量能够建立一元线性回归模型。在建立回归方程之前，需要对 Excel 做如下准备工作。单击“文件”工具栏中的“选项”，弹出如图 5-4 所示的选项框。单击“加载项”然后单击下面的“转到”按钮，如图 5-5 所示。在弹出的下一个选项框中，勾选分析工具库确定，如图 5-6 所示。

5. 回归分析

经过上面的准备工作，接下来可以构建出一元线性回归方程以及对方程的检验。单击“数据”工具栏下的“数据分析”菜单。选择分析工具中的“回归”，确定后出现如图 5-7 的“回归”分析框。在 Y 值输入区域填入“B2:B20”，在 X 值输入区域填入“C2:C20”。在下面的“残差”选项中选择“线性拟合图”。确定后，出现如图 5-8 所示的分析结果。

根据图 5-8 中的回归统计，调整的拟合优度为 0.945339，说明回归直线能够很好地拟合样本观测点。从下面的方差分析可知，整个方程的 P 值远远小于 0.05，通过方程的 F 检验。从最下面的回归参数表可知，常数项为

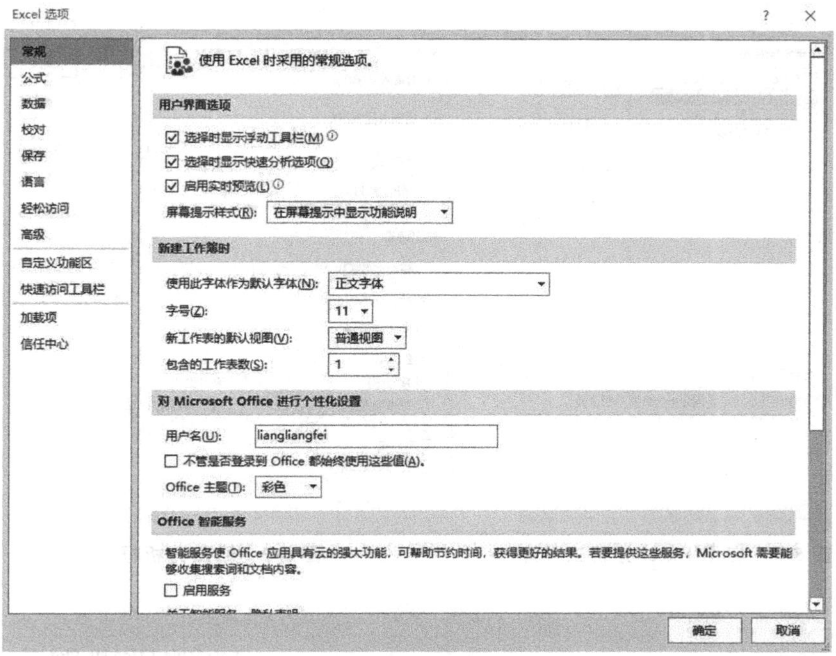

图 5-4 Execl 选项界面

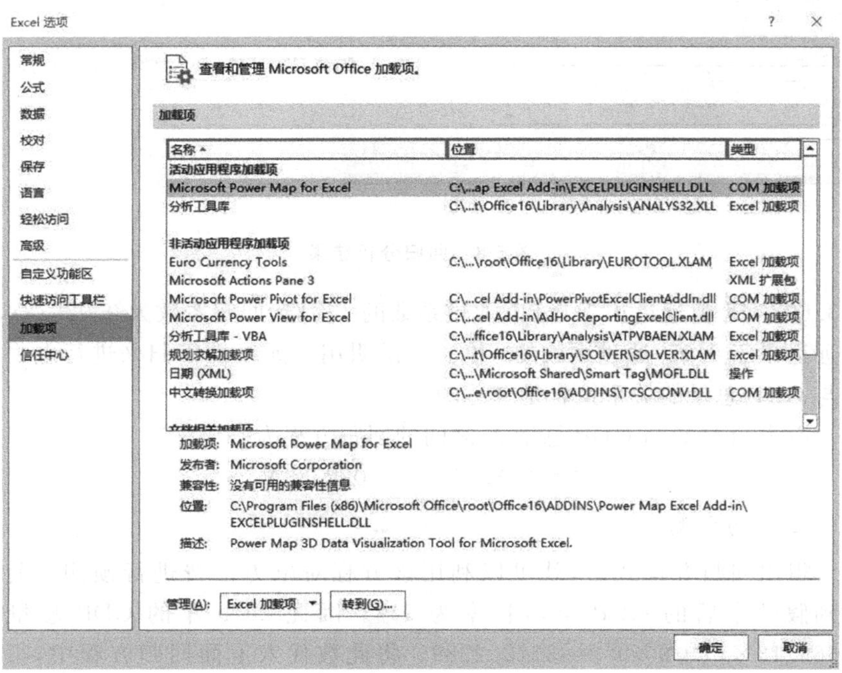

图 5-5 Excel 加载项界面

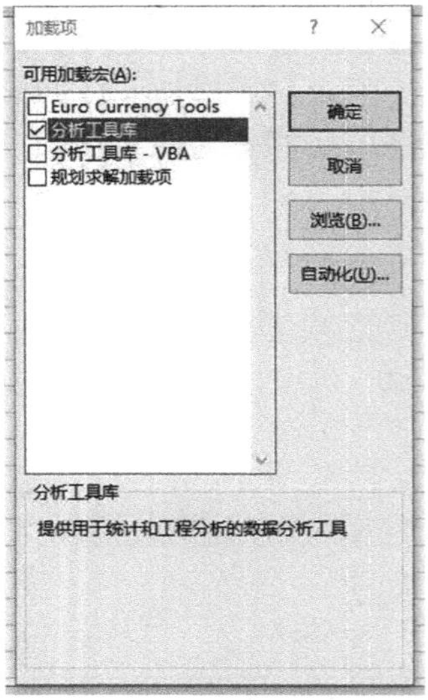

图 5-6　启用 Excel 分析工具库

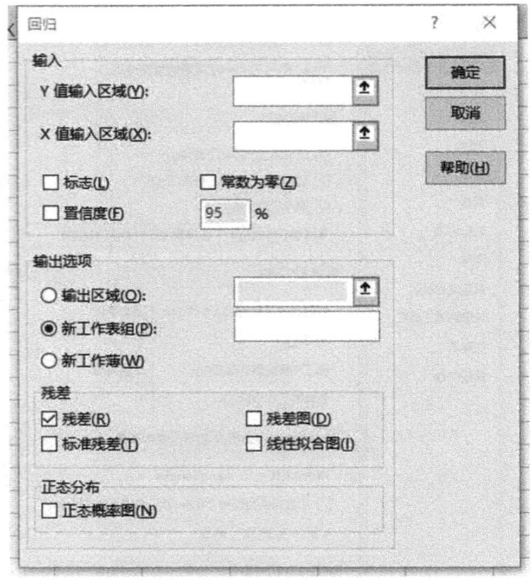

图 5-7　回归分析框

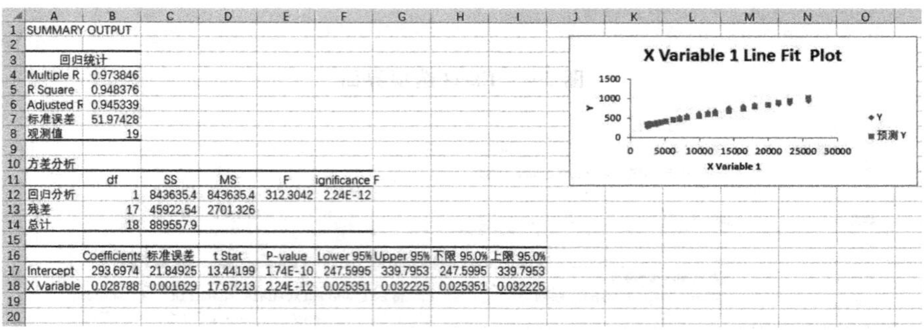

SUMMARY OUTPUT

回归统计	
Multiple R	0.973846
R Square	0.948376
Adjusted R	0.945339
标准误差	51.97428
观测值	19

方差分析

	df	SS	MS	F	ignificance F
回归分析	1	843635.4	843635.4	312.3042	2.24E-12
残差	17	45922.54	2701.326		
总计	18	889557.9			

	Coefficients	标准误差	t Stat	P-value	Lower 95%	Upper 95%	下限 95.0%	上限 95.0%
Intercept	293.6974	21.84925	13.44199	1.74E-10	247.5995	339.7953	247.5995	339.7953
X Variable	0.028788	0.001629	17.67213	2.24E-12	0.025351	0.032225	0.025351	0.032225

图 5-8　回归分析结果

293.6974，P 值远远小于 0.05，通过系数的 t 检验，回归系数为 0.028788，P 值远远小于 0.05，通过系数的 t 检验。说明用一元线性回归来进行电力消费与 GDP 总量的关系拟合是合适的。

电力消费 Y 与 GDP 总量 X 之间的回归方程为

$$Y=293.6974+0.028788X$$

6. 电力预测

得出回归方程式后，就可以利用该方程对电力消费进行预测。前面提到假设今后的 GDP 年增长率为 9%。因此 2019 年的 GDP 总量为 $25669.12\times(1+9\%)^3=33242.2289$。将此数代入上面回归方程中，得到 $Y=1250.675$。

5.1.4　多元线性回归模型

前面介绍的一元线性回归模型反映的是一个因变量与一个自变量之间的关系。但是，在实际的经济活动中，某一现象的变动常受多种现象变动的影响。研究线性相关条件下，两个和两个以上自变量对一个因变量的数量关系变化，称为多元线性回归分析，表现这一数量关系的数学公式，称为多元线性回归模型。

5.1.4.1　多元线性回归模型定义

多元线性回归模型的一般形式为

$$Y_i=\beta_1+\beta_2X_{2i}+\beta_3X_{3i}+\cdots+\beta_kX_{ki}+\mu_i(r=1,2,\cdots,k;i=1,2,\cdots,n) \tag{5-28}$$

式中，β_k称为总体回归参数；μ_i为随机扰动项，也称为随机误差项；k 为参数个数；n 为样本容量。

多元线性样本回归函数可表示为

$$\hat{Y}_i=\hat{\beta}_1+\hat{\beta}_2X_{2i}+\hat{\beta}_3X_{3i}+\cdots+\hat{\beta}_kX_{ki} \tag{5-29}$$

多元线性回归分析的主要思路如下，用样本回归函数去估计总体回归函数，并对估计的参数及回归方程进行统计检验，最后利用回归模型进行检测和分析。

在进行多元线性回归分析之前，需要对多元线性回归模型提出若干的假设以保证模型估计的顺利进行。

假设 1：随机扰动项具有零均值、同方差及无相关性。

$$\begin{gathered}E(\mu_i)=0(i=1,2,\cdots,n)\\ Var(\mu_i)=Var(\mu_j)(i=1,2,\cdots,n;j=1,2,\cdots,n)\\ Cov(\mu_i,\mu_j)=0(i\neq j;i,j=1,2,\cdots,n)\end{gathered} \tag{5-30}$$

假设 2：解释变量与随机扰动项不相关，即

$$Cov(X_{mi},\mu_i)=0(m=2,3,\cdots k;i=1,2,\cdots,n) \tag{5-31}$$

假设 3：无多重共线性。

假设 4：随机项μ_i服从期望为零，方差为σ^2的标准正态分布，即

$$\mu_i\sim N(0,\sigma^2)(i=1,2,\cdots,n) \tag{5-32}$$

5.1.4.2　多元线性回归模型的估计

随机抽取被解释变量和解释变量的 n 组样本观测值$(Y_i,X_{mi})(i=1,2,\cdots,n;m=2,3,\cdots,k)$，样本回归函数的表达式为

$$\hat{Y}_i=\hat{\beta}_1+\hat{\beta}_2X_{2i}+\hat{\beta}_3X_{3i}+\cdots+\hat{\beta}_kX_{ki}(i=1,2,..n) \tag{5-33}$$

则残差为

$$e_i=Y_i-\hat{Y}_i=Y_i-(\hat{\beta}_1+\hat{\beta}_2X_{2i}+\hat{\beta}_3X_{3i}+\cdots+\hat{\beta}_kX_{ki}) \tag{5-34}$$

要使残差平方和 $Q=\sum e_i^2$ 最小,那么根据最小二乘原理,参数估计值应该满足

$$\frac{\partial Q}{\partial\hat{\beta}_r}=0(r=1,2,\cdots,k) \tag{5-35}$$

于是得到关于待估参数估计值的正规方程组为

$$\begin{cases}\sum(\hat{\beta}_1+\hat{\beta}_2X_{2i}+\hat{\beta}_3X_{3i}+\cdots+\hat{\beta}_kX_{ki})=\sum Y_i\\ \sum(\hat{\beta}_1+\hat{\beta}_2X_{2i}+\hat{\beta}_3X_{3i}+\cdots+\hat{\beta}_kX_{ki})X_{2i}=\sum Y_iX_{2i}\\ \sum(\hat{\beta}_1+\hat{\beta}_2X_{2i}+\hat{\beta}_3X_{3i}+\cdots+\hat{\beta}_kX_{ki})X_{3i}=\sum Y_iX_{3i}\\ \vdots\\ \sum(\hat{\beta}_1+\hat{\beta}_2X_{2i}+\hat{\beta}_3X_{3i}+\cdots+\hat{\beta}_kX_{ki})X_{ki}=\sum Y_iX_{ki}\end{cases} \tag{5-36}$$

求解该 k 个方程组成的线性代数方程组,即可得到 k 个待估参数的估计值 $\hat{\beta}_r$。

式(5-36)的矩阵形式为

$$\begin{bmatrix}1 & \sum X_{2i} & \cdots & \sum X_{ki}\\ \sum X_{2i} & \sum X_{2i}^2 & \cdots & \sum X_{2i}X_{ki}\\ \sum X_{ki} & \sum X_{ki}X_{2i} & \cdots & \sum X_{ki}^2\end{bmatrix}\begin{bmatrix}\hat{\beta}_1\\ \hat{\beta}_2\\ \cdots\\ \hat{\beta}_k\end{bmatrix}=\begin{bmatrix}1 & 1 & \cdots & 1\\ X_{21} & X_{22} & \cdots & X_{2n}\\ \cdots & \cdots & \cdots & \cdots\\ X_{k1} & X_{k2} & \cdots & X_{kn}\end{bmatrix}\begin{bmatrix}Y_1\\ Y_2\\ \cdots\\ Y_n\end{bmatrix} \tag{5-37}$$

即

$$(\boldsymbol{X}^{\mathrm{T}}\boldsymbol{X})\hat{\beta}=\boldsymbol{X}^{\mathrm{T}}\boldsymbol{Y} \tag{5-38}$$

无多重共线性假设可知,$X^{\mathrm{T}}X$ 满秩,则其逆矩阵存在,从而得到多元线性回归模型的参数向量最小二乘估计式的矩阵表达式为

$$\hat{\beta}=(\boldsymbol{X}^{\mathrm{T}}\boldsymbol{X})^{-1}\boldsymbol{X}^{\mathrm{T}}\boldsymbol{Y} \tag{5-39}$$

5.1.4.3 多元线性回归模型的统计检验

多元线性回归模型的参数估计出来后,跟一元线性回归模型一样,还需要进一步对回归函数进行统计检验。多元线性回归模型的统计检验包括拟合优度检验、模型中各个参数的显著性检验、回归方程显著性检验等。

1. 拟合优度检验

与一元线性回归模型类似,也可以考察在 $\boldsymbol{Y}$ 的总离差中,由多个解释

变量做出了解释的那部分离差的比重，即“回归平方和”和“总离差平方和”的比值。在多元线性回归中，这一比值称为多重判定系数，用R^2表示。

记 $\text{TSS}=\sum(Y_i-\bar{Y})^2$ 为总离差平方和；$\text{ESS}=\sum(\hat{Y}_i-\bar{Y})^2$ 为回归平方和；$\text{RSS}=\sum(Y_i-\hat{Y}_i)^2$ 为残差平方和。

则跟一元线性回归模型一样，总离差平方和可分解为回归平方和与残差平方和两部分。回归平方和反映了总离差平方和中可由样本回归线解释的部分，其值越大，表明样本回归线与样本观测值的拟合程度越高。因此，可用回归平方和占总离差平方和的比重来衡量样本回归线对样本观测值的拟合程度：

$$R^2=\frac{\text{ESS}}{\text{TSS}}=1-\frac{\text{RSS}}{\text{TSS}} \tag{5-40}$$

多重判定系数是介于 0～1 之间的一个数，R^2越接近于 1，模型的拟合优度越高。

2. 回归方程的显著性检验

方程显著性的 F 检验是要检验模型中参数是否显著不为 0。按照假设检验的原理与程序，原假设与备择假设分别为

$$H_0:\beta_1=\beta_2=\cdots=\beta_k=0$$

$$H_1:\beta_r(r=1,2,\cdots k)\text{不全为零}$$

根据数理统计学知识，在原假设H_0成立的条件下，统计量为

$$F=\frac{\text{ESS}/(k-1)}{\text{RSS}/(n-k)} \tag{5-41}$$

服从自由度为$(k-1,n-k)$的 F 分布。

给定显著性水平 α，在 F 分布表中查出临界值$F_\alpha(k-1,n-k)$，将样本观察值代入式(5-41)中，计算出 F 值，然后再与临界值比较。如果 $F>F_\alpha(k-1,n-k)$，则拒绝原假设，说明回归方程是显著的。相反，则接受原假设，说明回归方程是不显著的。

3. 回归参数的显著性检验

对于多元线性回归模型，方程的总体线性关系是显著的，并不能说明每个解释变量对被解释变量的影响都是显著的，必须对每个解释变量进行显著性检验。检验方法与一元线性回归模型相似。过程如下：

Step 1：提出假设。在变量显著性检验中设计的原假设与备择假设为

$$H_0:\beta_r=0(r=1,2,\cdots,k)$$

$$H_1:\beta_r\neq 0(r=1,2,\cdots,k)$$

Step 2：计算统计量。在H_0成立的条件下，有

$$t=\frac{\hat{\beta}_r-\beta_r}{SE(\hat{\beta}_r)} \tag{5-42}$$

根据样本值，计算出 t 的值。

Step 3：检验。给定一个显著性水平 α，查自由度 $(n-k)$ 的 t 分布表，得到临界值 $t_{\frac{\alpha}{2}}(n-k)$。若 $|t|>t_{\frac{\alpha}{2}}(n-k)$，就拒绝原假设，说明在其他解释变量不变的情况下，解释变量 X_m 对被解释变量 Y 的影响是显著的。相反，则接受原假设，说明在其他解释变量不变的情况下，解释变量 X_m 对被解释变量 Y 的影响是不显著的。

5.1.5 多元线性回归预测

5.1.5.1 多元回归预测介绍

本节第 3 部分提到一元线性回归做预测，多元线性回归同样可以用来对某些变量进行预测。社会生活中，一个变量数据的影响因素是多方面的，因此用一元线性回归模型并不能准确地概括一个变量的变化趋势，需要利用多个自变量对此进行拟合，这种情况下需采用多元线性回归模型。

5.1.5.2 多元回归案例

由于多元线性回归和一元线性回归很相似，通过一个案例简单对多元线性回归预测进行说明。某市 1998—2016 年的电力、经济、人口数据如表 5-2 所示，要求利用多元线性回归模型预测 2019 年该市的电力负荷（假设未来几年的经济增长保持在 9%，人口增长保持在 1%）。

表 5-2 某市 1998—2016 年电力、经济、人口数据

年份	电力消费/(亿 kW·h)	GDP 总量/亿元	人口总量/万人
1998	309.19	2830.21	6152
1999	312.96	2910.12	6206
2000	338.92	3030.11	6278
2001	359.62	3290.12	6325
2002	389.94	3569.13	6369
2003	445.44	3973.24	6410
2004	515.94	4812.74	6461
2005	581.65	5375.83	6516
2006	662.41	6141.94	6593
2007	768.69	7345.73	6676

续表

年份	电力消费/(亿 kW·h)	GDP 总量/亿元	人口总量/万人
2008	858.87	8874.22	6741
2009	952.29	10052.95	6795
2010	1001.10	12263.46	6827
2011	1136.11	15110.35	6876
2012	1264.24	17212.14	6902
2013	1425.95	19038.94	6929
2014	1484.18	20848.87	6936
2015	1538.96	22005.66	6949
2016	1686.21	24117.85	7027

1. 输入自变量与因变量

确定自变量和因变量，并在 Excel 表中输入观测值，如图 5-9 所示。

	A	B	C	D
1	年份	电力消费（亿 kW·h）	GDP总量(单位:亿元)	总人口(单位:万人)
2	1998	309.19	2830.21	6152
3	1999	312.96	2910.12	6206
4	2000	338.92	3030.11	6278
5	2001	359.62	3290.12	6325
6	2002	389.94	3569.13	6369
7	2003	445.44	3973.24	6410
8	2004	515.94	4812.74	6461
9	2005	581.65	5375.83	6516
10	2006	662.41	6141.94	6593
11	2007	768.69	7345.73	6676
12	2008	858.87	8874.22	6741
13	2009	952.29	10052.95	6795
14	2010	1001.1	12263.46	6827
15	2011	1136.11	15110.35	6876
16	2012	1264.24	17212.14	6902
17	2013	1425.95	19038.94	6929
18	2014	1484.18	20848.87	6936
19	2015	1538.96	22005.66	6949
20	2016	1686.21	24117.85	7027

图 5-9 Excel 表中数据输入

2. 散点图

选中电力消费、GDP 总量两列数据，单击“插入”工具栏中的“图表”菜单。选择所有图表中的 *XY* 散点图，选择右边图形进行创建，标上横纵坐标，得到电力消费与 GDP 总量的散点图，如图 5-10 所示。按照上面的步骤，选择电力消费和总人口作散点图，如图 5-11 所示。

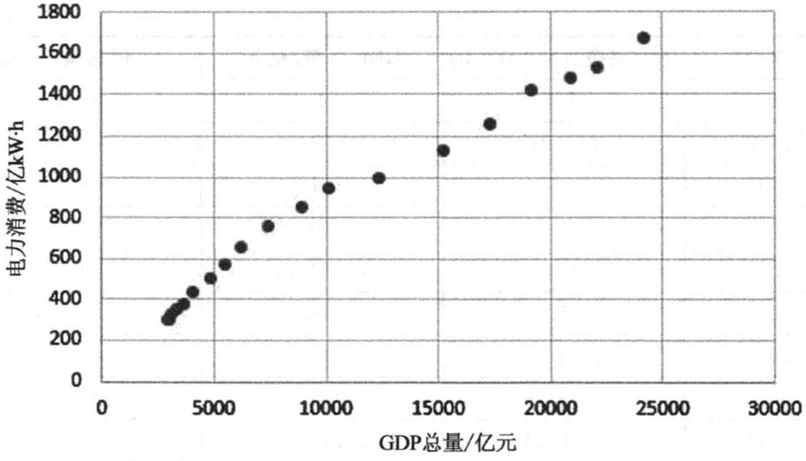

图 5-10 电力消费与 GDP 总量散点图

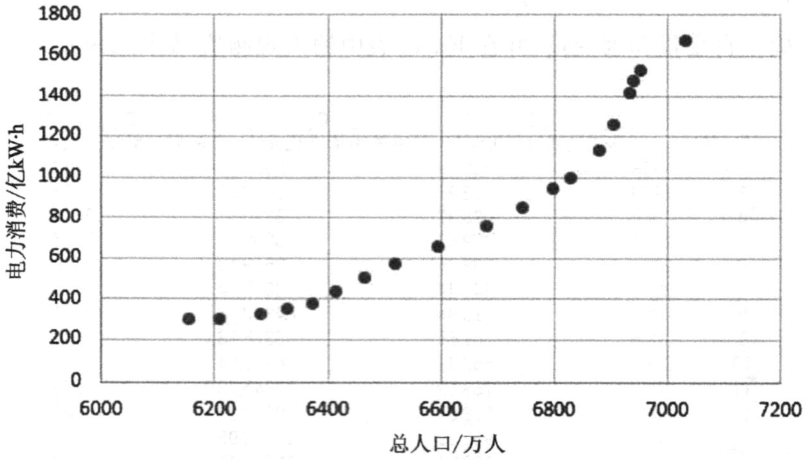

图 5-11 电力消费与总人口散点图

从图 5-10、图 5-11 可知，电力消费与 GDP 总量呈线性关系，电力消费与总人口也呈线性关系。

3. 相关性分析

上面使用散点图大致看出两数据之间具有线性关系，接下来需要计算它们之间相关关系到底有多大。在 Excel 中使用 correl 函数计算数据间的相关性。假设两组数据为，A1:A7 和 B1:B7，在空白处输入公式＝correl(A1:A7,B1:B7)即可。本例子中通过计算电力消耗与 GDP 总量之间的相关关系为 0.991599，电力消耗与总人口之间的相关关系为 0.95736。说明它们之间呈正相关，而且相关性很强。

4. 回归分析

经过上面的准备工作，接下来可以构建出一元线性回归方程以及对方程的检验。单击“数据”工具栏下的“数据分析”菜单。选择分析工具中的“回归”，确定后出现如图 5-12 的“回归”分析框。在 Y 值输入区域填入“B2:B20”，在 X 值输入区域填入“C2:D20”。在下面的“残差”选项中选择“线性拟合图”。确定后，出现如图 5-13 所示的分析结果。

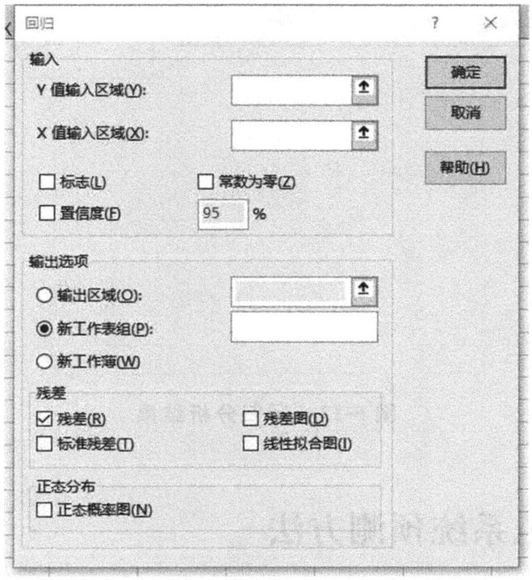

图 5-12　回归分析框

根据图 5-13 中的回归统计，调整的拟合优度为 0.996987，说明回归直线能够很好地拟合样本观测点。从下面的方差分析可知，整个方程的 P 值远远小于 0.05，通过方程的 F 检验。从最下面的回归参数表可知，偏回归系数 $\hat{\beta}_1$ 为 0.045444，P 值远远小于 0.05，通过系数的 t 检验，偏回归系数 $\hat{\beta}_2$ 为 0.486732，P 值远远小于 0.05，通过系数的 t 检验。说明用多元线性回归来进行拟合是合适的。

电力消费 Y 与 GDP 总量 x_1 及人口总量 x_2 之间的回归方程为

$$Y=0.045444\,x_1+0.486732\,x_2$$

5. 电力预测

得出回归方程式后，就可以利用该方程对电力消费进行预测。前面提到假设今后的 GDP 年增长率为 9%，人口增长率为 1%。因此 2019 年的 GDP 总量为 $24117.85\times(1+9\%)^3=31233.25$。2019 年人口总量为 $7027\times(1+1\%)^3=7239.9$。将两数代入上面回归方程中，得到 $Y=4943.26$。

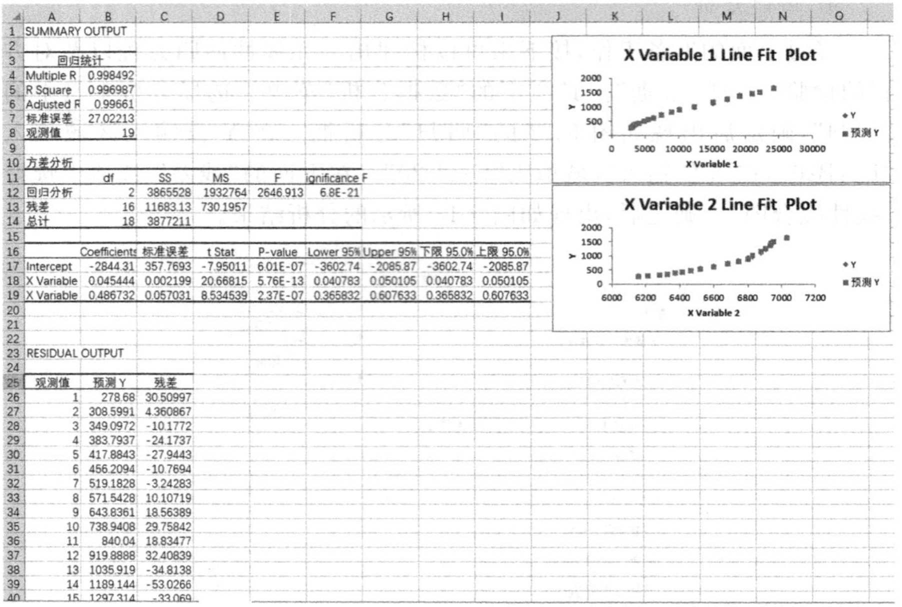

SUMMARY OUTPUT

回归统计	
Multiple R	0.998492
R Square	0.996987
Adjusted R	0.99661
标准误差	27.02213
观测值	19

方差分析

	df	SS	MS	F	ignificance F
回归分析	2	3865528	1932764	2646.913	6.8E-21
残差	16	11683.13	730.1957		
总计	18	3877211			

	Coefficients	标准误差	t Stat	P-value	Lower 95%	Upper 95%	下限 95.0%	上限 95.0%
Intercept	-2844.31	357.7693	-7.95011	6.01E-07	-3602.74	-2085.87	-3602.74	-2085.87
X Variable	0.045444	0.002199	20.66815	5.76E-13	0.040783	0.050105	0.040783	0.050105
X Variable	0.486732	0.057031	8.534539	2.37E-07	0.365832	0.607633	0.365832	0.607633

RESIDUAL OUTPUT

观测值	预测 Y	残差
1	278.68	30.50997
2	308.5991	4.360867
3	349.0972	-10.1772
4	383.7937	-24.1737
5	417.8843	-27.9443
6	456.2094	-10.7694
7	519.1828	-3.24283
8	571.5428	10.10719
9	643.8361	18.56389
10	738.9408	29.75842
11	840.04	18.83477
12	919.8888	32.40839
13	1035.919	-34.8138
14	1189.144	-53.0266
15	1297.314	-33.069

图 5-13　回归分析结果

5.2　灰色系统预测方法

5.2.1　灰色系统概念及灰色预测

灰色系统理论是由我国学者邓聚龙教授首先提出来的，灰色系统的命名方式来源于控制论。在控制论中用颜色的深浅表示信息量的多少，如黑色表示信息全无，白色表示信息完全，灰色表示信息缺乏。灰色系统就是信息不够齐全的系统，其最主要的特征是系统中因素不确定或者是因素之间的关系不确定。灰色预测是指对系统行为特征值的发展变化进行的预测，对既含有已知信息又含有不确定信息的系统进行的预测，也就是对在一定范围内变化的、与时间序列有关的灰色过程进行预测。目前使用最广泛的灰色预测模型就是关于数列预测的一个变量、一阶微分的GM(1,1)模型。它是基于随机的原始时间序列，经时间累加后形成的新的时间序列呈现的规律可用一阶线性微分方程的解来逼近。如果原始时间序列隐含着指数增长的特征时，采用灰色模型GM(1,1)的预测非常成功。

5.2.2　灰色生成

灰色系统理论对灰色量、灰色过程的处理，不是通过大量样本数据找概率分布和统计规律，而是采用一种称为“生成”的数据处理方法，求得随机性得到弱化、规律性得到强化的新数列，从而寻找不同系统变量之间或某些系统变量自身的数学关系和变化规律。常用的灰色系统生成方式有：累加生成、累减生成、均值生成、级比生成等，下面对这几种生成做简单介绍。

1. 累加生成

累加生成，即通过数列各时刻数据的逐一累加，得到新的数据数列。累加前的数列称为原始数列，累加后的数列称为生成数列。通过累加生成使离乱的原始数据中蕴含的积分特性或规律加以显化。

令$x^{(0)}$为原始序列，$x^{(0)}=[x^{(0)}(1),x^{(0)}(2),\cdots,x^{(0)}(n)]$；记生成数为$x^{(1)}$，$x^{(1)}=[x^{(1)}(1),x^{(1)}(2),\cdots,x^{(1)}(n)]$，如果$x^{(1)}$与$x^{(0)}$之间满足如下关系：

$$x^{(1)}(k)=\sum_{i=1}^{k}x^{(0)}(i)(k=1,2,\cdots,n) \tag{5-43}$$

则称为一次累加生成，记为 1－AGO。

r 次累加生成有下述关系：

$$x^{(r)}(k)=\sum_{i=1}^{k}x^{(r-1)}(i)(k=1,2,..,n) \tag{5-44}$$

累加生成在灰色系统理论中有着非常重要的地位，它使任意非负序列、摆动的与非摆动的序列，转化为非减的序列。原始序列经累加生成后，其随机性明显减小，而规律性将增加。

2. 累减生成

累减生成，即对数列求相邻两数据的差，累减生成是累加生成的逆运算，常简记为 IAGO，累减生成可将累加生成还原为非生成数列，在建模过程中用来获得增量信息，其运算符号为 Δ。

令$x^{(r)}$为 r 次累加生成数列，对$x^{(r)}$作 i 次累减生成，记为$\Delta^{(i)}$，其基本关系式为

$$\begin{gathered}\Delta^{(0)}[x^{(r)}(k)]=x^{(r)}(k)\\ \Delta^{(1)}[x^{(r)}(k)]=\Delta^{(0)}[x^{(r)}(k)]-\Delta^{(0)}[x^{(r)}(k-1)]\\ \Delta^{(2)}[x^{(r)}(k)]=\Delta^{(1)}[x^{(r)}(k)]-\Delta^{(1)}[x^{(r)}(k-1)]\\ \cdots\\ \Delta^{(i)}[x^{(r)}(k)]=\Delta^{(i-1)}[x^{(r)}(k)]-\Delta^{(i-1)}[x^{(r)}(k-1)]\end{gathered} \tag{5-45}$$

式中，$\Delta^{(0)}[x^{(r)}(k)]$为 0 次累减，即无累减；$\Delta^{(1)}[x^{(r)}(k)]$为一次累减，即 $k-1$ 与 k 时刻两个零次累减量求差；$\Delta^{(i)}[x^{(r)}(k)]$为 i 次累减，即 $k-1$ 与 k 时刻两个 $i-1$ 次累减量的求差。

从式(5-45)还可以得到以下关系：

$$\begin{aligned}\Delta^{(1)}[x^{(r)}(k)]&=\Delta^{(0)}[x^{(r)}(k)]-\Delta^{(0)}[x^{(r)}(k-1)]\\&=x^{(r)}(k)-x^{(r)}(k-1)\\&=\sum_{i=1}^{k}x^{(r-1)}(i)-\sum_{i=1}^{k-1}x^{(r-1)}(i)\\&=x^{(r-1)}(k)\end{aligned}\tag{5-46}$$

按照上面的计算方法，可得

$$\Delta^{(i)}[x^{(r)}(k)]=x^{(r-i)}(k)\tag{5-47}$$

$$\Delta^{(r)}[x^{(r)}(k)]=x^{(0)}(k)\tag{5-48}$$

从式(5-48)可以看出，对 r 次生成数列作 r 次累减，即还原为非生成数列，事实上，累加中包含着累减，累减中包含着累加。比如：$r=1$ 时，有

$$\begin{aligned}x^{(1)}(k)&=\sum_{i=1}^{k}x^{(0)}(i)=\sum_{i=1}^{k-1}x^{(0)}(i)+x^{(0)}(k)\\&=x^{(1)}(k-1)-x^{(0)}(k)\end{aligned}$$

$$x^{(0)}(k)=x^{(1)}(k)-x^{(1)}(k-1)\tag{5-49}$$

进一步有

$$x^{(r-1)}(k)=x^{(r)}(k)-x^{(r)}(k-1)\tag{5-50}$$

上述关系式经常被用在从生成数列求还原数列中。

3. 均值生成

均值生成分为邻值生成和非邻值生成两种。所谓邻值生成就是对于等时距的序列，用相邻数据的平均值构造新的数据，即原始序列$x^{(0)}$为

$$x^{(0)}=[x^{(0)}(1),x^{(0)}(2),\cdots,x^{(0)}(n)]\tag{5-51}$$

记 k 点的生成值为 $z(k)$，则

$$z(k)=0.5\,x^{(0)}(k)+0.5\,x^{(0)}(k-1)(k=2,3,\cdots,n)\tag{5-52}$$

称 $z(k)$为邻值生成值。由于这种生成是邻值的等权生成，所以也称为邻值等权生成。

非邻均值生成是对于非等时距序列，用缺失数据两边的数据平均值作为新数据填补缺失，即

$$x^{(0)}=[x^{(0)}(1),x^{(0)}(2),\cdots,x^{(0)}(k-1),\phi(k),x^{(0)}(k+1),..,x^{(0)}(n)]\tag{5-53}$$

假设这里 $\phi(k)$为缺失数据，那么可以用生成值 $z(k)$来填补

$$z(k)=0.5\,x^{(0)}(k-1)+0.5\,x^{(0)}(k+1) \tag{5-54}$$

称 $z(k)$ 为非邻值生成值。

在电力负荷预测中，经常会遇到历史数据不全或是数据异常的情况，均值生成法能够对此进行调整和替代。

5.2.3　灰色模型 GM(1,1)

灰色模型一般表示为 GM(h,m)，其中，h 为灰色模型中微分方程的阶数，m 为变量个数。当 $h=1$,$m=1$ 时，构成单变量一阶灰色模型 GM(1,1)。由于 GM(1,1)是使用最广泛的灰色模型，下面对其详细介绍。

1. 数据的检验与预处理

为了保证 GM(1,1)建模的可行，需要首先对原始数据做检验处理。

设原始数据列为 $x^{(0)}=[x^{(0)}(1),x^{(0)}(2),\cdots x^{(0)}(n)]$，计算该数列的级比：

$$\lambda(k)=\frac{x^{(0)}(k-1)}{x^{(0)}(k)}(k=2,3,\cdots,n) \tag{5-55}$$

如果所有的级比都落在区间 $X=(e^{\frac{-2}{n+1}},e^{\frac{2}{n+1}})$ 内，那么原数据列可以建立 GM(1,1)模型进行灰色预测。如果不是，需要对数据做平移处理：

$$y^{(0)}(k)=x^{(0)}(k)+c(k=1,2,\cdots,n) \tag{5-56}$$

2. GM(1,1)模型的构建

定义$x^{(1)}$的灰导数为

$$d(k)=x^{(0)}(k)=x^{(1)}(k)-x^{(1)}(k-1) \tag{5-57}$$

令$z^{(1)}(k)$为数列$x^{(1)}$的邻值生成数列，即

$$z^{(1)}(k)=0.5\,x^{(1)}(k)+0.5\,x^{(1)}(k-1) \tag{5-58}$$

定义 GM(1,1)的灰微分方程模型为

$$d(k)+a\,z^{(1)}(k)=b \tag{5-59}$$

式中：$d(k)$称为灰导数；a 称为发展系数；$z^{(1)}(k)$称为白化背景值；b 称为灰作用量。

将时刻 $k=2,3,\cdots,n$ 代入式(5-60)得到

$$\begin{aligned} x^{(0)}(2)+a\,z^{(1)}(2)&=b \\ x^{(0)}(3)+a\,z^{(1)}(3)&=b \\ &\cdots \\ x^{(0)}(n)+a\,z^{(1)}(n)&=b \end{aligned} \tag{5-60}$$

将上式用矩阵形式表示：

$$\boldsymbol{u}=\begin{bmatrix}a\\b\end{bmatrix}\quad \boldsymbol{Y}=\begin{bmatrix}x^{(0)}(2)\\x^{(0)}(3)\\\cdots\\x^{(0)}(n)\end{bmatrix}\quad \boldsymbol{B}=\begin{bmatrix}-z^{(1)}(2) & 1\\-z^{(1)}(3) & 1\\\cdots & \cdots\\-z^{(1)}(n) & 1\end{bmatrix} \tag{5-61}$$

$$\boldsymbol{Y}=\boldsymbol{B}\boldsymbol{u}$$

于是现在需要求出 u 的值，而矩阵表达式和一元线性回归方程很接近，于是可以使用一元线性回归的方式进行 u 的求解，也就是使用最小二乘法求出它们的估计值：

$$\boldsymbol{u}=\begin{bmatrix}a\\b\end{bmatrix}=(\boldsymbol{B}^{\mathrm{T}}\boldsymbol{B})^{-1}\boldsymbol{B}^{\mathrm{T}}\boldsymbol{Y} \tag{5-62}$$

3. GM(1,1)模型的白化

以上通过最小二乘的方法求出了 GM(1,1)的参数后，需要对灰色模型进行白化才能够进行预测。对于 GM(1,1)灰微分方程，如果将$x^{(1)}$视为时间 t 的函数，那么灰导数$x^{(0)}(k)$变为连续函数的导数$\frac{\mathrm{d}x^{(1)}(t)}{\mathrm{d}t}$，白化背景值$z^{(1)}(k)$对应于$x^{(1)}(t)$。于是白化方程可以表示为：

$$\frac{\mathrm{d}x^{(1)}(t)}{\mathrm{d}t}+a\,x^{(1)}(t)=b \tag{5-63}$$

4. GM(1,1)预测

上面给出了灰色微分方程的白化形式，下面对白化方程进行求解。解出的结果如下：

$$x^{(1)}(t)=\left[x^{(0)}(1)-\frac{b}{a}\right]\mathrm{e}^{-a(t-1)}+\frac{b}{a} \tag{5-64}$$

于是得到预测值

$$\hat{x}^{(1)}(k+1)=\left[x^{(0)}(1)-\frac{b}{a}\right]\mathrm{e}^{-ak}+\frac{b}{a}(k=1,2,\cdots,n-1) \tag{5-65}$$

通过累减还原，得到最终的预测值

$$\hat{x}^{(0)}(k+1)=\hat{x}^{(1)}(k+1)-\hat{x}^{(1)}(k)(k=1,2,\cdots,n-1) \tag{5-66}$$

5. 模型的检验

灰色检验的方法有很多，常用的方法有残差检验、后验差检验、级比偏差值检验和关联度检验等，这里介绍使用最多也最方便的残差检验和级比偏差检验法。

(1)残差检验。首先需要计算残差项,设原始数列为$x^{(0)}=[x^{(0)}(1), x^{(0)}(2),\cdots,x^{(0)}(n)]$,预测数列为$\hat{x}^{(0)}=[\hat{x}^{(0)}(2),\hat{x}^{(0)}(3),\cdots,\hat{x}^{(0)}(n)]$,则残差为

$$e(k)=x^{(0)}(k)-\hat{x}^{(0)}(k) \tag{5-67}$$

相对残差 $\varepsilon(k)$为

$$\varepsilon(k)=\frac{e(k)}{x^{(0)}(k)} \tag{5-68}$$

如果所有的$|\varepsilon(k)|<0.1$,则认为达到了较高的要求;否则,若所有的$|\varepsilon(k)|<0.2$,则认为达到一般要求。

(2)级比偏差值检验。根据上面提到的原始序列的级比计算,定义预测序列的级比为

$$\hat{\lambda}^{(0)}(k)=\frac{\hat{x}^{(0)}(k-1)}{\hat{x}^{(0)}(k)}(k=2,3,\cdots,n) \tag{5-69}$$

通过公式的推导,预测序列的级比与 k 无关,可得以下化简式:

$$\hat{\lambda}^{(0)}(k)=\frac{1+0.5a}{1-0.5a}(k=2,3,\cdots,n) \tag{5-70}$$

式中,a 为发展系数。

级比偏差可以定义为

$$\rho(k)=\frac{\hat{\lambda}^{(0)}(k)-\lambda^{(0)}(k)}{\hat{\lambda}^{(0)}(k)}=1-\frac{1+0.5a}{1-0.5a}\frac{x^{(0)}(k-1)}{x^{(0)}(k)}=1-\frac{1+0.5a}{1-0.5a}\lambda^{(0)}(k) \tag{5-71}$$

如果所有的$|\rho(k)|<0.1$,则认为达到较高的要求;否则,若所有的$|\rho(k)|<0.2$,则认为达到了一般要求。

6. 灰色预测模型总结

灰色预测模型,方法简单,易于理解,而且对原始数据无十分严格的分布及个数要求,预测精度高。在社会经济中应用十分广泛,而电力系统属于典型的灰色系统,因此,灰色预测模型常常用来对中长期的电力负荷进行预测。而在建模时,需要注意原始数据可以不全用来预测,可以选择部分留作对灰色预测模型进行检验。

灰色预测方法存在一定的局限性,当原始数据中存在负数时,不能用灰色模型进行预测。并且原始数据符合或基本符合指数规律变化且变化速度不是很快的场合,预测的精度较高。原始数据如果十分的不规律,也会对灰色预测模型产生较大的影响,因此需要对原始数据中的异常值进行改造。

5.2.4 灰色系统预测案例

上小节已经全面介绍了灰色系统的概念、生成数以及灰色系统预测的求解过程。下面通过一个案例进一步加深对灰色系统预测的理解。

某市 2007—2016 年的电力消耗情况见表 5-3，需要通过灰色系统方法预测该市 2018 年的电力消耗。

表 5-3 某市电力消费数据

年份	电力数据/(亿 kW·h)
2007	628.24
2008	660.79
2009	703.98
2010	781.22
2011	806.85
2012	860.91
2013	848.84
2014	873.47
2015	889.96
2016	956.61

下面利用 Excel 来完成灰色系统预测。步骤如下。

1. 原始数据输入

将原始数列 $x^{(0)}(k)$ 输入 Excel 中，如图 5-14 所示。

	A	B	C	D	E	F	G	H	I	J	K	L
1	GM(1,1)模型预测计算表											
2		序号k	1	2	3	4	5	6	7	8	9	10
3	生成数	$x^{(0)}(k)$	628.24	660.79	703.98	781.22	806.85	860.91	848.84	873.47	889.96	956.61

图 5-14 原始数据表示

2. 生成数

对该数列进行一次累加生成，在单元格 C4 中键入公式“＝C3”，在单元格 D4 中键入公式“＝C4＋D3”，选中复制手柄将其拖至单元格 L4，从而，得出生成数列 $x^{(1)}(k)$，结果如图 5-15 所示。

	A	B	C	D	E	F	G	H	I	J	K	L
1	GM(1,1)模型预测计算表											
2		序号k	1	2	3	4	5	6	7	8	9	10
3	生成数	$x^{(0)}(k)$	628.24	660.79	703.98	781.22	806.85	860.91	848.84	873.47	889.96	956.61
4		$x^{(1)}(k)$	628.24	1289.03	1993.01	2774.23	3581.08	4441.99	5290.83	6164.3	7054.26	8010.87

图 5-15 生成数据表示

3. 确定矩阵 $\boldsymbol{B}$ 和 $\boldsymbol{Y}$

由上一节可知 $\boldsymbol{B}$ 和 $\boldsymbol{Y}$ 满足如下计算关系：

$$\boldsymbol{Y}=\begin{bmatrix} x^{(0)}(2) \\ x^{(0)}(3) \\ \cdots \\ x^{(0)}(n) \end{bmatrix},\boldsymbol{B}=\begin{bmatrix} -z^{(1)}(2) & 1 \\ -z^{(1)}(3) & 1 \\ \cdots & \cdots \\ -z^{(1)}(n) & 1 \end{bmatrix} \tag{5-72}$$

在单元格 D5 中键入公式“$=-1/2\times(\text{C4}+\text{D4})$”，单元格 D6 中键入 1，在单元格 D7 中键入公式“=D3”，选中区域 D5:D7，用复制手柄将其拖至单元格 L7，就可得到 B 和 Y，如图 5-16 所示。

	A	B	C	D	E	F	G	H	I	J	K	L
1	GM(1,1)模型预测计算表											
2		序号k	1	2	3	4	5	6	7	8	9	10
3	生成数	$x^{(0)}(k)$	628.24	660.79	703.98	781.22	806.85	860.91	848.84	873.47	889.96	956.61
4		$x^{(1)}(k)$	628.24	1289.03	1993.01	2774.23	3581.08	4441.99	5290.83	6164.3	7054.26	8010.87
5	数据矩阵B,Y	B^T		-958.635	-1641.02	-2383.62	-3177.655	-4011.54	-4866.41	-5727.57	-6609.28	-7532.57
6				1	1	1	1	1	1	1	1	1
7		Y^T		660.79	703.98	781.22	806.85	860.91	848.84	873.47	889.96	956.61

图 5-16　矩阵 B 和 Y 的确定

4. 求模型的参数

由上一节可知模型的参数 $\boldsymbol{u}$ 满足如下计算关系。

$$\boldsymbol{u}=\begin{bmatrix} a \\ b \end{bmatrix}=(\boldsymbol{B}^{\mathrm{T}}\boldsymbol{B})^{-1}\boldsymbol{B}^{\mathrm{T}}\boldsymbol{Y} \tag{5-73}$$

选中单元格区域 C8:D9，输入公式“=MMULT(D5:L6，TRANSPOSE(D5:L6))”，然后同时按下“Ctrl+Shift+Enter”键，就可得到$B^{\mathrm{T}}B$。再选中单元格区域 F8:G9，输入公式“=MINVERSE(C8:D9)”，然后同时按下“Ctrl+Shift+Enter”键，就可以得到$(\boldsymbol{B}^{\mathrm{T}}\boldsymbol{B})^{-1}$。选中 I8:I9，输入公式“=MMULT(D5:L6，TRANSPOSE(D7:L7))”，然后同时按下“Ctrl+Shift+Enter”键，就可以得到 $B^{\mathrm{T}}Y$。再选中单元格区域 K8:K9，输入公式“MMULT(F8:G9，I8:I9)”，然后同时按下“Ctrl+Shift+Enter”键，就可以得到参数 u。如图 5-17 所示。

	A	B	C	D	E	F	G	H	I	J	K	L
1	GM(1,1)模型预测计算表											
2		序号k	1	2	3	4	5	6	7	8	9	10
3	生成数	$x^{(0)}(k)$	628.24	660.79	703.98	781.22	806.85	860.91	848.84	873.47	889.96	956.61
4		$x^{(1)}(k)$	628.24	1289.03	1993.01	2774.23	3581.08	4441.99	5290.83	6164.3	7054.26	8010.87
5	数据矩阵B,Y	B^T		-958.635	-1641.02	-2383.62	-3177.655	-4011.54	-4866.41	-5727.57	-6609.28	-7532.57
6				1	1	1	1	1	1	1	1	1
7		Y^T		660.79	703.98	781.22	806.85	860.91	848.84	873.47	889.96	956.61
8	求出参数	B^TB	192392541.1	-36908.3	$(B^TB)^{-1}$	2.43697E-08	9.99381E-05	B^TY	-31889676.33	u	-0.03934	
9			-36908.285	9		9.99381E-05	0.520949415		7382.63		658.9824	

图 5-17　模型参数估计

5. 模型的确定

由上面的分析，已经得到参数的估计值。所以灰色微分方程可以表示为

$$\frac{\mathrm{d}x^{(1)}}{\mathrm{d}t}-0.03934\,x^{(1)}=658.9824$$

从而可得递推模型为

$$\hat{x}^{(1)}(k+1)=\left[x^{(0)}(1)-\frac{u}{a}\right]\mathrm{e}^{-ak}+\frac{u}{a}$$

$$x^{(0)}(1)=624.28$$

$$\frac{b}{a}=\frac{658.9824}{-0.03934}=-16750.9507$$

$$\hat{x}^{(1)}(k+1)=17375.2307\,\mathrm{e}^{0.03934k}-16750.9507$$

$$\hat{x}^{(0)}(k+1)=683.541576\,\mathrm{e}^{0.03934k}$$

结果如图 5-18 所示。

	A	B	C	D	E	F	G	H	I	J	K	L	M	N
1	GM(1,1)模型预测计算表													
2		序号k	1	2	3	4	5	6	7	8	9	10		
3	生成数	$x^{(0)}(k)$	628.24	660.79	703.98	781.22	806.85	860.91	848.84	873.47	889.96	956.61		
4		$x^{(1)}(k)$	628.24	1289.03	1993.01	2774.23	3581.08	4441.99	5290.83	6164.3	7054.26	8010.87		
5	数据矩阵B,Y	B^{T}		-958.635	-1641.02	-2383.62	-3177.655	-4011.54	-4866.41	-5727.57	-6609.28	-7532.57		
6				1	1	1	1	1	1	1	1	1		
7		Y^{T}		660.79	703.98	781.22	806.85	860.91	848.84	873.47	889.96	956.61		
8	求出参数	$B^{\mathrm{T}}B$	192392541.1	-36908.3	$(B^{\mathrm{T}}B)^{-1}$	2.43697E-08	9.99381E-05	$B^{\mathrm{T}}Y$	-31889676.33	u	-0.03934			
9			-36908.285	9		9.99381E-05	0.520949415		7382.63		658.9824			
10	预测模型	$\hat{x}^{(1)}(k+1)$	$\hat{x}^{(1)}(k+1)=17375.2307e^{0.03934k}-16750.9507$										17375.23	-16751
11	导数模型	$\hat{x}^{(0)}(k+1)$	$\hat{x}^{(0)}(k+1)=683.54157e^{0.03934k}$										683.5416	

图 5-18　预测模型

6. 求解预测值及检验

根据上面的预测模型，可以求出 2019 年该市的电力消耗为 $\hat{x}^{(0)}(13)=683.54157\,e^{0.03934\times 12}=1095.94$。

下面进行模型的检验，首先在 C12 中输入“＝C3”，在 C13 中也输入相同的公式。因为灰色预测并不能预测第一个数据。在 D12 中输入公式“＄M10 * EXP(－＄K8 * C2)＋＄N10”，在 D13 中输入公式“＝＄M11 * EXP(－＄K8 * C2)”。选中 D12:D13 区域，拖动复制手柄至 L13。这样就求出了估计数列。计算误差项，在 D14 中输入“＝D3－D13”，然后拖动复制手柄至 L14，得到误差项。最后计算相对误差，在 D15 中输入“＝D14/D3”，然后拖动复制手柄至 L15，得到相对误差项。结果如图 5-19 所示。

根据上图相对误差值都小于 0.1，可知灰色预测效果很好。

	A	B	C	D	E	F	G	H	I	J	K	L	M	N
1	GM(1,1)模型预测计算表													
2		序号k	1	2	3	4	5	6	7	8	9	10		
3	生成数	$x^{(0)}(k)$	628.24	660.79	703.98	781.22	806.85	860.91	848.84	873.47	889.96	956.61		
4		$x^{(1)}(k)$	628.24	1289.03	1993.01	2774.23	3581.08	4441.99	5290.83	6164.3	7054.26	8010.87		
5	数据矩阵B,Y	B^{T}		-958.635	-1641.02	-2383.62	-3177.655	-4011.54	-4866.41	-5727.57	-6609.28	-7532.57		
6				1	1	1	1	1	1	1	1	1		
7		Y^{T}		660.79	703.98	781.22	806.85	860.91	848.84	873.47	889.96	956.61		
8	求出参数	$B^{\mathrm{T}}B$	192392541.1	-36908.3	$(B^{\mathrm{T}}B)^{-1}$	2.43697E-08	9.99381E-05	$B^{\mathrm{T}}Y$	-31889676.33	u	-0.03934			
9			-36908.285	9		9.99381E-05	0.520949415		7382.63		658.9824			
10	预测模型	$\hat{x}^{(1)}(k+1)$	$\hat{x}^{(1)}(k+1)=17375.2307e^{0.03934k}-16750.9507$										17375.23	-16751
11	导数模型	$\hat{x}^{(0)}(k+1)$	$\hat{x}^{(0)}(k+1)=683.54157e^{0.03934k}$										683.5416	
12	残差检验	$x^{(1)}(k)$	628.24	1321.355	2046.396	2800.525026	3584.908716	4400.761	5249.344413	6131.972	7050.01	8004.878		
13		还原数据	628.24	710.9645	739.4876	769.1550486	800.0127027	832.1083	865.4916025	900.2142	936.3298	973.8943		
14		误差		-50.1745	-35.5076	12.0649514	6.837297296	28.80167	-16.65160249	-26.7442	-46.3698	-17.2843		
15		相对误差		-0.07593	-0.05044	0.015443731	0.008474062	0.033455	-0.019616892	-0.03062	-0.0521	-0.01807		
16														

图 5-19　误差分析

5.3　考虑季节及春节影响的时间序列预测方法

中期(月度)电力负荷预测对于安排月度检修计划,水库调度计划以及电煤计划等意义重大。月度负荷一般呈现周期变化和增长趋势,这是月度负荷的主要特点。此外负荷还受春节、气温等其他外生变量的影响,但这些因素之间相互交错,非常复杂。做好月度负荷预测,必须同时考虑周期性的变化和增长趋势,但是如果不考虑春节等因素影响,预测效果也会大打折扣。下面就季节及春节影响下的月度电力负荷数据进行预测研究。

5.3.1　季节及春节调整介绍

1. 春节影响函数的确定

由于月度负荷数据采集是按阳历进行,而春节是按阴历计算的,两者之间往往出现不同步,导致每年春节对1,2月的负荷影响都是不同的,也就不可能简单对春节影响扣除。为了测定春节期间每天的负荷变化,我们以春节前一周的日平均负荷为基准日用电量,计算第 i 个春节日(正月的第 i 天,正月从初一算到二十八)用电量占基准日用电量比率:

$$t_{ij}=\frac{l_i}{\left(\sum_{j=1}^{7}p_j\right)/7}(i=1,2,\cdots,28;j=1,2,\cdots,7) \tag{5-74}$$

式中,l_i 为春节影响日用电量;p_j 为春节前第 j 天用电量。如果某年春节有 m 天落在1月,有$(28-m)$天落在2月,则1月的春节系数为

$$s_1=\left(\sum_{i=1}^{m}t_{ij}/31+1-m/31\right) \tag{5-75}$$

2月的春节系数为

$$s_2=\left(\sum_{i=m+1}^{28}t_{ij}/29+1-m/29\right) \tag{5-76}$$

式(5-76)中是按照闰年2月29天计算的，如果是非闰年，将式中29替换为28即可。

按春节日在1月的天数，可以计算得到春节系数见表5-4。

表 5-4　春节日对 1、2 月用电量影响系数表

天数	1月	2月	天数	1月	2月
1	1.000	0.830	15	0.878	0.964
2	0.999	0.830	16	0.871	0.972
3	0.998	0.832	17	0.866	0.978
4	0.996	0.833	18	0.863	0.981
5	0.994	0.836	19	0.861	0.984
6	0.989	0.841	20	0.858	0.987
7	0.981	0.851	21	0.857	0.988
8	0.970	0.863	22	0.855	0.989
9	0.956	0.878	23	0.852	0.993
10	0.942	0.894	24	0.851	0.995
11	0.927	0.910	25	0.849	0.997
12	0.913	0.925	26	0.847	0.999
13	0.908	0.941	27	0.846	1.000
14	0.889	0.952			

2. 闰年影响函数的确定

考虑到非闰年2月份有28天，闰年29天，在进行负荷预测前也必须将所有年份的2月份用电量进行去闰年处理。否则对闰年2月份负荷的预测至少存在3%的误差。去闰年处理按照如下标准计算：

$$\hat{y}_i = y_i \times 28/29 \tag{5-77}$$

式中，$\hat{y}_i$为闰年处理后的2月份的用电量；y_i为原始处理前的2月份的用电量。

3. 季节影响函数的确定

考虑到各个季节的电力负荷存在差异，在进行负荷预测时必须将此影响剔除。设时间序列数据具有 m 个长度为 l 的周期，则一次滑动平均序列为

$$\overline{x_{k(\frac{l}{2})}}=(x_{k1}+x_{k2}+\cdots+x_{kl})/l \tag{5-78}$$

二次滑动平均序列为$\{\overline{\overline{x}}\}$：

$$\overline{\overline{x_{k(\frac{l}{2}+1)}}}=(\overline{x_{k(\frac{l}{2}-1)}}+\overline{x_{k(\frac{l}{2}+1)}})/2 \tag{5-79}$$

然后利用 LSM 对$\{\overline{\overline{x}}\}$进行直线拟合，得到$\{\hat{\overline{\overline{x}}}\}$，则季节指数为

$$I_{ks}=x_{ks}/\hat{\overline{\overline{x}}}_k \tag{5-80}$$

$$I_s=(I_{s1}+I_{s2}+\cdots+I_{sm})m \tag{5-81}$$

5.3.2 季节及春节调整案例

某市 2011 年 6 月到 2016 年 6 月的月度负荷如表 5-5 所示，需要选择合适的方法对该月度数据拟合和预测。

表 5-5 某市月度负荷量

年份	负荷/kW	年份	负荷/kW	年份	负荷/kW
2011.6	58119.81	2013.3	65850.23	2014.12	79447.32
2011.7	64489.22	2013.4	67123.82	2015.1	74881.23
2011.8	58155.23	2013.5	65507.54	2015.2	60475.45
2011.9	58585.21	2013.6	66379.23	2015.3	81072.77
2011.10	54169.94	2013.7	69806.32	2015.4	81615.18
2011.11	58010.23	2013.8	72065.45	2015.5	78631.86
2011.12	58806.81	2013.9	70178.53	2015.6	80851.74
2012.1	60307.53	2013.10	70375.62	2015.7	90984.54
2012.2	46611.84	2013.11	71324.71	2015.8	97642.78
2012.3	61615.43	2013.12	70365.36	2015.9	89176.13
2012.4	63104.52	2014.1	65154.35	2015.10	88757.66
2012.5	61087.45	2014.2	48964.94	2015.11	92886.47
2012.6	63229.95	2014.3	71766.13	2015.12	91688.33
2012.7	66175.14	2014.4	73416.73	2016.1	76063.34
2012.8	70001.42	2014.5	73838.92	2016.2	82008.67
2012.9	67239.56	2014.6	74199.41	2016.3	92967.58
2012.10	65633.25	2014.7	81875.47	2016.4	92312.75
2012.11	67950.74	2014.8	82769.66	2016.5	93346.43
2012.12	65309.47	2014.9	77978.35	2016.6	93512.62
2013.1	58241.46	2014.10	74856.24		
2013.2	58343.14	2014.11	79663.83		

1. 将数据输入到 Excel 中

输入原始数据，如图 5-20 所示。

2. 春节及闰年调整

根据这些年春节的情况，参照表 5-4，对原始负荷数据进行调整。在 D9 输入“=C9/0.996”，在 D10 输入“=C10/0.8338 * 28/29 * 28/29”，因为 2012 年为闰年，所以不仅需要进行春节调整，还需要进行闰年的调整。在 D21 输入“=C21/0.871”，在 D22 输入“=C22/0.9726”。在 D34 输入“=C34/0.8308”。在 D45 输入“=C45/0.97”，在 D46 输入“=C46/0.8633”。在 D57 输入“=C57/0.863”，在 D58 输入“=C58/0.9819 * 28/29 * 28/29”。结果如图 5-21 所示。

	A	B	C
1	年月	时刻	负荷量
2	2011.6	1	58119.81
3	2011.7	2	64489.22
4	2011.8	3	58155.23
5	2011.9	4	58585.21
6	2011.10	5	54169.94
7	2011.11	6	58010.23
8	2011.12	7	58806.81
9	2012.1	8	60307.53
10	2012.2	9	46611.84
11	2012.3	10	61615.43
12	2012.4	11	63104.52
13	2012.5	12	61087.45
14	2012.6	13	63229.95
15	2012.7	14	66175.14
16	2012.8	15	70001.42
17	2012.9	16	67239.56
18	2012.10	17	65633.25
19	2012.11	18	67950.74
20	2012.12	19	65309.47
21	2013.1	20	58241.46
22	2013.2	21	58343.14
23	2013.3	22	65850.23
24	2013.4	23	67123.82
25	2013.5	24	65507.54
26	2013.6	25	66379.23
27	2013.7	26	69806.32
28	2013.8	27	72065.45
29	2013.9	28	70178.53
30	2013.10	29	70375.62
31	2013.11	30	71324.71
32	2013.12	31	70365.36
33	2014.1	32	65154.35
34	2014.2	33	48964.94
35	2014.3	34	71766.13
36	2014.4	35	73416.73
37	2014.5	36	73838.92
38	2014.6	37	74199.41
39	2014.7	38	81875.47
40	2014.8	39	82769.66

数据调整 数据预测

图 5-20　原始负荷数据

	A	B	C	D
1	年月	时刻	负荷量	负荷春节调整
2	2011.6	1	58119.81	58119.81
3	2011.7	2	64489.22	64489.22
4	2011.8	3	58155.23	58155.23
5	2011.9	4	58585.21	58585.21
6	2011.10	5	54169.94	54169.94
7	2011.11	6	58010.23	58010.23
8	2011.12	7	58806.81	58806.81
9	2012.1	8	60307.53	60549.73
10	2012.2	9	46611.84	52114.00
11	2012.3	10	61615.43	61615.43
12	2012.4	11	63104.52	63104.52
13	2012.5	12	61087.45	61087.45
14	2012.6	13	63229.95	63229.95
15	2012.7	14	66175.14	66175.14
16	2012.8	15	70001.42	70001.42
17	2012.9	16	67239.56	67239.56
18	2012.10	17	65633.25	65633.25
19	2012.11	18	67950.74	67950.74
20	2012.12	19	65309.47	65309.47
21	2013.1	20	58241.46	66867.35
22	2013.2	21	58343.14	59986.78
23	2013.3	22	65850.23	65850.23
24	2013.4	23	67123.82	67123.82
25	2013.5	24	65507.54	65507.54
26	2013.6	25	66379.23	66379.23
27	2013.7	26	69806.32	69806.32
28	2013.8	27	72065.45	72065.45
29	2013.9	28	70178.53	70178.53
30	2013.10	29	70375.62	70375.62
31	2013.11	30	71324.71	71324.71
32	2013.12	31	70365.36	70365.36
33	2014.1	32	65154.35	65154.35
34	2014.2	33	48964.94	58937.10
35	2014.3	34	71766.13	71766.13
36	2014.4	35	73416.73	73416.73
37	2014.5	36	73838.92	73838.92
38	2014.6	37	74199.41	74199.41
39	2014.7	38	81875.47	81875.47
40	2014.8	39	82769.66	82769.66

数据调整 数据预测

图 5-21　春节调整后的负荷数据

3. 季节调整

得到负荷春节调整数据后，进行数据的季节调整。在 E2 中输入"＝D2/SUM(D＄2:D＄13)"，使用复制手柄拖至 E13。在 E14 中输入"＝D14/SUM(D＄14:D＄25)"，使用复制手柄拖至 E25。在 E26 中输入"＝D26/SUM(D＄26:D＄37)"，使用复制手柄拖至 E37。在 E38 中输入"＝D38/SUM(D＄38:D＄49)"，使用复制手柄拖至 E49。在 E50 中输入"＝D50/SUM(D＄50:D＄62)"，使用复制手柄拖至 E62。得到季节调整系数 1。然后在 F2 中输入"＝(E2＋E14＋E26＋E38＋E50＋E62)/6＊12"，在 F3 中输入"＝(E3＋E15＋E27＋E39＋E51)/5＊12"，使用复制手柄拖动到 F13。使用 F2:F13 的数据，在后面的空格中进行复制，直到 F62，得到季节调整系数 2。最后利用季节调整系数 2 和负荷春节调整数据确定季节调整数据。在 G2 中输入"＝D2/F2"，使用复制手柄拖至 G62，得到季节调整后的数据。结果如图 5-22 所示。

	A	B	C	D	E	F	G
1	年月	时刻	负荷量	负荷春节调整	季节调整系数1	季节调整系数2	季节调整
2	2011.6	1	58119.81	58119.81	0.082	0.97	60225.21
3	2011.7	2	64489.22	64489.22	0.091	1.03	62479.82
4	2011.8	3	58155.23	58155.23	0.082	1.05	55600.03
5	2011.9	4	58585.21	58585.21	0.083	1.00	58440.08
6	2011.10	5	54169.94	54169.94	0.076	0.97	55597.87
7	2011.11	6	58010.23	58010.23	0.082	1.02	56952.50
8	2011.12	7	58806.81	58806.81	0.083	1.01	58382.49
9	2012.1	8	60307.53	60549.73	0.085	0.99	61208.87
10	2012.2	9	46611.84	52114.00	0.074	0.88	59172.13
11	2012.3	10	61615.43	61615.43	0.087	1.03	59852.40
12	2012.4	11	63104.52	63104.52	0.089	1.04	60500.49
13	2012.5	12	61087.45	61087.45	0.086	1.03	59469.61
14	2012.6	13	63229.95	63229.95	0.080	0.97	65520.41
15	2012.7	14	66175.14	66175.14	0.084	1.03	64113.23
16	2012.8	15	70001.42	70001.42	0.089	1.05	66925.90
17	2012.9	16	67239.56	67239.56	0.085	1.00	67073.04
18	2012.10	17	65633.25	65633.25	0.083	0.97	67363.32
19	2012.11	18	67950.74	67950.74	0.086	1.02	66711.76
20	2012.12	19	65309.47	65309.47	0.083	1.01	64838.18
21	2013.1	20	58241.46	66867.35	0.085	0.99	67595.22
22	2013.2	21	58343.14	59986.78	0.076	0.88	68111.14
23	2013.3	22	65850.23	65850.23	0.083	1.03	63965.98
24	2013.4	23	67123.82	67123.82	0.085	1.04	64353.89
25	2013.5	24	65507.54	65507.54	0.083	1.03	63772.68
26	2013.6	25	66379.23	66379.23	0.080	0.97	68783.77
27	2013.7	26	69806.32	69806.32	0.084	1.03	67631.27
28	2013.8	27	72065.45	72065.45	0.086	1.05	68899.25
29	2013.9	28	70178.53	70178.53	0.084	1.00	70004.73
30	2013.10	29	70375.62	70375.62	0.084	0.97	72230.69
31	2013.11	30	71324.71	71324.71	0.086	1.02	70024.21
32	2013.12	31	70365.36	70365.36	0.084	1.01	69857.59
33	2014.1	32	65154.35	65154.35	0.078	0.99	65863.57
34	2014.2	33	48964.94	58937.10	0.071	0.78	75490.79
35	2014.3	34	71766.13	71766.13	0.086	1.03	69712.60
36	2014.4	35	73416.73	73416.73	0.088	1.04	70387.11
37	2014.5	36	73838.92	73838.92	0.089	1.03	71883.42
38	2014.6	37	74199.41	74199.41	0.079	0.97	76887.23
39	2014.7	38	81875.47	81875.47	0.087	1.03	79324.37
40	2014.8	39	82769.66	82769.66	0.088	1.05	79133.17

数据调整 数据预测

图 5-22 季节调整后的负荷数据

4. 负荷预测

根据上面的季节调整后数据进行负荷预测，另外打开一个新的表，将上表的 A、B、G 三列复制到新表中。

首先对数据进行一次平滑处理，在 D13 中输入"=AVERAGE(C2:C13)"，然后使用复制手柄拖至 D62，这样得出一次平滑数据。然后在 E14 中输入"=AVERAGE(D13:D14)"，然后使用复制手柄拖至 E62，这样得出二次平滑数据。最后利用 Excel 中自带的 FORECAST 函数进行平滑预测，在 F2 中输入"=FORECAST(B2,E$14:E$62,B$14:B$62)"，然后使用复制手柄拖至 F62，这样得到平滑预测值。

然后对平滑预测值进行还原处理，将上表中的 C 列复制到新表的 G 列中。在 H2 中输入"=G2/F2"，然后使用复制手柄拖至 H62，得到一列比值。然后在 I2 中输入"=(H2+H14+H26+H38+H50+H62)/6"，在 I3 中输入"=(H3+H15+H27+H39+H51)/5"，使用复制手柄拖动到 I13。使用 I2:I13 的数据，在后面的空格中进行复制，直到 I62，得到季节调整系数 3。在 J2 中输入"F2 * I2"，使用复制手柄拖动至 J62，得到季节还原后的数据。最后进行春节数据还原，在 K2 中输入"=J2"，然后使用复制手柄拖至 K62。修改 K9 = J9 * 0.996，修改 K10= J10 * 0.8338 * 29/28 * 29/28，修改 K21= J21 * 0.871，修改 K22= J22 * 0.9726，修改 K34= J34 * 0.8308，修改 K45= J45 * 0.97，修改 K46= J46 * 0.8633，修改 K57= J57 * 0.863，修改 K58= J58 * 0.9819 * 29/28 * 29/28。得到最终的预测值，如图 5-23 所示。

5. 误差分析

得到预测结果后，通过与原数据进行对比进行误差分析，并观测整体的误差率，结果如表 5-6 所示。

表 5-6 某市月度负荷量预测误差分析

年份	误差/%	年份	误差/%	年份	误差/%
2011.6	6.99%	2013.3	1.88%	2014.12	1.53%
2011.7	8.96%	2013.4	1.33%	2015.1	3.70%
2011.8	2.47%	2013.5	2.32%	2015.2	7.02%
2011.9	2.28%	2013.6	4.30%	2015.3	1.40%
2011.10	0.89%	2013.7	7.45%	2015.4	1.94%
2011.11	0.69%	2013.8	5.37%	2015.5	4.11%
2011.12	1.57%	2013.9	3.70%	2015.6	4.40%
2012.1	11.62%	2013.10	0.44%	2015.7	0.35%

续表

年份	误差/%	年份	误差/%	年份	误差/%
2012.2	9.76%	2013.11	3.62%	2015.8	5.49%
2012.3	3.39%	2013.12	3.85%	2015.9	0.98%
2012.4	4.25%	2014.1	3.45%	2015.10	3.52%
2012.5	2.41%	2014.2	0.27%	2015.11	3.76%
2012.6	2.51%	2014.3	4.01%	2015.12	3.74%
2012.7	1.03%	2014.4	2.98%	2016.1	7.77%
2012.8	3.20%	2014.5	0.82%	2016.2	8.59%
2012.9	3.31%	2014.6	3.53%	2016.3	3.44%
2012.10	3.69%	2014.7	1.56%	2016.4	1.64%
2012.11	2.64%	2014.8	1.62%	2016.5	4.36%
2012.12	0.26%	2014.9	3.29%	2016.6	1.62%
2013.1	9.59%	2014.10	4.41%		
2013.2	11.54%	2014.11	2.50%		

可以看出除个别月误差在 10%以上，大部分的误差都保持在 5%以内，平均误差为 0.98%，说明预测的效果非常好。

	A	B	C	D	E	F	G	H	I	J	K	L	M
1	年月	时刻	调整后数据	一次平滑	二次平滑	平滑预测值	原始数据		季节调整系数3	季节还原后	春节还原后	原始数据	误差
2	2011.6	1	60225.21			50974.10	58119.81	1.14	1.06	54054.58	54054.58	58119.81	-6.99%
3	2011.7	2	62479.82			51570.42	64489.22	1.25	1.14	58712.55	58712.55	64489.22	-8.96%
4	2011.8	3	55600.03			52166.75	58155.23	1.11	1.14	59590.14	59590.14	58155.23	2.47%
5	2011.9	4	58440.08			52763.07	58585.21	1.11	1.08	57247.81	57247.81	58585.21	-2.28%
6	2011.10	5	55597.87			53359.39	54169.94	1.02	1.04	55736.60	55736.60	54169.94	2.89%
7	2011.11	6	56952.50			53955.72	58010.23	1.08	1.08	58411.15	58411.15	58010.23	0.69%
8	2011.12	7	58382.49			54552.04	58806.81	1.08	1.06	57886.25	57886.25	58806.81	-1.57%
9	2012.1	8	61208.87			55148.37	60307.53	1.09	0.97	53512.57	53298.52	60307.53	-11.62%
10	2012.2	9	59172.13			55744.69	46611.84	0.84	0.84	47025.28	42060.38	46611.84	-9.76%
11	2012.3	10	59852.40			56341.01	61615.43	1.09	1.06	59525.17	59525.17	61615.43	-3.39%
12	2012.4	11	60500.49			56937.34	63104.52	1.11	1.06	60420.53	60420.53	63104.52	-4.25%
13	2012.5	12	59469.61	58990.12		57533.66	61087.45	1.06	1.04	59615.54	59615.54	61087.45	-2.41%
14	2012.6	13	65520.41	59431.39	59210.76	58129.98	63229.95	1.09	1.06	61642.92	61642.92	63229.95	-2.51%
15	2012.7	14	64113.23	59567.51	59499.45	58726.31	66175.14	1.13	1.14	66859.47	66859.47	66175.14	1.03%
16	2012.8	15	66925.90	60511.33	60039.42	59322.63	70001.42	1.18	1.14	67764.31	67764.31	70001.42	-3.20%
17	2012.9	16	67073.04	61230.74	60871.04	59918.96	67239.56	1.12	1.08	65011.93	65011.93	67239.56	-3.31%
18	2012.10	17	67363.32	62211.20	61720.97	60515.28	65633.25	1.08	1.04	63211.28	63211.28	65633.25	-3.69%
19	2012.11	18	66711.76	63024.47	62617.83	61111.60	67950.74	1.11	1.08	66157.94	66157.94	67950.74	-2.64%
20	2012.12	19	64838.18	63562.44	63293.46	61707.93	65309.47	1.06	1.06	65479.50	65479.50	65309.47	0.26%
21	2013.1	20	67595.22	64094.64	63828.54	62304.25	58241.46	0.93	0.97	60456.20	52657.35	58241.46	-9.59%
22	2013.2	21	68111.14	64839.56	64467.10	62900.57	58343.14	0.93	0.84	53061.86	51607.96	58343.14	-11.54%
23	2013.3	22	63965.98	65182.36	65010.96	63496.90	65850.23	1.04	1.06	67085.48	67085.48	65850.23	1.88%
24	2013.4	23	64353.89	65503.47	65342.91	64093.22	67123.82	1.05	1.06	68014.18	68014.18	67123.82	1.33%
25	2013.5	24	63772.68	65862.06	65682.77	64689.55	65507.54	1.01	1.04	67030.37	67030.37	65507.54	2.32%
26	2013.6	25	68783.77	66134.01	65998.04	65285.87	66379.23	1.02	1.06	69231.25	69231.25	66379.23	4.30%
27	2013.7	26	67631.27	66427.18	66280.59	65882.19	69806.32	1.06	1.14	75006.40	75006.40	69806.32	7.45%
28	2013.8	27	68899.25	66591.62	66509.40	66478.52	72065.45	1.08	1.14	75938.49	75938.49	72065.45	5.37%
29	2013.9	28	70004.73	66835.93	66713.78	67074.84	70178.53	1.05	1.08	72776.05	72776.05	70178.53	3.70%
30	2013.10	29	72230.69	67241.55	67038.74	67671.17	70375.62	1.04	1.04	70685.97	70685.97	70375.62	0.44%
31	2013.11	30	70024.21	67517.58	67379.57	68267.49	71324.71	1.04	1.08	73904.72	73904.72	71324.71	3.62%
32	2013.12	31	69857.59	67935.87	67726.73	68863.81	70365.36	1.02	1.06	73072.75	73072.75	70365.36	3.85%
33	2014.1	32	65863.57	67791.56	67863.72	69460.14	65154.35	0.94	0.97	67399.83	67399.83	65154.35	3.45%
34	2014.2	33	75490.79	68406.54	68099.05	70056.46	48964.94	0.70	0.84	59098.44	49098.99	48964.94	0.27%
35	2014.3	34	69712.60	68885.42	68645.98	70652.78	71766.13	1.02	1.06	74645.78	74645.78	71766.13	4.01%
36	2014.4	35	70387.11	69388.19	69136.80	71249.11	73416.73	1.03	1.06	75607.83	75607.83	73416.73	2.98%
37	2014.5	36	71883.42	70064.08	69726.14	71845.43	73838.92	1.03	1.04	74445.19	74445.19	73838.92	0.82%
38	2014.6	37	76887.23	70739.37	70401.73	72441.76	74199.41	1.02	1.06	76819.58	76819.58	74199.41	3.53%
39	2014.7	38	79324.37	71713.80	71226.58	73038.08	81875.47	1.12	1.14	83153.32	83153.32	81875.47	1.56%
40	2014.8	39	79133.17	72566.62	72140.21	73634.40	82769.66	1.12	1.14	84112.67	84112.67	82769.66	1.62%

数据调整　数据预测

图 5-23　调整后的预测值

第 6 章　高级建模

6.1　ARIMA 模型

6.1.1　ARIMA 模型简介

自回归积分滑动平均模型(Autoregressive Integrated Moving Average Model，ARIMA)由 Box 与 Jenkins 于 20 世纪 70 年代提出，是一种著名的非平稳时间序列建模预测方法。根据时间序列是否平稳以及回归中所含部分的不同，可分为：移动平均过程(MA(q))，自回归过程(AR(p))，自回归移动平均过程(ARMA(p,q))，自回归积分滑动平均过程(ARIMA(p,d,q))。

ARIMA 模型简单，能有效处理平稳时间序列数据，但对于非平稳序列效果差。此外，ARIMA 只能处理线性关系，对于非线性的关系拟合效果差。此外，该模型不能有效处理时间序列之外的外生变量。

6.1.2　ARIMA 模型的原理

1. 累积式自回归——滑动平均模型(ARIMA)

若 y_t 是一个非平稳序列，经过 d 次差分后变为一个平稳的 ARMA 序列，则可以建立累积式自回归滑动平均模型 ARIMA(p,d,q)。它包含 3 个部分，即 AR、I、MA。分别对应三个参数项：p,d,q。AR 表示 Auto Regression，即自回归模型；I 表示 Integration，即单整阶数，时间序列模型必须是平稳性序列才能建立模型，ARIMA 模型作为时间序列模型也不例外，因此首先要对时间序列进行单位根检验，如果是非平稳序列，就要通过差分来转化为平稳序列，经过几次差分转化为平稳序列，就称为几阶单整；MA 表示 Moving Average，即移动平均模型。可见，ARIMA 模型实际上是 AR 模型和 MA 模型的组合。

ARIMA 模型的形式如下：

$$\hat{y}_t=\mu+\varphi_1 y_{t-1}+\cdots+\varphi_p y_{t-p}+\theta_1 e_{t-1}-\cdots-\theta_q e_{t-q} \tag{6-1}$$

式中，φ 表示 AR 的系数；θ 表示 MA 的系数。

2. 非平稳季节 ARIMA 模型

电力系统负荷常以小时、天、星期、月甚至以年为周期发生变化，是一个具有周期性的非平稳随机过程。可以利用季节性差分变换，消除其季节性周期变化。季节差分是非平稳季节过程建模的一个重要工具。

过程$\{Y_t\}$称为季节周期为 s、非季节（规则的）阶数为 p、d 和 q，季节阶数为 P,D 和 Q 的乘法季节 ARIMA 模型，前提是差分序列

$$W_t=\nabla^d\nabla_s^D Y_t \tag{6-2}$$

满足某季节周期为 s 的 ARMA$(p,q)\times(P,Q)s$ 模型。$\{Y_t\}$称为季节周期为 s 的 ARMA$(p,d,q)\times(P,D,Q)s$ 模型。

6.1.3　实例分析

已知某地自 1982 年 1 月至 1986 年 2 月连续 50 个月的用电量，表中把 50 个月用 t 取有序值 1,2,…,5 来表示，见表 6-1。尝试按如下步骤为该序列建立合适的时间序列模型。

表 6-1　某地用电量表

t/月	用电量/(万 kW·h)	t/月	用电量/(万 kW·h)
1	15.08	26	70.82
2	20.14	27	72.92
3	24.36	28	75.39
4	27.86	29	77.01
5	30.41	30	79.15
6	32.86	31	81.48
7	34.85	32	83.31
8	37.24	33	85.1
9	39.39	34	86.59
10	41.45	35	88.38
11	43.38	36	90.29
12	45.28	37	94.61
13	47.26	38	95.15
14	49.4	39	97.3
15	51.07	40	99.66
16	52.97	41	102.63
17	54.48	42	105.13
18	56	43	107.77

续表

t/月	用电量/(万 kW·h)	t/月	用电量/(万 kW·h)
19	57.54	44	109.69
20	59.06	45	111.53
21	60.75	46	113.28
22	62.49	47	115.18
23	64.45	48	117.42
24	66.53	49	120.13
25	68.73	50	122.69

1. 平稳性判定

由于线性模型是对于平稳序列而言的，因此应绘图观察序列的平稳性。从图 6-1 中很明显的观察到序列存在趋势不平稳，需要进行差分来消除不平稳的因素。

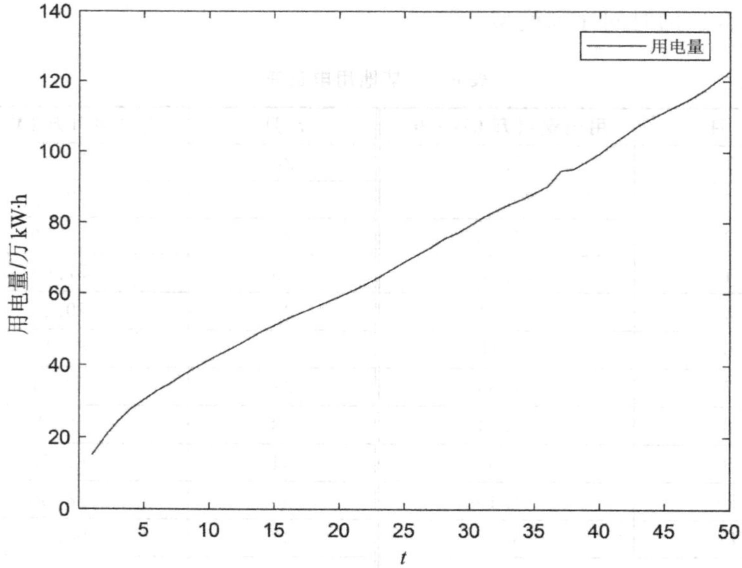

图 6-1 用电量时序图

2. 消除趋势性

对数据进行一阶差分，进行 ADF 检验来鉴定序列的平稳性。Adftest 函数返回 1，即序列平稳；返回 0，即序列非平稳，如图 6-2 所示。图 6-3 结果显示一阶差分后序列平稳。

```
>> %%清除环境变量
>> clear
>> %%导入数据
>> load arimashuju.mat
>> %%划分预测因子和响应变量
>> x=arimashuju(:,1);
>> y=arimashuju(:,2);
>> %%产生训练集和测试集的预测因子/响应变量
>> tr_x=x(1:49);
>> tr_y=y(1:49);
>> te_x=x(end);
>> te_y=y(end);
>> %%对训练数据进行一阶差分
>> data=diff(tr_y);
>> %%鉴定序列平稳性
>> H=adftest(data)
```

图 6-2　一阶差分平稳性检验代码

图 6-3　一阶差分平稳性检验结果

3. 模型的定阶

根据 AIC、BIC 准则，选择其值较小的模型。AIC 是权衡统计模型拟合效果优良性的一种标准，在 1974 年，日本统计学家赤池弘次首次提出，它建立在熵的概念上，对模型的复杂程度和拟合能力的权衡，是通过加入复杂程度的惩罚项来避免过拟合的问题。

1978 年由 Schwarz 提出 BIC(Bayesian Information Criterion)贝叶斯信息准则，这种方法和 AIC 相似，可以用来选择合适的模型。

其中 AIC 和 BIC 的计算公式如下：

$$\mathrm{AIC}=-2\ln(L)+2k \tag{6-3}$$

$$\mathrm{BIC}=-2\ln(L)+\ln(n)\times k \tag{6-4}$$

式中，L 是模型中的极大似然函数值；n 是数据数量；k 是模型中的未知参数的个数。

如果在训练模型时，过多增加参数数量，似然函数会变大，但也增加了模型复杂程度，这就造成过拟合的现象。BIC 和 AIC 一样，引入了参数个数的惩罚项，BIC 的惩罚项比 AIC 的大，还考虑了样本数量。样本数量过多时，可有效防止模型复杂度过高。如图 6-4 所示。

```
>> %%创建iddta值
>> z=iddata(data);
>> %%对模型定阶
>> test = [];
for p = 1:5                  %自回归对应PACF,给定滞后长度上限p和q, 一般取为T/10、ln(T)或T^(1/2),这里取T/10=12
    for q = 1:5                  %移动平均对应ACF
        m = armax(z,[p q]);
        AIC = aic(m);            %armax(p,q),计算AIC
        test = [test;p q AIC];
    end
end
for k = 1:size(test,1)
    if test(k,3) == min(test(:,3)) %选择AIC值最小的模型
        p_test = test(k,1);
        q_test = test(k,2);
        break;
    end
end
>> p_test
p_test =
     2
>> q_test
q_test =
     2
```

图 6-4　定阶代码

4. 拟合模型

图 6-5 为拟合模型代码。

```
>> %%拟合模型
>> m1=armax(z,[p_test q_test])

m1 =
Discrete-time ARMA model:  A(z)y(t) = C(z)e(t)
  A(z) = 1 - 1.72 z^-1 + 0.7173 z^-2

  C(z) = 1 - 1.877 z^-1 + 0.8834 z^-2

Sample time: 1 seconds

Parameterization:
   Polynomial orders:   na=2   nc=2
   Number of free coefficients: 4
   Use "polydata", "getpvec", "getcov" for parameters and their uncertainties.

Status:
Estimated using ARMAX on time domain data "z".
Fit to estimation data: 38.41% (prediction focus)
FPE: 0.2807, MSE: 0.2183
```

图 6-5　拟合模型代码

5. 残差分析

图 6-6 为残差分析代码。从残差图 6-7 中,可以看到残差值是一个围绕零水平线的,无任何趋势的图。根据残差序列的自相关与偏自相关图 6-8 可以看出,大部分值都落在了标准差之内,这说明残差比较理想模型比较合适。

```
>> %%残差分析绘图
>> e = resid(m1,z);
>> figure(5)
>> subplot(2,1,1)
>> autocorr(e.OutputData)
>> subplot(2,1,2)
>> parcorr(e.OutputData)
>> figure(3)
>> plot(e)
```

图 6-6　残差分析代码

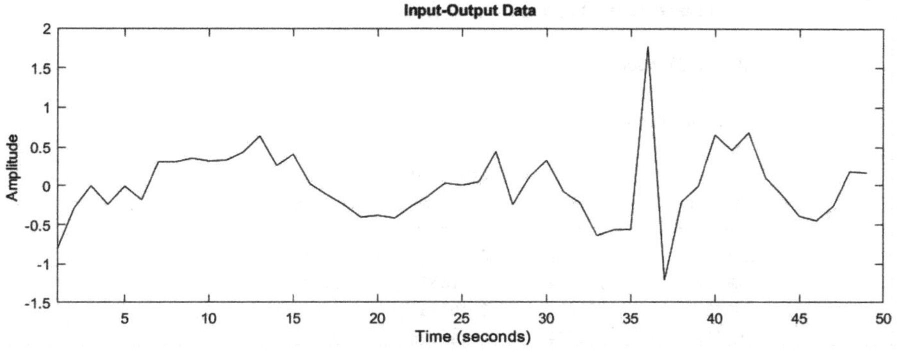

图 6-7　差分后序列图

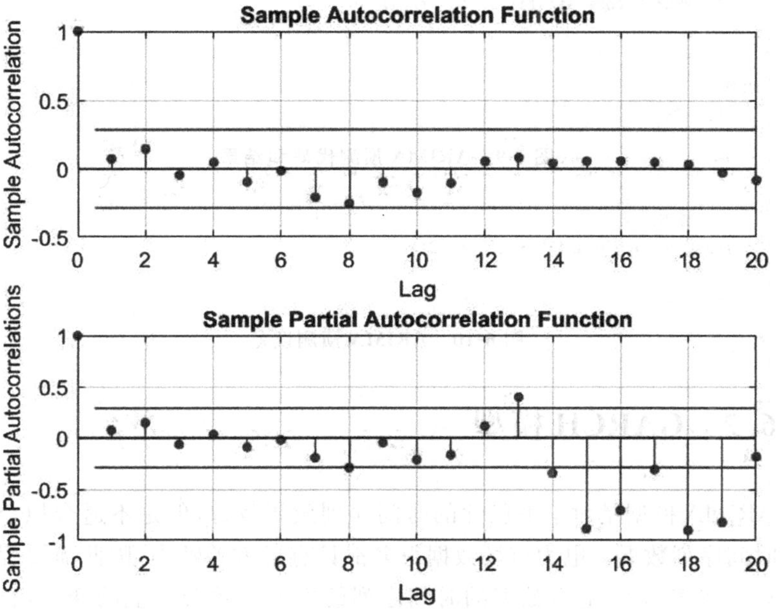

图 6-8　残差序列的自相关和偏自相关图

6. 模型的预测

通过 MATLAB 程序运行结果，得到了下一个月用电量预测的结果为 122.2502 万 kW·h，与实际结果 122.69 万 kW·h 相比较，预测的均方根误差为 0.4398。图 6-9 为 ARIMA 预测代码和结果，图 6-10 为 ARIMA 预测误差。

```
>> %%建立ARIMA模型
>> model= arima(2,1,2);
>> %%对下一个月用电量Y进行预测
>> fit = estimate(model,tr_y);

    ARIMA(2,1,2) Model:
    --------------------
    Conditional Probability Distribution: Gaussian

                                   Standard          t
     Parameter        Value          Error        Statistic
    -----------   -----------   ------------   -----------
     Constant       0.158539      0.112059       1.41478
        AR{1}       0.126919      0.115552       1.09837
        AR{2}       0.770929      0.109087       7.06712
        MA{1}       0.105704      0.148493      0.711846
        MA{2}      -0.478466      0.193373      -2.47432
     Variance       0.382276     0.0563927       6.77882
>> [Y,YMSE] = forecast(fit,1,'Y0',tr_y)
Y =
  122.2502
YMSE =
    0.3823
```

图 6-9　ARIMA 预测代码和结果

```
>> %%计算预测误差
>> frmse = sqrt(mean((Y - te_y).^2))
frmse =
    0.4398
```

图 6-10　ARIMA 预测误差

6.2　GARCH 模型

ARIMA 模型是对于平稳性的时间序列效果较好，但是不适合拟合异方差的时间序列数据。电力市场数据很多都具有异方差特点，因此需要引入新的模型。在实际中，电力数据的时间序列的方差会随着数值的变化而变化，是一个条件方差过程。电力市场预测需要对时间序列数据的条件方差结构建立模型，即基于现在和过去的数据，通过该模型可以预测未来值的波动。

电力市场电价的剧烈波动存在巨大的风险，精准的电价预测有助于市场参与者管理风险并达到自身利益的最大化。在使用时间序列的方法进行预测时，GARCH 模型往往可以取得很好的预测效果。

Bollerslev(1986)和 Taylor(1986)提出广义 ARCH 模型，模型中包括条件方差的 p 阶滞后，其中 p 表示 GARCH 的阶数。该混合模型被称为广义自回归条件异方差模型 GARCH(p,q)。

$$\sigma_{t|t-1}^2=\omega+\beta_1\sigma_{t-1|t-2}^2+\cdots+\beta_1\sigma_{t-p|t-p-1}^2+\alpha_1 y_{t-1}^2+\alpha_2 y_{t-2}^2+\cdots+\alpha_q y_{t-q}^2 \tag{6-5}$$

因为条件方差必须是非负的，所以在 GARCH 模型中系数必须限定为非负的。

以一组金融时间序列为例进行建模。这组数据在 R 的 quantmod 包中，quantmod 包可以获取股票数据，需要下载并调用这组数据的收益率，以及对数据进行预处理，如图 6-11。接下来我们以 R 语言为工具，选择该股票收益率数据为例展开分析。

```
library(quantmod)
setSymbolLookup(GTJA=list(name='601211.ss',src='yahoo'))
getSymbols("GTJA")
spc<-Cl(GTJA)
rtn<-diff(log(spc))
rtn<-rtn[8:length(rtn)]
```

图 6-11　数据调用及处理

图 6-12 为时序图绘图代码。画出这组数据的时间序列图，如图 6-13 所示。

```
ts.plot(rtn,ylab="对数收益率",main="时间序列图")
```

图 6-12　时序图绘图代码

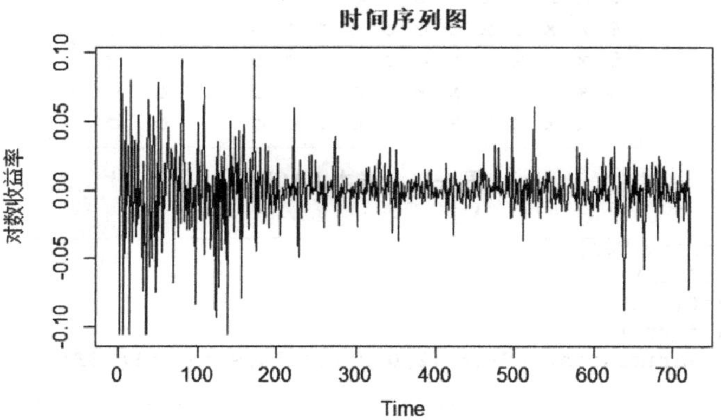

图 6-13　时间序列图

首先对数据性 ARMA 模型进行建模，根据自相关、偏自相关函数图和 EACF 图定阶（图 6-14～图 6-16），最终选择 ARMA(2,2)模型进行拟合，如图 6-17 所示。这里需要用到 TSA 包，TSA 包有《使用 R 进行时间序列分析》书中的所有函数和数据集。

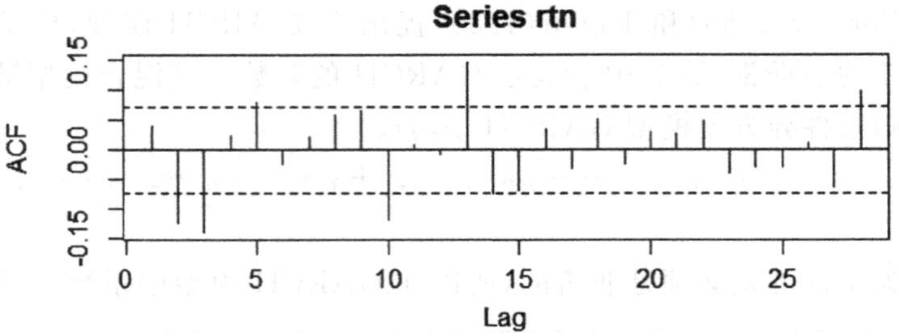

图 6-14　样本自相关函数图

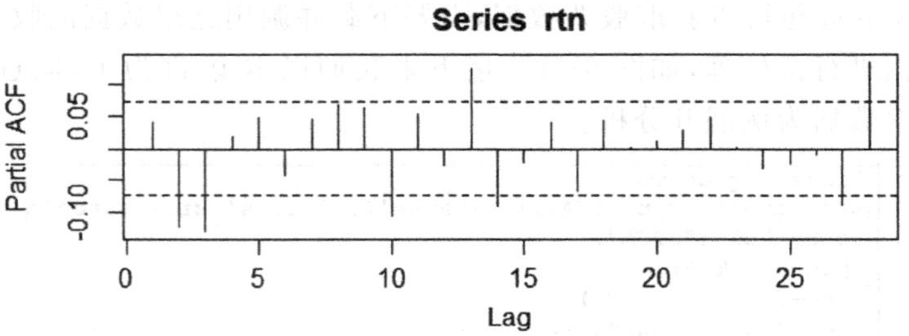

图 6-15　样本偏自相关函数图

AR/MA	0	1	2	3	4	5	6	7	8	9	10	11	12	13
0	o	x	x	o	x	o	o	o	o	x	o	o	x	o
1	x	o	x	o	o	o	o	o	o	x	o	o	x	x
2	x	x	o	o	o	o	o	o	o	x	o	o	o	o
3	x	x	x	o	o	o	o	o	o	o	o	o	o	x
4	x	x	o	x	o	o	o	o	o	o	o	o	o	o
5	x	o	x	o	x	o	o	o	o	o	o	o	o	x
6	x	o	x	o	x	x	o	o	o	o	o	o	o	o
7	x	x	x	x	x	o	x	o	o	o	o	o	o	o

图 6-16　样本 EACF 图

```
library(TSA)
acf(rtn)
pacf(rtn)
eacf(rtn)
m1<-arima(rtn,order=c(2,0,2),include.mean=FALSE)
m1
```

图 6-17　ARMA(2,2)模型拟合

图 6-18 为残差绘图代码。对残差检验，首先绘制残差图 6-19，根据残差图可以看出对数收益率呈现一种波动性和聚集性。

```
resi<-m1$residuals
plot(resi)
```

图 6-18 残差绘图代码图

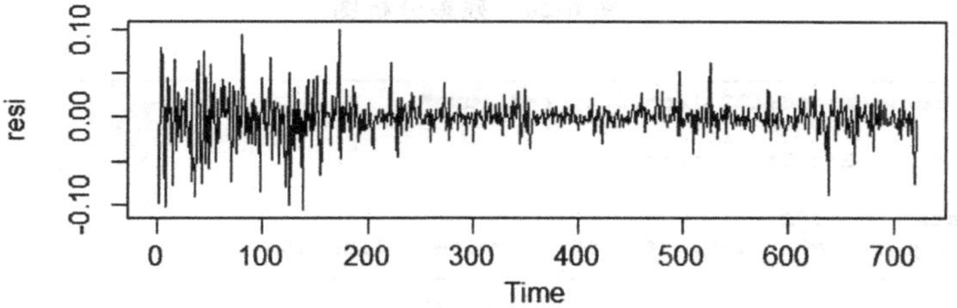

图 6-19 残差图

画出残差序列图，残差序列平方的自相关与偏自相关函数图和绝对值的偏自相关图，如图 6-20 所示。从中可以明显看出，残差序列的平方存在相关性，这可以表明残差序列是不独立的，并且条件方差不为常数。对残差序列的平方进行 Box-Ljung 检验和 LM 检验，如图 6-21 所示，结果发现序列是不独立的，LM 检验结果图 6-22 显示存在 ARCH 效应。

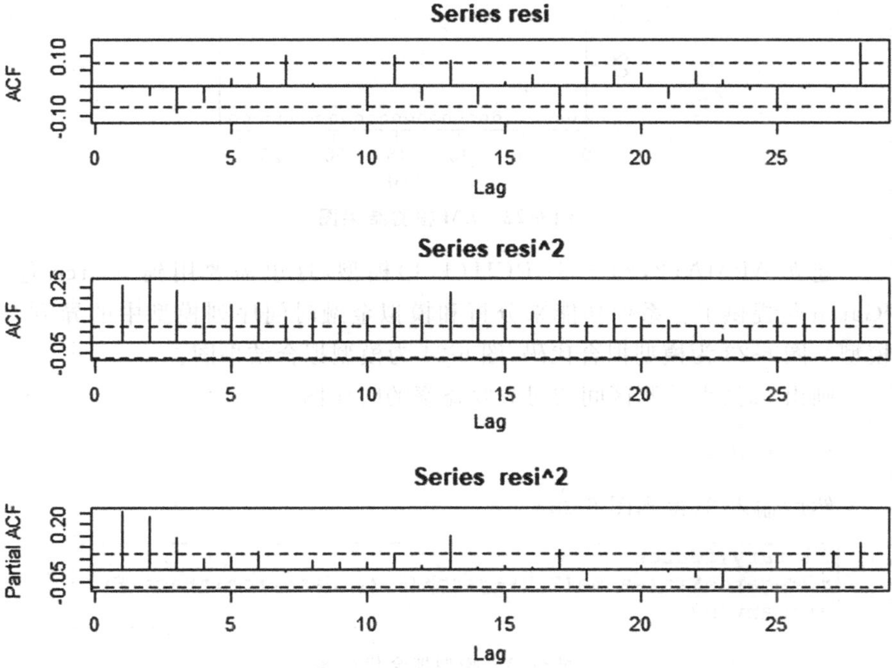

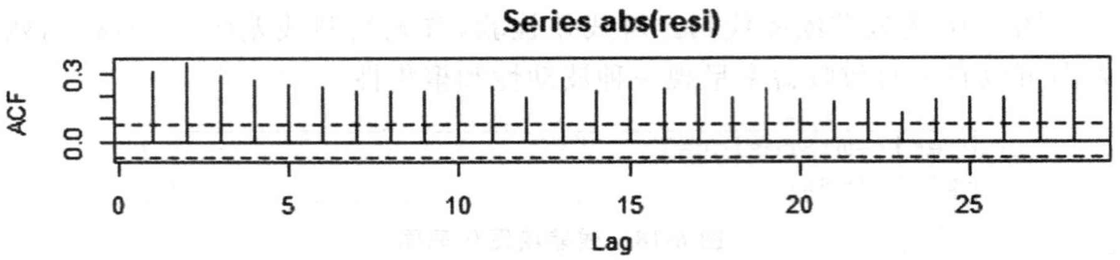

图 6-20　残差分析图

```
> Box.test(resi^2,lag=12,type="Ljung")

        Box-Ljung test

data:  resi^2
X-squared = 287.44, df = 12, p-value < 2.2e-16
```

```
lmresult=McLeod.Li.test(y=rtn,lag=12)
```

图 6-21　Box-Ljung 和 LM 检验代码图

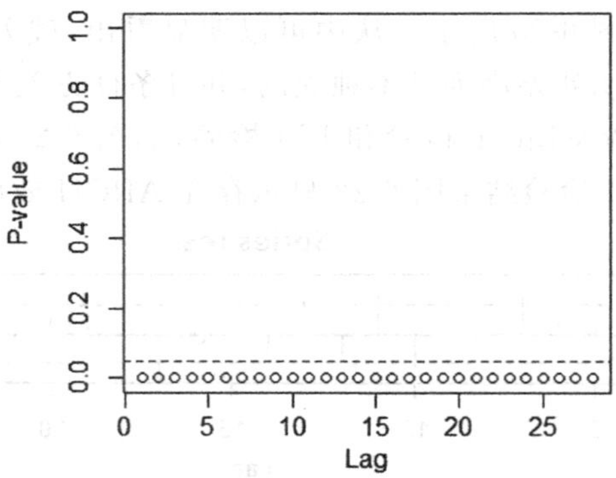

图 6-22　LM 检验结果图

建立 ARMA(2,2)＋GARCH(1,1)模型，这里需要用到 fGarch 包，fGarch 包提供了一系列功能来分析和模拟金融时间序列模型中的异方差模型。图 6-23 为模型拟合代码，图 6-24 为模型拟合结果图。

画出 95％点预测区间的对数收益率的时序图。

```
> > plot(m2)
```

然后输入 3，得到图 6-25。

```
library(fGarch)
m2<-garchFit(~arma(2,2)+garch(1,1),data=rtn,trace=F)
summary(m2)
```

图 6-23　模型拟合代码图

```
> summary(m2)

Title:
 GARCH Modelling

Call:
 garchFit(formula = ~arma(2, 2) + garch(1, 1), data = rtn, trace = F)

Mean and Variance Equation:
 data ~ arma(2, 2) + garch(1, 1)
<environment: 0x000000000ea9d9b8>
 [data = rtn]

Conditional Distribution:
 norm

Coefficient(s):
        mu          ar1          ar2          ma1         ma2
-1.7766e-04   3.6206e-01  -7.6331e-01  -3.7799e-01   7.3530e-01
     omega       alpha1        beta1
 2.4594e-06   5.6210e-02   9.3835e-01
```

图 6-24　模型拟合结果图

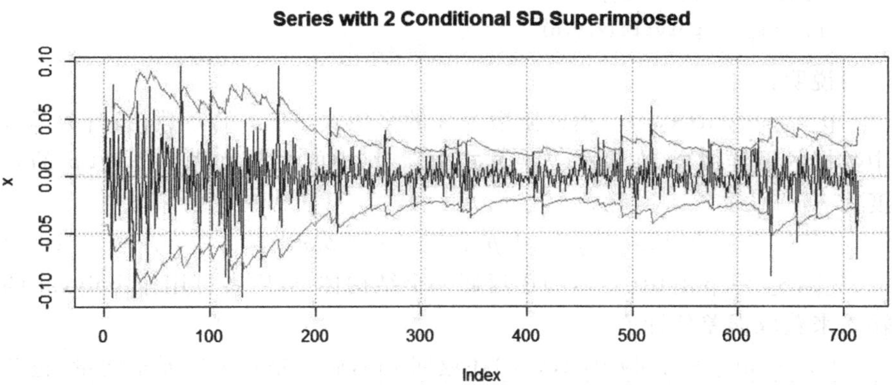

图 6-25　模型预测结果图

6.3　多项式拟合

在对于电力市场预测的方法中，基于针对数据的非线性函数的线性模型是非常常见的，这种方法既可以像线性模型一样高效的运算，又使得模型可以适用于更为广泛的数据上，多项式拟合就是这类算法中最为简单的一个。

从本质上讲，多项式拟合也是一个线性模型，其数学表达式为：

$$y(x,\omega)=\sum_{j=0}^{M}\omega_j x^j \tag{6-6}$$

式中，M 是多项式的最高次数；x^j 代表的是 x 的 j 次幂；ω_j 是 x^j 的系数。

评估拟合结果：通过最小化误差函数（error function）来衡量对于任意给定的 ω 值，函数 $y(x,\omega)$ 与训练集数据的差别。误差函数为：

$$E(\omega)=\frac{1}{2}\sum_{n=1}^{N}\{y(x_n,\omega)-t_n\}^2 \tag{6-7}$$

可以通过选择使得 $E(\omega)$ 尽量小的 ω 来解决曲线拟合问题。由于误差函数是系数 ω 的二次函数，因此它关于系数的导数是 ω 的线性函数，所以误差函数的最小值有一个唯一解，记作 ω^*，可以用解析的方式求出。最终的多项式函数由函数 $y(x,\omega)$ 给出。

在 MATLAB 中拟合多项式使用函数 polyfit。

具体语法命令为：

```
p = polyfit(x,y,n)
[p,S] = polyfit(x,y,n)
[p,S,mu] = polyfit(x,y,n)
```

说明：

p = polyfit(x,y,n)返回阶数为 n 的多项式 $p(x)$ 的系数，该阶数是 y 中数据的最佳拟合(在最小二乘方式中)。p 中的系数按降幂排列，p 的长度为 $n+1$。

$$p(x)=p_1x^n+p_2x^{n-1}+\cdots+p_nx+p_{n+1} \tag{6-8}$$

[p,S] = polyfit(x,y,n)还返回一个结构体 S，后者可用作 polyval 的输入来获取误差估计值。

[p,S,mu] = polyfit(x,y,n)还返回 mu，后者是一个二元素向量，包含中心化值和定标值。mu(1) 是 mean(x)，mu(2) 是 std(x)。使用这些值时，polyfit 将 x 的中心置于零值处并定标为具有单位标准差

$$\hat{x}=\frac{x-\bar{x}}{\sigma_x} \tag{6-9}$$

示例：

这种中心化和定标变换可同时改善多项式和拟合算法的数值属性。

对 5.1.5 中表 5-2 中的电力消费数据进行多项式拟合，如图 6-26～图 6-29 所示。

使用带三个输入的 polyfit 拟合一个使用中心化和定标的 4 次多项式，这将改善问题的数值属性。polyfit 将 x 中的数据以 0 为进行中心化，并定标为具有标准差 1，这可避免在拟合计算中出现病态的 Vandermonde 矩阵。

```
>> %%清空环境变量
>> clear
>> %%导入数据
>> load dxsnh.mat
>> %%产生年份（x）和电力消费（y）数据
>> x=dxsnh(:,1);
>> y=dxsnh(:,2);
>> %%绘制用电量散点图
>> plot(x,y,'ob');
>> legend('用电量');
>> xlabel('年份');
>> ylabel('电力消费/亿千瓦时');
```

图 6-26　用电量散点图代码

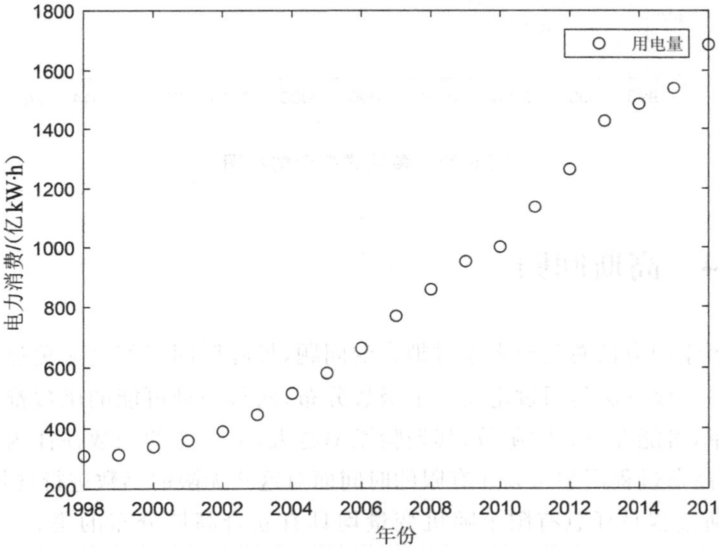

图 6-27　用电量散点图

```
>> %%多项式拟合
>> T=table(x,y);
>> [p,~,mu]=polyfit(T.x,T.y,4);
>> f=polyval(p,x,[],mu);
>> %%作多项式拟合情况图
>> hold on
>> plot(x,f,'-r')
>> hold off
>> %%拟合结果
>> p
p =
   -5.2254   -33.6983   107.7385   512.8013   750.1672
```

图 6-28　多项式拟合 MATLAB 代码

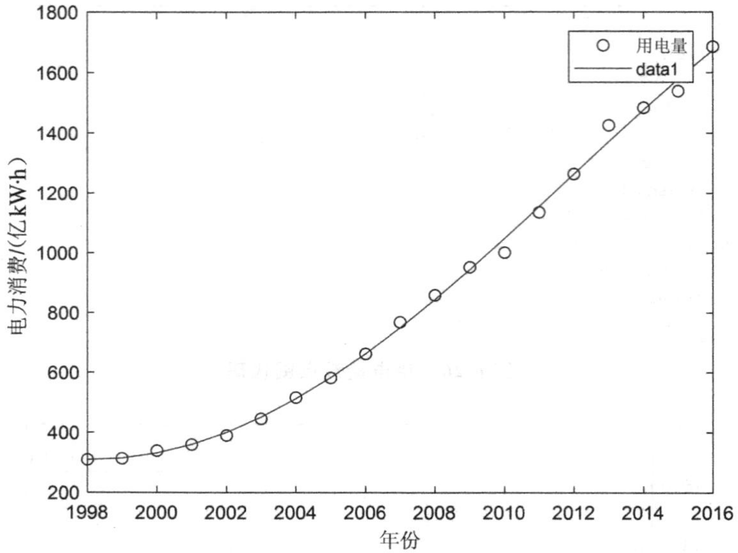

图 6-29　多项式拟合情况图

6.4　高斯回归

机器学习方法总是要考虑过拟合的问题，贝叶斯回归就是避免过拟合的方法之一。该方法是通过定义一个函数分布，而每一种可能的函数都有一个先验概率，可能性越大的函数，其先验概率越大，但可能的函数往往为一个不可数集，高斯过程回归可以在有限的时间面对这些无限的函数进行选择。

高斯过程是任意有限个随机变量均具有联合高斯分布的集合，如果一个随机过程的变量的随机分布满足高斯分布，则这个随机过程就是高斯过程，其性质完全由均值函数和协方差函数确定。均值函数和协方差函数为

$$\begin{cases} m(x)=E[f(x)] \\ k(x,x')=E[(f(x)-m(x))(f(x')-m(x'))] \end{cases} \tag{6-10}$$

$x,x'\in R^d$ 为任意随机变量。因此高斯过程可以定义为

$$f(x)\sim GP(m(x),k(x,x')) \tag{6-11}$$

回归模型如下：

$$y=f(x)+\varepsilon \tag{6-12}$$

式中，x 为输入向量；f 为函数值；y 为受加性噪声污染的观测值。假设噪声服从 $\varepsilon\sim N(0,\sigma_n^2)$，可以得到观测值 y 的先验分布为：$y\sim N(0,K(X,X)+\sigma_n^2 I_n)$。

观测值 y 与预测值 f_* 的联合先验分布为：

$$\begin{bmatrix} y \\ f_* \end{bmatrix} \sim N\left(0, \begin{bmatrix} K(X,X)+\sigma_n^2 I_n & K(X,x) \\ K(x_*,X) & k(x_*,x_*) \end{bmatrix}\right) \tag{6-13}$$

式中，$K(X,X)=K_n=(k_{ij})$ 为 $n*n$ 阶对称正定的协方差矩阵，矩阵元素 $k_{ij}=k(x_i,x_j)$ 表示 x_i,x_j 之间的相关性；$K(X,x_*)=K(x_*,X)^{\mathrm{T}}$ 为测试向量 x_* 与训练集输入 X 之间的 $n*1$ 阶协方差矩阵；$k(x_*,x_*)$ 为测试点自身的协方差；I_n 为 n 维单位矩阵。

由此可以计算预测值 f_* 的后验分布：

$$f_* \mid X,y,x_* \sim N(\overline{f_*},\mathrm{cov}(f_*)) \tag{6-14}$$

其中

$$\overline{f_*}=K(x_*,X)[K(X,X)+\sigma_n^2 I_n]^{-1}y \tag{6-15}$$

$$\mathrm{cov}(f_*)=k(x_*,x_*)-K(x_*,X)\cdot[K(X,X)+\sigma_n^2 I_n]^{-1}K(X,x_*) \tag{6-16}$$

$\overline{f_*}$，$\mathrm{cov}(f_*)$ 即为测试点 x_* 的预测值的均值和方差。

高斯回归过程可以选择不同的协方差函数，常用的协方差函数是平方指数协方差：

$$k(x,x')=\sigma_f^2\exp\left[-\frac{1}{2}(x-x')^{\mathrm{T}}M^{-1}(x-x')\right] \tag{6-17}$$

式中，$M=diag(l^2)$；l 为方差尺度；σ_f^2 为信号方差。参数集合 $\theta=\{M,\sigma_f^2,\sigma_n^2\}$ 为超参数，一般通过极大似然法求得。首先建立训练样本条件概率的负对数似然函数：

$$L(\theta)=-\lg p(y \mid X,\theta) \tag{6-18}$$

对 $L(\theta)$ 求偏导数，然后采用共轭梯度法、牛顿法等优化方法对偏导数进行最小化得到超参数的最优解。这里负对数似然函数 $L(\theta)$ 的形式为：

$$L(\theta)=\frac{1}{2}y^{\mathrm{T}}C^{-1}y+\frac{1}{2}\lg|C|+\frac{n}{2}\lg 2\pi \tag{6-19}$$

其偏导数为

$$\frac{\partial L(\theta)}{\partial \theta_i}=\frac{1}{2}tr\left[(\alpha\alpha^{\mathrm{T}}-C^{-1})\frac{\partial C}{\partial \theta_i}\right] \tag{6-20}$$

其中，$C=K_n+\sigma_n^2 I_n$；$\alpha=(K+\sigma_n^2 I_n)^{-1}y=C^{-1}y$。

Python 中的 sklearn 库有高斯过程回归模块，可以用 sklearn. gaussian_process. GaussianProcessRegressor 对数据建立高斯回归模型。创建一个年份、地区、房价的数据集，并对数据集进行建模。

以下是 python 代码：

首先导入模块，录入数据，如图 6-30 所示。

对数据进行高斯过程回归模型建模，如图 6-31 所示。

```
import matplotlib.pyplot as plt
import scipy
import numpy as np
import matplotlib.pyplot as plt
from sklearn.gaussian_process import GaussianProcessRegressor
from sklearn.gaussian_process.kernels import RBF, ConstantKernel as C
from mpl_toolkits.mplot3d import Axes3D

test = np.array([[2004,98.31]])
data = np.array([
    [2001,100.83,410],[2005,90.9,500],[2007,130.03,550],[2004,78.88,410],[2006,74.22,460],
    [2005,90.4,497],[1983,64.59,370],[2000,164.06,610],[2003,147.5,560],[2003,58.51,408],
    [1999,95.11,565],[2000,85.57,430],[1995,66.44,378],[2003,94.27,498],[2007,125.1,760],
    [2006,111.2,730],[2008,88.99,430],[2005,92.13,506],[2008,101.35,405],[2000,158.9,615]])
```

图 6-30 导入模块与数据录入代码图

```
kernel = C(0.1, (0.001,0.1))*RBF(0.5,(1e-4,10))
reg = GaussianProcessRegressor(kernel=kernel,n_restarts_optimizer=10,alpha=0.1)
reg.fit(data[:,:-1], data[:,-1])
x_min, x_max = data[:, 0].min() - 1, data[:, 0].max() + 1
y_min, y_max = data[:, 1].min() - 1, data[:, 1].max() + 1
xset, yset = np.meshgrid(np.arange(x_min, x_max, 0.5), np.arange(y_min, y_max, 0.5))
output,err = reg.predict(np.c_[xset.ravel(), yset.ravel()],return_std=True)
output,err = output.reshape(xset.shape),err.reshape(xset.shape)
sigma = np.sum(reg.predict(data[:,:-1], return_std=True)[1])
up,down = output*(1+1.96*err), output*(1-1.96*err)
```

图 6-31 高斯过程建模代码图

绘制图形，图 6-32 为绘图代码，图 6-33、图 6-34 为建模结果。

```
fig = plt.figure(figsize=(10.5,5))
ax1 = fig.add_subplot(121, projection='3d')
surf = ax1.plot_wireframe(xset,yset,output, rstride=10, cstride=2, antialiased=True)
surf_u = ax1.plot_wireframe(xset,yset,up,colors='lightgreen',linewidths=1,
                            rstride=10, cstride=2, antialiased=True)
surf_d = ax1.plot_wireframe(xset,yset,down,colors='lightgreen',linewidths=1,
                            rstride=10, cstride=2, antialiased=True)
ax1.scatter(data[:,0],data[:,1],data[:,2],c='red')
ax1.set_title('House Price at (2004, 98.31): {0:.2f}$*10^4$ RMB'.format(reg.predict(test)[0]))
ax1.set_xlabel('Year')
ax1.set_ylabel('Area, $m^2$')
ax1.set_zlabel('Price,$10^4$ RMB')

ax = fig.add_subplot(122)
s = ax.scatter(data[:,0],data[:,1],c=data[:,2],cmap=plt.cm.viridis)
# ax.contour(xset,yset,output)
im = ax.imshow(output, interpolation='bilinear', origin='lower',
               extent=(x_min, x_max-1, y_min, y_max), aspect='auto')
plt.colorbar(s,ax=ax)
ax.set_title('House Price,$10^4$ RMB')
ax.hlines(test[0,1],x_min, x_max-1)
ax.vlines(test[0,0],y_min, y_max)
ax.text(test[0,0],test[0,1],'{0:.2f}$*10^4$ RMB'.format(reg.predict(test)[0]),ha='left',va='bottom',color='k',size=11,
        rotation=90)
ax.set_xlabel('Year')
ax.set_ylabel('Area, $m^2$')
plt.subplots_adjust(left=0.05, top=0.95, right=0.95)
plt.show()
```

图 6-32 绘图代码

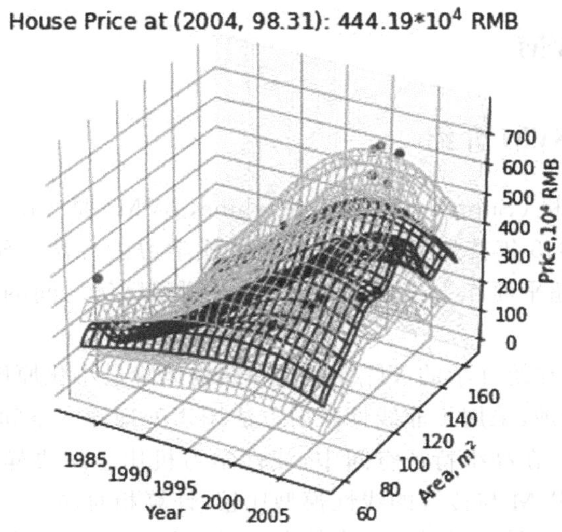

图 6-33　建模结果图 1

注释：图中绿色网格面为置信度为 95%的上下界面，蓝色网格为回归面

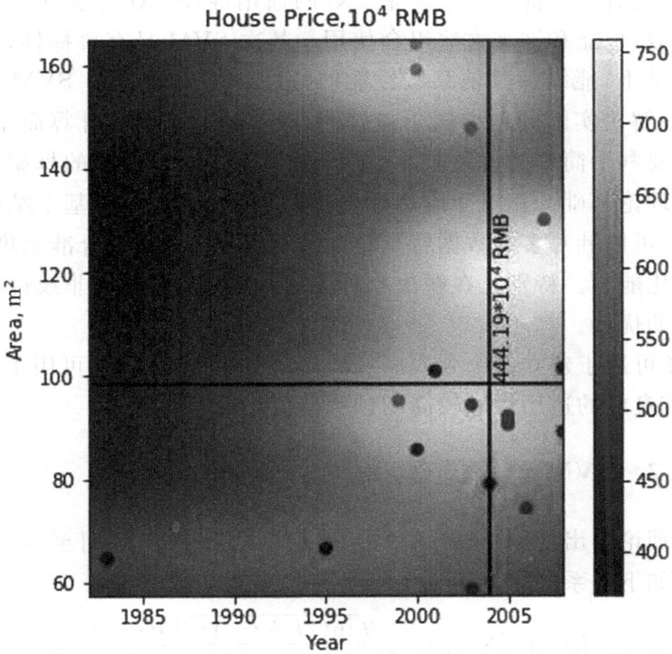

图 6-34　建模结果图 2

6.5 SVM

6.5.1 SVM 介绍

支持向量机(Support Vector Machine,SVM)是 Corinna Cortes 和 Vapnik 等于 1995 年首先提出的一种监督式学习的方法。SVM 的主要思想是建立一个超平面作为决策曲面,使得正例和反例之间的隔离边缘被最大化。

SVM 建立在统计学的 VC 维理论和结构风险最小化原则的基础上,按照 Mercer 核定理,采用了非线性映射方法用于处理样本空间并将其映射到高维特征空间。在高维特征空间中,线性学习机用于解决样本空间的非线性分类问题。SVM 与传统的线性模型比较,计算相对简单。支持向量通常被指定为与超平面最近的样本,支持向量子空间包涵了不同的模式样本,满足了最优超平面离其最近的样本到其距离最大。该对应模型被称为支持向量机模型。

SVM 具有很多优点。首先是良好的通用性,SVM 能够在各种函数集中构造函数,也能和许多方法组合使用。其次 SVM 具有鲁棒性,模型在一定参数摄动下,能维持其他某些性能的特性,不需要微调。SVM 还具有有效性,它在解决实际问题中属于最好的方法之一。SVM 计算简单,方法的实现只需要利用简单的优化技术,同时基于 VC 推广理论的框架,SVM 具有完善的理论基础。相对于应用较为广泛的 ANN,SVM 基于结构风险最小化原则,可以针对多维数据特征向量进行有效求解,拟合准确度高,具有良好的泛化能力。特别是在解决小样本、高维模式分类和非线性回归中表现出特有的优势。

SVM 可用于建立一个令人满意的短期负荷预测模型,可用于预测短期负荷,具有良好的适用性和较高的预测精度。

6.5.2 SVM 计算原理

统计理论指出,经验风险 $R_e(f)$ 和期望风险 $R(f)$ 之间至少以 $1-\delta$ 的概率满足如下关系:

$$R(f) \leqslant R_e(f) + \sqrt{\frac{h\ln(2l/h)+1-\ln(\delta/4)}{l}} \tag{6-21}$$

式中:l 为样本数;h 为函数集的 VC 维。

由式(6-21)不难看出,期望风险不仅与经验风险有关,而且与 VC 维和学习样本数有关。在样本数一定的条件下，要最小化期望风险就必须同时最小化经验风险和 VC 维，即最小化结构风险。

SVM 通过非线性映射 $\varphi(\cdot)$将输入向量映射到高维特征空间 H 中，运用结构风险最小化原则构造最优决策函数，并巧妙地用原空间的核函数取代高维特征空间中的点积运算。SVM 在高维空间 H 中构造最优的回归函数为

$$f(x)=\boldsymbol{w}\cdot\varphi(x)+b \tag{6-22}$$

式中：$\boldsymbol{w}$ 为权值向量，$\boldsymbol{w}\in R^k$；b 为截距，$b\in R$。

目前，用于回归分析的 SVM 主要有 ε-SVR 和 v-SVR。两者算法大同小异，本章以 v-SVR 予以说明。v-SVR 将回归分析问题转化为求解以下优化问题：

$$\min_{w,\xi,\xi_i^-,\xi_i^+}\frac{1}{2}\boldsymbol{w}^{\mathrm{T}}\boldsymbol{w}+C\left[v\varepsilon+\frac{1}{l}\sum_{i=1}^{l}(\xi_i^-+\xi_i^+)\right] \tag{6-23}$$

$$\text{subject to}\begin{cases}y^i-f(\boldsymbol{x}^i)\leqslant\varepsilon+\xi_i^-\\ f(\boldsymbol{x}^i)-y^-\geqslant\varepsilon+\xi_i^+\\ \xi_i^-,\xi_i^+\geqslant 0\quad i=1,\cdots,l\end{cases}$$

式中，C 为惩罚因子，用来平衡最大分类边界和最小训练误差；v 为控制支持向量机的个数；ε 为不敏感损失函数；ξ_i^-、ξ_i^+ 为控制输出上下界的松弛变量。

该二次规划问题对偶问题为

$$\min_{\alpha,\alpha^*}\frac{1}{2}(\boldsymbol{\alpha}-\boldsymbol{\alpha}^*)^{\mathrm{T}}\boldsymbol{Q}(\boldsymbol{\alpha}-\boldsymbol{\alpha}^*)+\boldsymbol{y}^{\mathrm{T}}(\boldsymbol{\alpha}-\boldsymbol{\alpha}^*) \tag{6-24}$$

$$\text{subject to}\begin{cases}\boldsymbol{e}^{\mathrm{T}}(\boldsymbol{\alpha}-\boldsymbol{\alpha}^*)=0\\ \boldsymbol{e}^{\mathrm{T}}(\boldsymbol{\alpha}+\boldsymbol{\alpha}^*)\leqslant Cv\\ 0\leqslant\boldsymbol{\alpha}_i,\boldsymbol{\alpha}_i^*\leqslant C/l\quad i=1,\cdots,l\end{cases}$$

式中，$\boldsymbol{Q}_{ij}=\boldsymbol{K}(\boldsymbol{x}_i,\boldsymbol{x}_j)\equiv\varphi(\boldsymbol{x}_i)^{\mathrm{T}}\varphi(\boldsymbol{x}_j)$；$\boldsymbol{\alpha}=[\alpha_1\ \alpha_2\ \cdots\alpha_l]$，$\boldsymbol{\alpha}^*=[\alpha_1^*\ \alpha_2^*\ \cdots\alpha_l^*]$；$\boldsymbol{e}=[1\ 1\ \cdots 1]$；$K$ 为核函数；$\varphi(\cdot)$为输入向量在高维空间上的映射函数；α_i、α_i^* 为为拉格朗日乘数。

逼近回归函数为

$$f(\boldsymbol{x})=\sum_{i=1}^{l}(-\alpha_i+\alpha_i^*)K(\boldsymbol{x}_i,\boldsymbol{x})+b \tag{6-25}$$

6.5.3　SVM 工具箱

SVM 工具箱的种类有很多，公认的最好用的是台湾大学林智仁先生编写的 LIBSVM 工具箱。虽然 MATLAB 自带的应用程序也可以进行支持

向量机分类以及回归，但其中某些参数是固定的，不能调整。而 LIBSVM 可以进行更多的参数调整。同时，LIBSVM 的模型相比 MATLAB 自带的工具箱要更加丰富。

6.5.3.1 LIBSVM 的安装

本文安装的环境和相应的软件有：Win10-64-bit，mingw. mlpkginstall，LIBSVM，MATLAB2017b。

下载地址为：http://www. csie. ntu. edu. tw/～cjlin/libsvm/，找到 Download LIBSVM 下载最新的 libsvm-3. 22 工具箱如图 6-35 所示。

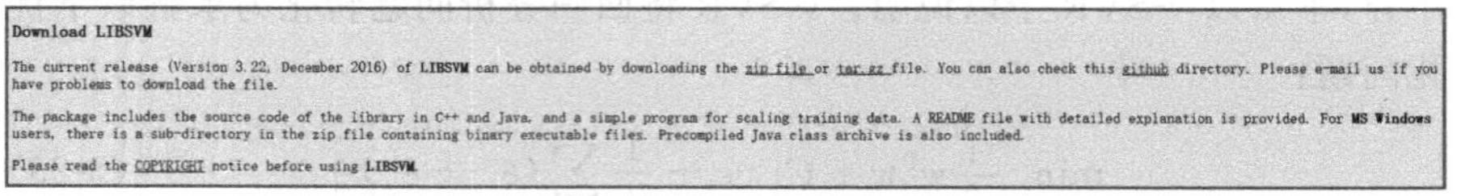

图 6-35 LIBSVM 工具箱下载界面

下载后解压：得到 libsvm-3. 22 文件夹，添加此文件夹并包含子文件夹到 MATLAB 的路径中，如图 6-36 所示。

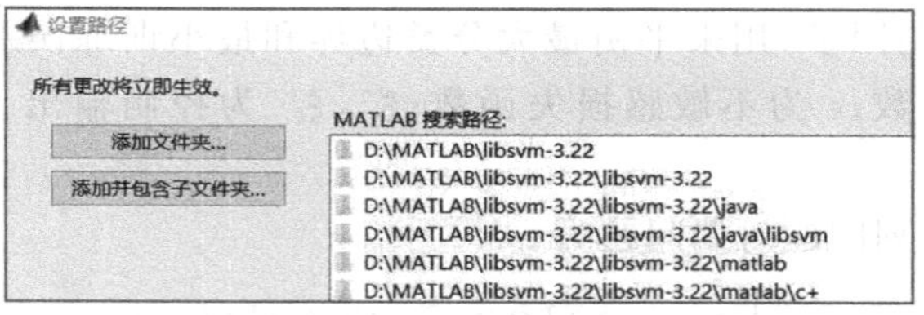

图 6-36 添加路径

将工作目录设置为 LIBSVM 中的 MATLAB 子目录，确认是否存在 make. m 文件，无误后，在命令中执行 make 命令，得到图 6-37，则成功安装工具箱。

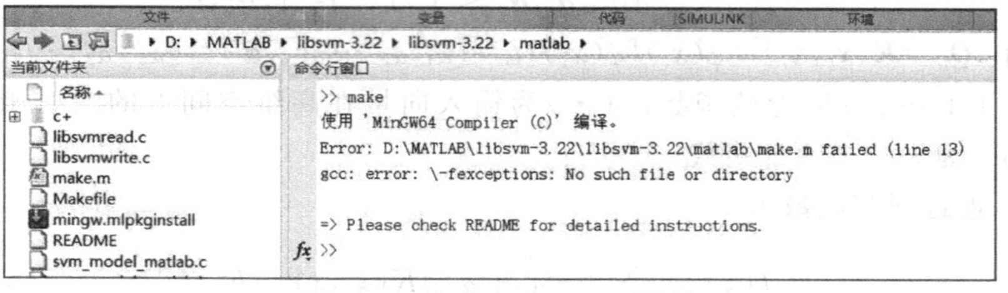

图 6-37 安装 LIBSVM 工具箱

如果使用 make 命令，MATLAB 可能会提示未找到编译器。这是因为 LIBSVM 最早是基于 C 语言编写的，不需要额外安装编译器。为了在 MATLAB 安装和运行该软件包，需要在电脑上安装编译器。

如果电脑中还没有安装编译器，可以选择安装 Visual Studio 系列编译器，或者使用 MATLAB 官方推荐的 MinGW-w64 C/C++ 编译器。这款编译器可免费下载，也足够满足使用 LIBSVM 的要求。

MinGW 编译器下载地址：http://www.mathworks.com/support/compilers/。在该网址中可以下载一个 mingw.mlpkginstall 文件。在 MATLAB 中打开 mingw.mlpkginstall 文件，如图 6-38 所示，再按照文件提示进行 MinGW 的安装，如图 6-39 所示。

图 6-38　MATLAB 中 mingw 文件

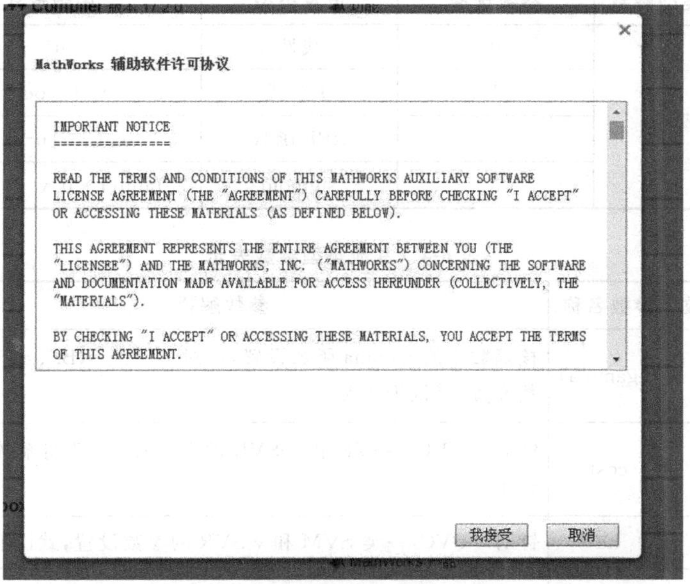

图 6-39　辅助软件许可协议

在编译器安装过程中可能会出现第三方软件包不能下载的问题，可以尝试关掉防火墙再进行下载安装。完成编译器的安装后，就可以执行 make 命令，使用 LIBSVM 工具箱了。

6.5.3.2　LIBSVM 使用说明

1. 参数说明

表 6-2～表 6-4 分别为 SVM 类型参数表示、核函数类型参数表示和其

他类型参数表示。

表 6-2　SVM 类型参数表示

SVM 类型参数	参数选择	SVM 设置类型	功能
-s	0	C-SVC	分类
	1	v-SVC	分类
	2	一类 SVM	分类
	3	e-SVR	回归
	4	v-SVR	回归

表 6-3　核函数类型参数表示

核函数类型参数	参数选择	设置类型	函数形式
-t	0	线性	u'v
	1	多项式	(r * u'v + coef0)^degree
	2	RBF 函数	exp(-r|u-v|^2)
	3	sigmoid	tanh(r * u'v + coef0)

表 6-4　其他类型参数表示

其他参数	参数名称	参数解释
-g	r(gamma)	核函数中的 gamma 函数设置，针对多项式、RBF、sigmoid 核函数设置，默认为 1/k。
-c	cost	针对 C-SVC，e-SVR 和 v-SVR 的参数设置，惩罚系数，默认值为 1。
-n	nu	针对 v-SVC，一类 SVM 和 v-SVR 的参数设置，默认值为 0.5。
-p	p	针对 e-SVR 中损失函数 p 的值，默认值为 0.1。
-d	degree	针对多项式核函数中的 degree 设置，默认值为 3。
-wi	weight	设置第几类的参数 C 为 weight * C(C-SVC 中的 C)，默认值为 1。
-v	n	n-fold 交互检验模式，n 为 fold 的个数，必须大于等于 2。

2. 模型训练

语法命令：

```
> > model =  libsvmtrain(training_label_vector, training_instance_ma-
trix ,[ 'libsvm_options']);
```

这个函数有三个参数，其中：

(1)-training_label_vector：训练样本的类标，如果有 m 个样本，就是 $m\times1$ 的矩阵(类型必须为 double)。这里可以是二分类和多分类，类标是(－1,1)、(1,2,3)或者其他任意用来表示不同的类别的数字，要转成 double 类型。

(2)-training_instance_matrix：训练样本的特征，如果有 m 个样本，每个样本特征是 n 维，则为 $m\times n$ 的矩阵(类型必须为 double)。

(3)-libsvm_options：训练的参数。libsvmtrain 函数返回训练好的 SVM 分类器模型 model 是一个结构体，包含以下参数：

-Parameters：一个 5×1 的矩阵，从上到下依次表示：

- -s SVM 类型(默认 0)；
- -t 核函数类型(默认 2)；
- -d 核函数中的 degree 设置(针对多项式核函数)(默认 3)；
- -g 核函数中的 r(gamma)函数设置(针对多项式/rbf/sigmoid 核函数)；
- -r 核函数中的 coef 设置(针对多项式/sigmoid 核函数)(默认 0)。

其他返还参数解释：

- -nr_class：表示数据集中有多少类别，比如二分类时这个值即为 2。
- -totalSV：表示支持向量的总数。
- -rho：决策函数 wx＋b 中的常数项的相反数(－b)。
- -Label：表示数据集中类别的标签，比如二分类常见的 1 和－1。
- -ProbA：使用－b 参数时用于概率估计的数值，否则为空。
- -ProbB：使用－b 参数时用于概率估计的数值，否则为空。
- -nSV：表示每类样本的支持向量的数目，和 Label 的类别标签对应。如 Label＝[1;－1]，nSV＝[33; 76]，则标签为 1 的样本有 33 个支持向量，标签为－1 的有 76 个。
- -sv_coef：表示每个支持向量在决策函数中的系数。
- -SVs：表示所有的支持向量，如果特征是 n 维的，支持向量一共有 m 个，则为 $m\times n$ 的稀疏矩阵。

另外,如果在训练中使用了-v参数进行交叉验证时,返回的不是一个模型,而是交叉验证的分类的正确率或者回归的均方根误差。当构建完成模型后,还要为上述参数选择合适的值,方法主要有Gridsearch等。

3. 仿真预测

```
> > [predicted_label, accuracy, decision_values/prob_estimates] = svm-
predict(test_label, test_matrix, model);
```

(1)-test_label:测试样本的类标,如果有 m 个样本,就是 $m\times 1$ 的矩阵(类型必须为double)。这里可以是二分类和多分类,类标是(−1,1)、(1,2,3)或者其他任意用来表示不同的类别的数字,要转成double类型。

(2)-testmatrix:测试样本的特征,如果有 m 个样本,每个样本特征是 n 维,则为 $m\times n$ 的矩阵(类型必须为double)。

(3)-model:用支持向量机训练得到的模型。

6.5.4 实例分析

我们用某地区的历史负荷数据和气象数据建立SVM模型进行预测,其原始数据见附页。

6.5.4.1 使用LIBSVM工具箱进行预测

1. 处理数据

清空命令窗口和工作区后导入总样本数据,如图6-40和图6-41所示。

随机打乱原始样本,按8∶2比例产生训练集tr和测试集te,并且分别产生训练集和测试集的label_vector,instance_matrix,如图6-42所示。

2. SVM模型创建和训练

使用SVM进行负荷预测,我们选择的SVM类型和核函数类型分别是e-SVR和RBF函数,所以设置参数-s为3,-t为2。对于c参数和g参数,可以用以下代码找寻最佳c参数bestc和最佳g参数bestg,如图6-43所示。

可以在工作区看到最佳c和最佳g的值分别为512和9.765625000000000e-04,然后创建和训练SVM模型,如图6-44所示。

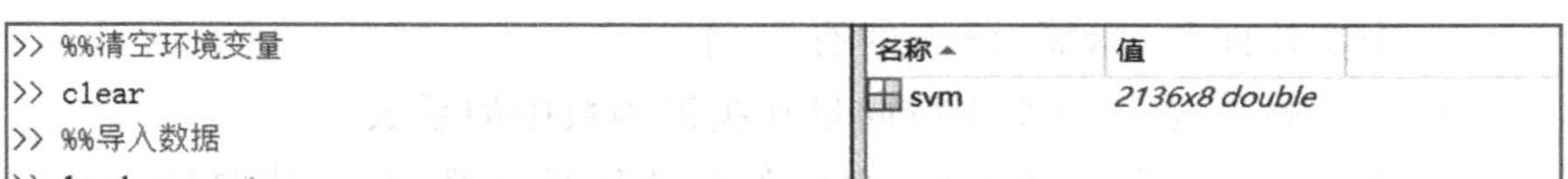

图6-40 导入数据

变量 - svm

svm

2136x8 double

	1	2	3	4	5	6	7	8	9	10
1	NaN	2.5255e+...	2.6814e+...	0	544	19.9000	26.2000	17.4000		
2	NaN	2.5042e+...	2.6116e+...	0	568	19.8000	25.6000	17		
3	NaN	2495	2.5823e+...	0	548	19.7000	25.3000	16.6000		
4	NaN	2.5312e+...	2.5627e+...	0	577	19.5000	25	16.5000		
5	NaN	2.5862e+...	2.5866e+...	0	568	19.3000	24.6000	15.9000		
6	NaN	2757	2.6556e+...	0	572	19.1000	24.5000	15.5000		
7	NaN	3.0056e+...	2.7718e+...	0	567	18.9000	24.1000	15		
8	NaN	3.0835e+...	2.8261e+...	0	587	18.9000	24	14.9000		
9	NaN	2.9732e+...	2.8587e+...	0	579	19.5000	25	15.9000		
10	NaN	2.8082e+...	2.8038e+...	0	579	20.3000	26.7000	17.4000		
11	NaN	2.6628e+...	2.7348e+...	0	551	20.9000	28.4000	19.4000		
12	NaN	2.5502e+...	2.6601e+...	0	547	21.3000	30	21.3000		
13	NaN	2.4799e+...	2.5961e+...	0	548	21.5000	31.3000	22.8000		
14	NaN	2.4093e+...	2.5102e+...	0	528	21.7000	32.2000	23.6000		
15	NaN	2.3613e+...	2.4316e+...	0	520	21.8000	32.6000	24.2000		
16	NaN	2.3791e+...	2.4314e+...	0	551	21.8000	32.6000	24.1000		
17	NaN	2.4256e+...	2.4914e+...	0	531	21.7000	32	23.6000		
18	NaN	2.6739e+...	2.7681e+...	0	518	21.5000	30.5000	22.1000		
19	NaN	2.8423e+...	2.9338e+...	0	540	21.3000	29.2000	21.1000		
20	NaN	2.8737e+...	2.9514e+...	0	549	21.1000	28.5000	20.3000		
21	NaN	2.8387e+...	2.9320e+...	0	526	20.8000	28	19.7000		

图 6-41　总样本数据

命令行窗口

```
>> %%随机产生训练集和测试集
>> a=randperm(2136);
>> tr=svm(a(1:1709),:);
>> te=svm(a(1710:end),:);
>> %%将训练集分割为预测因子部分和响应变量部分
>> tr_label_vector=tr(:,2);
>> tr_instance_matrix =tr(:,3:end);
>> %%将测试集分割为预测因子部分和响应变量部分
>> te_label_vector=te(:,2);
>> te_instance_matrix =te(:,3:end);
```

工作区

名称	值
a	1x2136 double
svm	2136x8 double
te	427x8 double
te_instance_...	427x6 double
te_label_vec...	427x1 double
tr	1709x8 double
tr_instance_...	1709x6 double
tr_label_vec...	1709x1 double

图 6-42　分割原始样本

```
>> %%寻找最佳c和g参数
>> [c,g] = meshgrid(-10:0.5:10,-10:0.5:10);
>> [m,n] = size(c);
>> cg = zeros(m,n);
>> eps = 10^(-4);
>> v = 5;
>> bestc = 0;
>> bestg = 0;
>> error = Inf;
>> for i = 1:m
    for j = 1:n
        cmd = ['-v ',num2str(v),' -t 2',' -c ',num2str(2^c(i,j)),' -g ',num2str(2^g(i,j) ),' -s 3 -p 0.1'];
        cg(i,j) = svmtrain(tr_label_vector, tr_instance_matrix,cmd);
        if cg(i,j) < error
            error = cg(i,j);
            bestc = 2^c(i,j);
            bestg = 2^g(i,j);
        end
        if abs(cg(i,j) - error) <= eps && bestc > 2^c(i,j)
            error = cg(i,j);
            bestc = 2^c(i,j);
            bestg = 2^g(i,j);
        end
    end
end
```

图 6-43　寻找最佳 c 和 g 的代码

```
>> model = svmtrain(tr_label_vector, tr_instance_matrix, '-s 3 -t 2 -c 512 -g 9.765625000000000e-04 -p 0.01');
.........*...*..*
optimization finished, #iter = 14064
nu = 0.855851
obj = -85109542.946332, rho = -2001.654917
nSV = 1709, nBSV = 1221
```

图 6-44　在 LIBSVM 中创建和训练 SVM 模型

3. SVM 仿真测试

将训练好的模型 model 代入 svmpredict 进行仿真测试，如图 6-45 所示。能得到 SVM 在测试集上的预测值 predict_label 与真实值的均方误差 27339.4 和平方相关系数 0.831711。

```
>> [predict_label, accuracy, dec_values] = svmpredict(te_label_vector, te_instance_matrix, model);
Mean squared error = 27339.4 (regression)
Squared correlation coefficient = 0.831711 (regression)
```

图 6-45　LIBSVM 中 SVM 预测模型仿真测试

4. 作图

用 MATLAB 作图如图 6-46 所示，比较预测值和真实值的误差，如图 6-47 所示。

```
>> %%将真实值与SVM预测值作图比较
>> x1=1:1:427;
>> x2=1:1:427;
>> plot(x1, te_label_vector, '-r', x2, predict_label, '-b');
>> xlabel('样本');
>> ylabel('负荷/MW-hour');
>> legend('真实值', '预测值');
```

图 6-46　SVM 预测误差绘图 MATLAB 代码

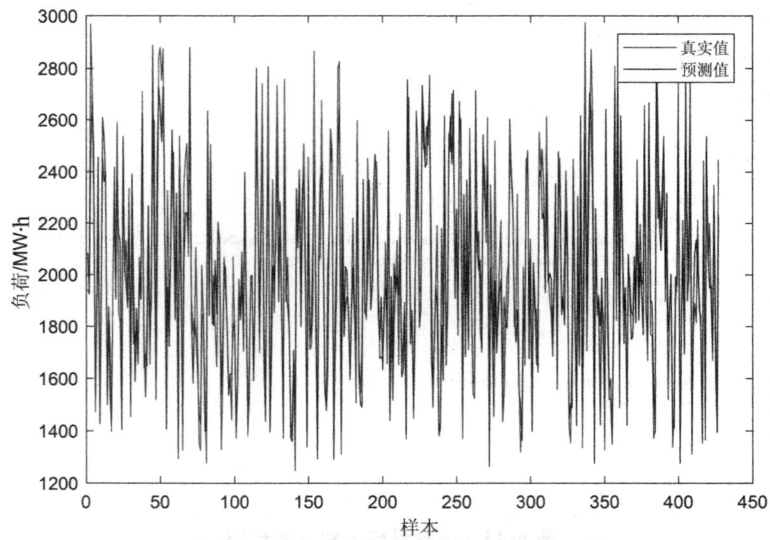

图 6-47　某地区实际负荷和预测负荷比较图

6.5.4.2　使用 MATLAB 自带 SVM 应用程序进行预测

1. 处理数据

清空命令窗口和工作区后导入总样本数据，如图 6-48 所示。

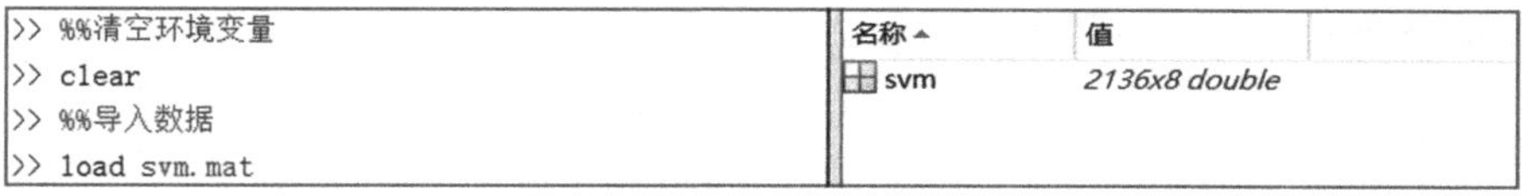

图 6-48　导入数据

随机打乱原始样本，按 8∶2 比例产生训练集 tr 和测试集 te，将测试集分为预测因子 tex 和真实结果 tey，如图 6-49 所示。

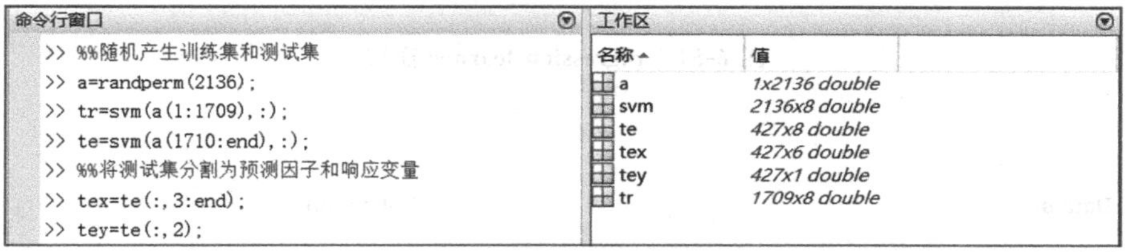

图 6-49　分割原始样本

2. SVM 模型创建和训练

在 MATLAB 窗口的 APP 功能栏里找到 regression learner，单击进入，如图 6-50 所示。

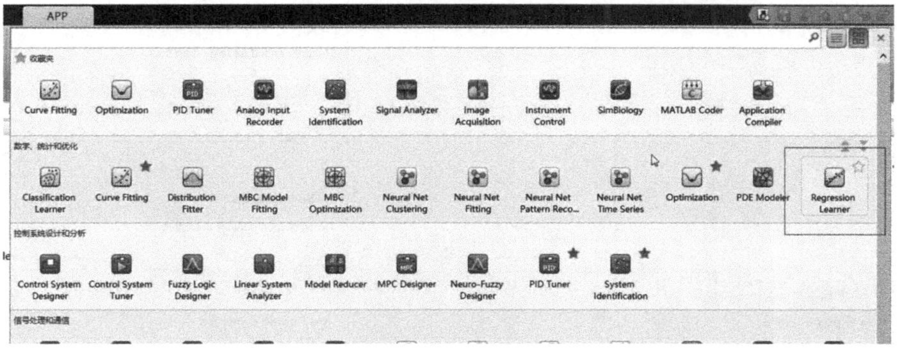

图 6-50　APP 界面

得到一个 regression learner 的窗口，单击左上角加号按钮，如图 6-51 所示。

能够得到一个新的窗口。需要在 workspace variable 处选择训练集 tr，在 response 处选择训练集的响应变量，也就是训练集上的历史负荷，如图 6-52 所示。

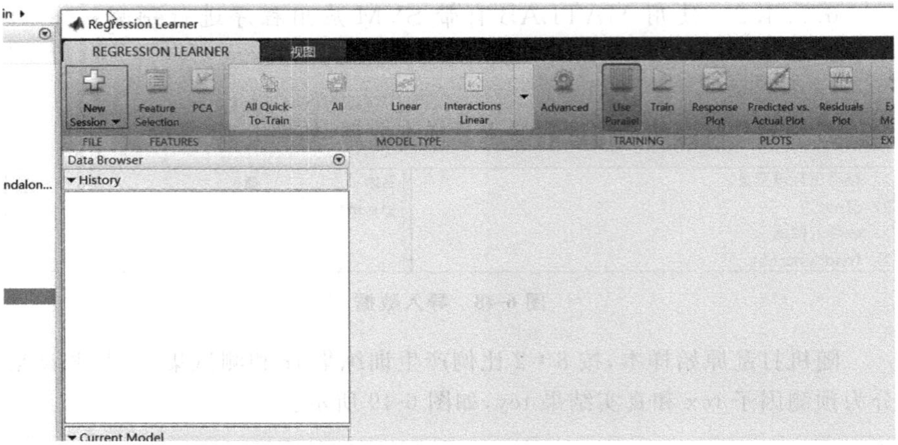

图 6-51　regression learner 窗口

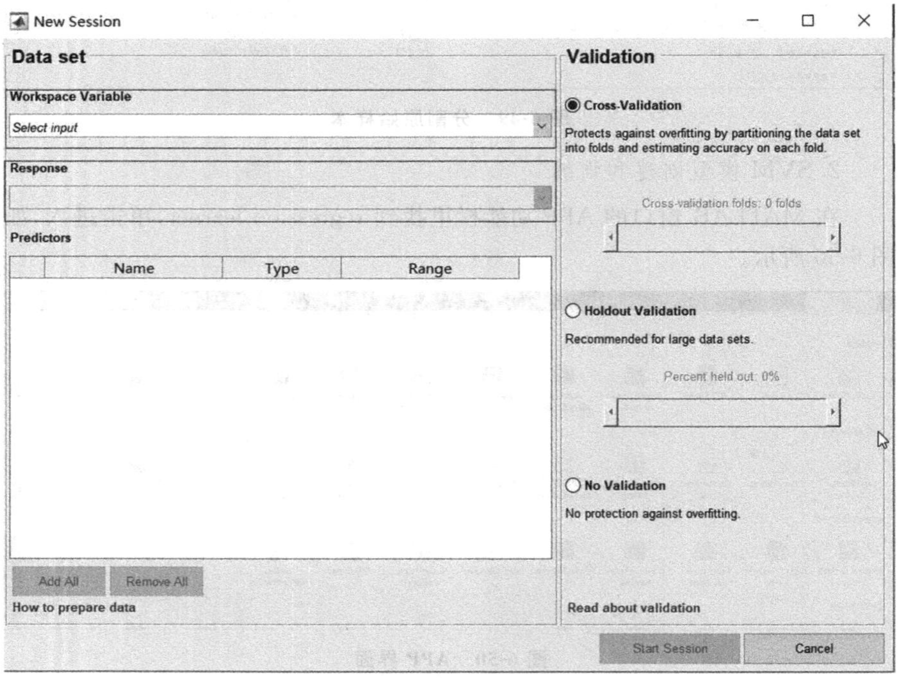

图 6-52　SVM 模型选择相应变量

在 validation 功能区，选择交叉验证 cross-validation，设置为 5 folds，最后单击右下方 start session，如图 6-53 所示。

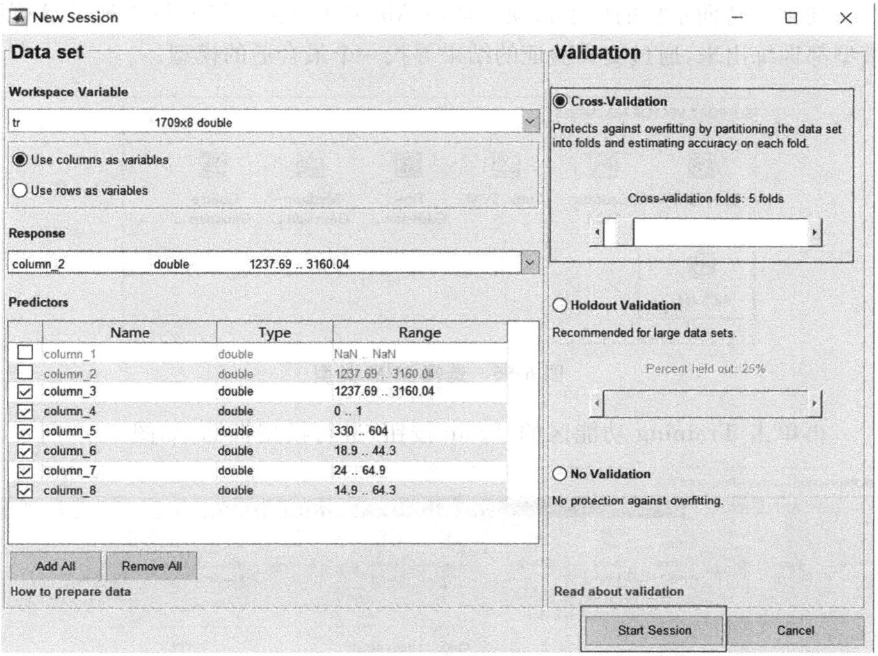

图 6-53　SVM 模型选择交叉验证

已经将数据导入 regression learner，接下来将开始训练 SVM 预测模型。在模型类型区点开倒三角形状的菜单栏，如图 6-54 所示。

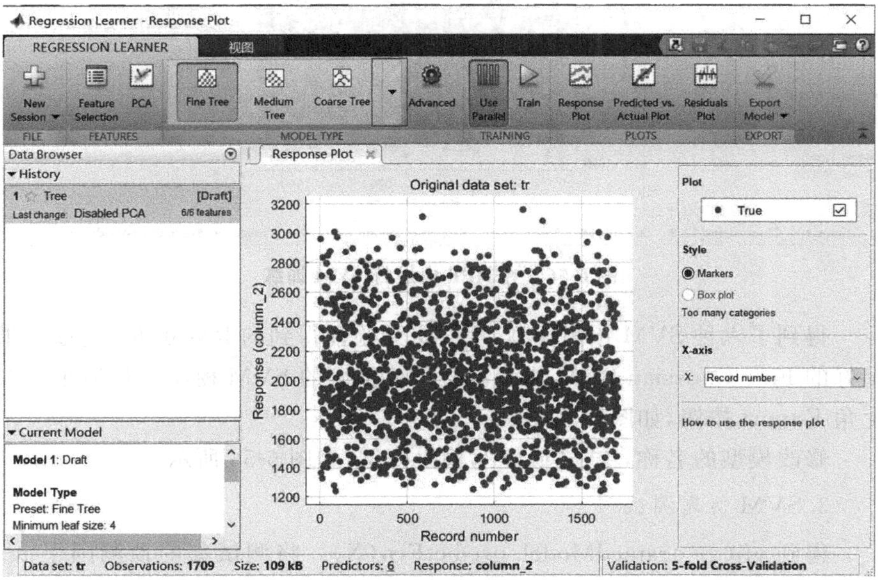

图 6-54　regression learner 窗口

找到支持向量机的模型选项。选择 All SVMs(图 6-55),将六种 SVM 的模型都训练出来,通过交叉验证的结果寻找一个最合适的模型。

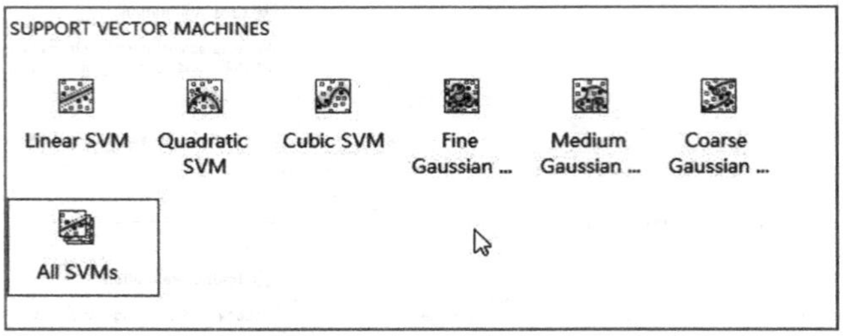

图 6-55　选择 SVM 类型

再单击 Training 功能区的 Train 按钮,进行模型训练,如图 6-56 所示。

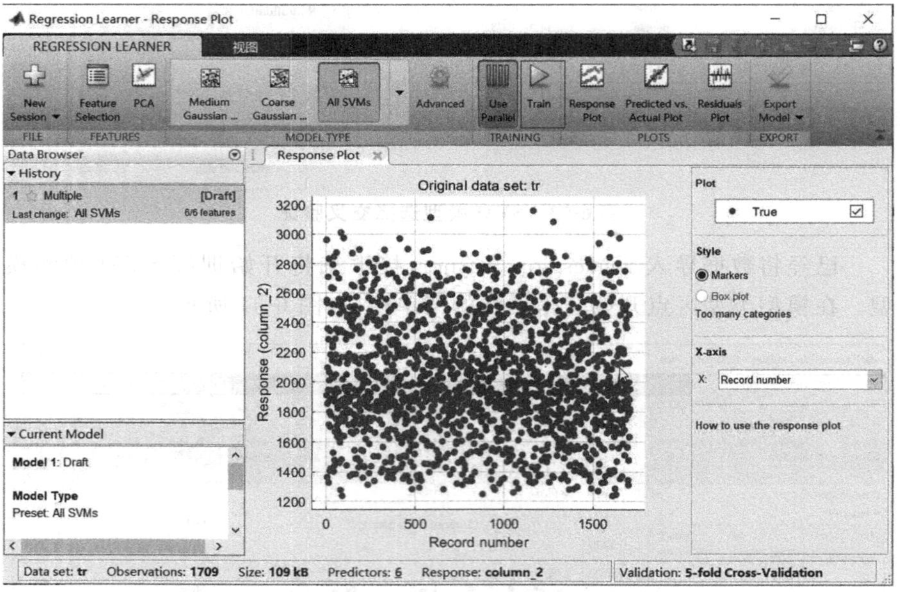

图 6-56　在 APP 内进行 SVM 训练

得到了六种 SVM 预测模型,观察交叉验证得到的 RMSE 值,选取效果最好的 Fine Gaussian SVM 作为本文负荷预测的 SVM 模型。最后单击右上角 Export 按钮,如图 6-57 所示。

修改模型的名称,单击"确定",输出模型,如图 6-58 所示。

3. SVM 仿真测试

得到 yfit = trainedModel. predictFcn(X)。将测试集的预测因子 tex 代入模型中,可得到 SVM 模型在测试集上的预测结果 pp,如图 6-59 所示。

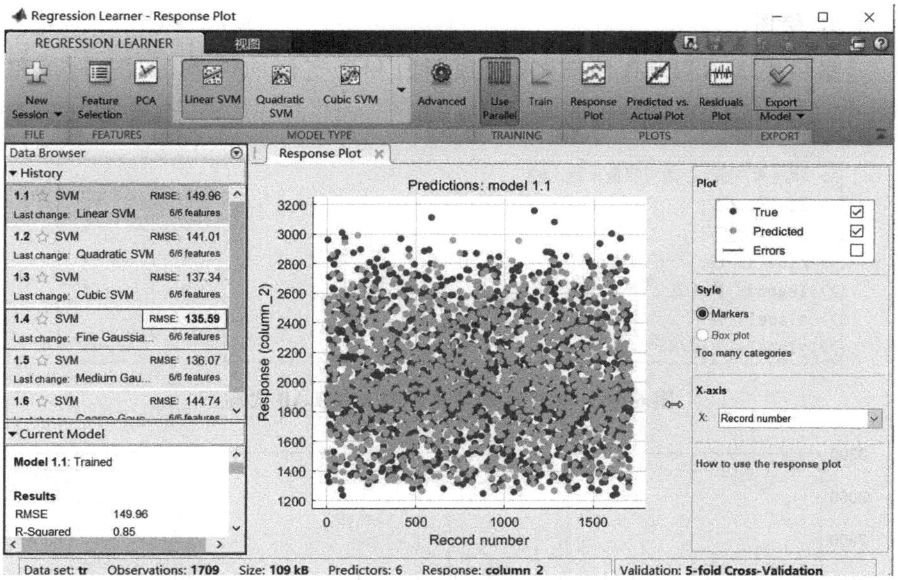

图 6-57　比较不同 SVM 模型

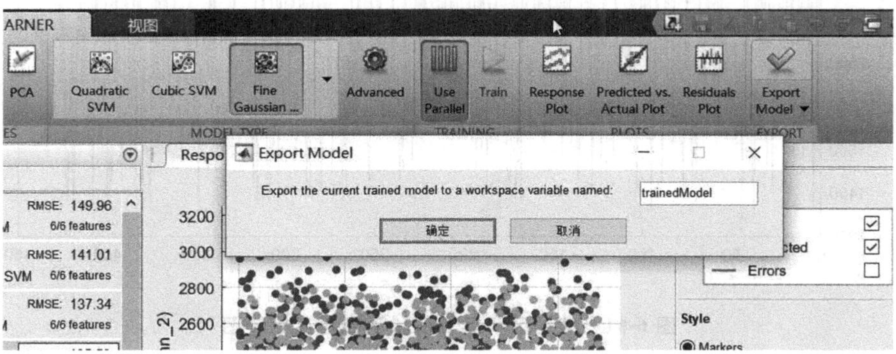

图 6-58　输出 SVM 预测模型

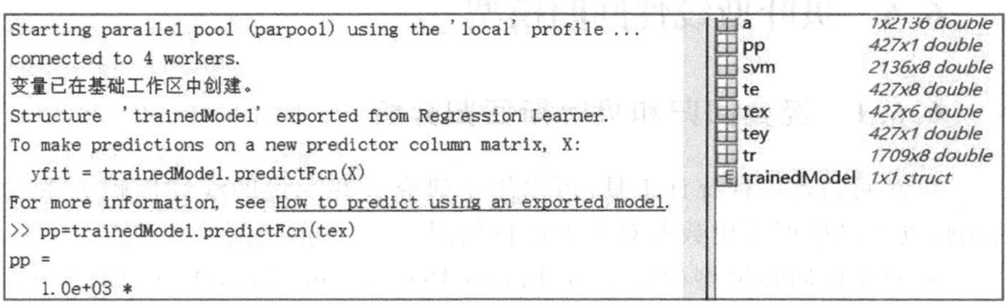

图 6-59　SVM 预测模型仿真测试

4. 绘图

最后用 MATLAB 绘图，比较预测值和真实值的误差，如图 6-60 和图 6-61所示。

```
>> %%将真实值与SVM预测值作图比较
>> x1=1:1:427;
>> x2=1:1:427;
>> plot(x1,tey,'-r',x2,pp,'-b');
>> legend('真实值','预测值');
>> xlabel('样本');
>> ylabel('负荷/MW-hour');
```

图 6-60　SVM 预测误差绘图 MATLAB 代码

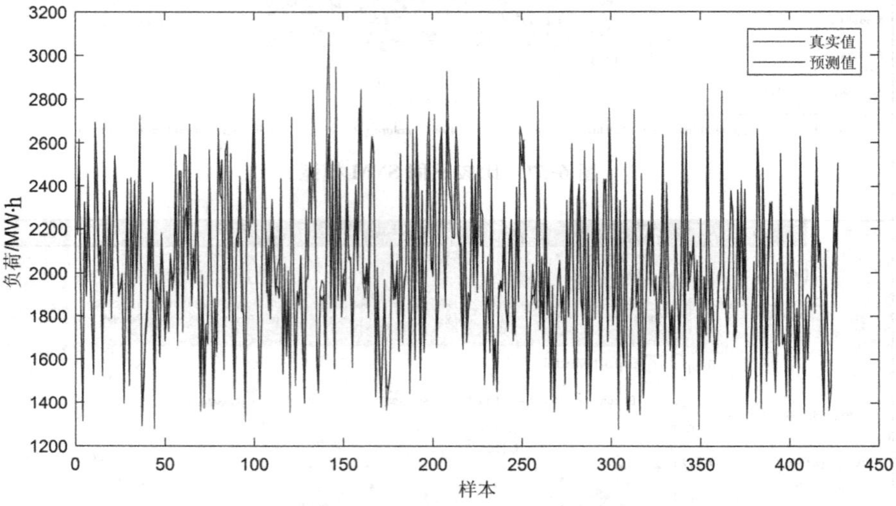

图 6-61　某地区实际负荷和预测负荷比较图

6.6　贝叶斯线性回归模型

6.6.1　经典回归和贝叶斯回归分析

线性回归是一种统计工具，可以用于研究一些变量的线性依赖关系或影响，也可以根据历史数据对未来进行预测。

多元线性回归模型(Multiple Linear Regression，MLR)：$y_t = x_t\beta + \varepsilon_t$，$t=1,\cdots,T$。

y_t是观察到的响应值；x_t是一个 $1\times(p+1)$的行向量，它是 p 的预测因子；β 是一个$(p+1)\times 1$ 的列向量，是与 x_t 列的变量相对应的回归系数；ε_t 是随机干扰为0和 $\mathrm{Cov}(\varepsilon)=\Omega$ 的均值。一般来说，Ω 是一个 $t\times t$ 对称的正定矩阵。为了简单起见，假定干扰是不相关的并且有共同的方差，所以 $\Omega=\sigma^2 I_{T\times T}$。

β 的值代表对 y_t 的期望和相应的预测因子的边际贡献。就是说，假设其他变量都固定时，当预测因子 x_j 增加一个单位时，y 将会增加 β_j 单位。ε_t 是 t 时刻在真实值和预测值之间的随机差异。

为了研究预测因子对响应值的线性影响，建立预测 MLR，必须首先估计参数 β 和 σ^2。频率统计学家使用经典的方法来估计参数，他们将参数视为未知、固定不变的。流行的频率估算方法包括最小二乘法和最大似然法。如果干扰是独立的、同方差的、高斯分布的，那么这些方法就产生了同等有效的估计。例如参数估计的置信区间或预测区间，是基于干扰的分布。

贝叶斯方法对 MLR 模型的估计和推断，是将参数 β 和 σ^2 视为随机变量，而不是固定的、未知的量。一般来说，贝叶斯分析的目标是通过收集来自观察数据的参数信息来更新参数的概率分布。也就是说，在抽样数据之前，预测者对这些参数的联合分布有一定的认识。在采样之后，他们将数据分布所引起的可能性与他们先前的观念结合起来，构成了参数的联合条件分布。结果分布的特征和功能是评估和推断的基础。

区别贝叶斯回归和经典回归方法标志是统计的过程中是否使用了先验分布，贝叶斯线性回归预测就是运用贝叶斯统计方法进行的一种预测。除基本数据信息和模型信息之外，贝叶斯统计还会使用总体分布中未知参数的先验信息，将参数的客观信息与主观信息相结合。先验分布反映预测者对未知参数的认识理解，而后验分布是结合了先验分布的信息和样本的信息得到。

贝叶斯线性回归可以有效处理异常情况或例外情况。从最初的估计和先验分布开始，随着数据的增加和对参数认识更加深入，对模型进行修正，模型就会犯更少的错误。例如我们知道明年本地的人口会增加一倍，则可以预见电力需求也会增加，预测者可以调整先验信息修正负荷预测模型。对于不能预料的事件，预测者可以用监控的方法来处理模型。利用过去的信息，利用人为提供的信息，运用监管原则做出调整，都是贝叶斯预测的重要思想。

贝叶斯线性回归有很多优点。首先贝叶斯回归对数据有自适应能力，可以重复利用实验数据，并防止过拟合。其次贝叶斯回归可以在估计过程中引入正则项。但贝叶斯线性回归也存在着学习过程开销太大的缺点。

6.6.2 贝叶斯分析组成

似然函数:是一种关于统计模型参数的函数。给定输入 x 时,关于参数 θ 的似然函数 $L(\theta|x)$在数值上等于给定参数 θ 后变量 X 的概率:$L(\theta|x)=P(X=x|\theta)$。

对于 MLR,似然是

$$l(\beta,\sigma^2 \mid y,x) = \prod_{t=1}^{T} P(y_t \mid x_t,\beta,\sigma^2) \tag{6-26}$$

$P(y_t|x_t,\beta,\sigma^2)$是 y_t给定参数的条件概率密度函数,是由 ε_t的条件分布引起。通常 x_t被认为是一个固定的量。如果干扰是独立的、同方差的、高斯分布的,可以得到:

$$l(\beta,\sigma^2 \mid y,x) = \prod_{t=1}^{T} \Phi(y_t,x_t,\beta,\sigma^2) \tag{6-27}$$

$\Phi(y_t,x_t,\beta,\sigma^2)$是 $x_t\beta$ 均值和 σ^2 的高斯概率密度。

在参数上的先验分布:在观察数据之前,预测者相信的是参数分布。对参数引入先验分布的假设比频率分析更有优势。人们可以通过调整先前的方差来控制对参数的认识,指定高方差意味着人们对参数知之甚少,并且想要更慎重地处理关于参数的信息;指定低方差意味着人们对参数的了解有很高的信心,并且想要解释对参数的了解在分析中的作用。

事实上,人们选择先验而不是预测者对参数的实际分布的看法,是为了更加方便。例如,选择先验分布,这样相应的后验分布就处在相同的分布中。这样的先验—后验组合,叫做共轭分布。然而,先验的选择会影响人们的估计和推断,因此要对估计结果进行灵敏度分析。

对于 MLR,先验分布通常表示为 $\pi(\beta)$和 $\pi(\sigma^2)$。一个普遍的选择是标准逆伽马共轭模型。$\pi(\beta|\sigma^2)$是多元高斯分布,$\pi(\sigma^2)$是逆伽马分布。β 和 σ^2 的联合后验分布可以用贝叶斯规则得到,也就是

$$\pi(\beta,\sigma^2 \mid y,x) = \frac{\pi(\beta)\pi(\sigma^2)l(\beta,\sigma^2 \mid y,x)}{\int \pi(\beta)\pi(\sigma^2)l(\beta,\sigma^2 \mid y,x)\mathrm{d}\beta\mathrm{d}\sigma^2} \propto \pi(\beta)\pi(\sigma^2)l(\beta,\sigma^2 \mid y,x) \tag{6-28}$$

如果 β 决定于 σ^2,那么它的先验能够用 $\pi(\beta|\sigma^2)$替换。分母为预测因子的响应分布,是观察 y 后得到的常数。所以后验通常以比例的形式表现。后验和其他随机变量的联合概率发布一样,同时它包含了数据融合后所有的参数信息。通过对后验分布函数的积分,可以得到参数的估计和推断。

后验的估计和推断:后验的估计和推断涉及对后验的参数的积分。例

如，关于 MLR 参数普遍的估计和推断包括 β 的期望值：

$$\hat{\beta} = E(\beta \mid y,x) = \int \beta \pi(\beta,\sigma^2 \mid y,x) \mathrm{d}\beta \mathrm{d}\sigma^2 \tag{6-29}$$

最大先验估计就是使后验分布最大化的参数值。预测因子 x 的预测响应值 y 是后验预测分布的随机变量：

$$\pi(\hat{y} \mid y,x,\hat{x}) = \int f(\hat{y} \mid \beta,\sigma,\hat{x}) \pi(\beta,\sigma^2 \mid y,x) \mathrm{d}\beta \mathrm{d}\sigma^2 \tag{6-30}$$

可以把这个量视为 y 关于参数后验分布的概率分布的条件期望值。

贝叶斯定理公式：后验概率＝(似然度×先验概率)/标准化常量＝标准似然度×先验概率。

6.6.3　实例分析(基于后验分布的贝叶斯线性回归模型预测)

采用某地区的历史负荷数据和气象数据建立贝叶斯线性回归模型进行预测，其原始数列见附页。下面用前日整点负荷和温度来预测整点负荷。这可以用多元线性回归模型进行分析和讨论，其模型为：

$$E_t = \beta_0 + \beta_1 YE_t + \beta_2 TEMP_t + \varepsilon_t \tag{6-31}$$

式中，所有的 t，ε_t 是一系列均值为 0 和方差为 σ^2 的独立高斯分布。

假设先验分布是：

$$\beta | \sigma^2 \sim N_4(M, \sigma^2 V) \tag{6-32}$$

式中，M 是一个 3×1 的均值向量；V 是一个 3×3 正定协方差矩阵。

$$\sigma^2 \sim IG(A,B) \tag{6-33}$$

式中，A 和 B 分别是逆伽玛分布的形状和尺度。

1. 建立先验模型

为线性回归参数建立一个标准逆伽马共轭先验模型，如图 6-62 所示。指定预测因子的数量 p 以及预测因子的变量名。Mdl 是共轭贝叶斯线性回归模型，包括回归系数和干扰方差的先验分布。

```
>> %%清空环境变量
>> clear
>> %%指定预测因子数目
>> p=2;
>> %%指定预测因子名称
>> VarNames=["ye" "temp"];
>> %%建立标准逆伽马共轭先验模型
>>  PriorMdl = bayeslm(p,'ModelType','conjugate','VarNames',VarNames);
```

图 6-62　建立贝叶斯线性回归先验模型

2. 处理数据

加载 bayesian. mat，选择最后五个样本作为测试集，创建训练集的预测因子 x 和响应变量 y，创建测试集的预测因子 XF 和测试集的真实值 yFT，如图 6-63 所示。

```
>> %%导入数据
>> load bayesian. mat
>> %%指定测试集样本数目
>> fhs = 5;
>> %%产生训练集的预测因子和响应变量
>>  X = bayesian{1:(end - fhs), PriorMdl. VarNames(2:end)};
>>  y = bayesian{1:(end - fhs), 'e'};
>> %%产生测试集的预测因子和响应变量
>> XF = bayesian{(end - fhs + 1):end, PriorMdl. VarNames(2:end)};
>> yFT = bayesian{(end - fhs + 1):end, 'e'};
```

图 6-63　导入和分割数据

3. 创建模型

估计边际后验分布，关闭有问题的估计显示。PosteriorMdl 是共轭模型，包括回归系数和干扰方差的后验分布，如图 6-64 所示。

```
>> %%建立后验模型
>>  PosteriorMdl = estimate(PriorMdl, X, y, 'Display', false);
```

图 6-64　贝叶斯线性回归预测模型

4. 仿真测试

将测试集的预测因子 XF 带入模型中，进行预测，得到预测值 yF，并计算预测误差，如图 6-65 所示。

```
>> %%在测试集上进行预测
>> yF = forecast(PosteriorMdl, XF);
>> %%计算预测均方根误差
>> frmse = sqrt(mean((yF - yFT).^2))
frmse =
   57.9083
```

图 6-65　贝叶斯线性回归预测模型仿真测试

5. 作图

用 MATLAB 作图，如图 6-66 所示，比较预测值和真实值的误差，如图 6-67 所示。

```
>> %%将真实值与预测值作图比较
>> zs=bayesian{1:end,'e'};
>> yc=[y;yF];
>> x1=1:1:70;
>> x2=1:1:70;
>> plot(x1,zs,'-r',x2,yc,'-b');
>> legend('真实值','预测值');
>> xlabel('样本');
>> ylabel('负荷/MW-hour');
```

图 6-66　贝叶斯线性回归预测误差绘图 MATLAB 代码

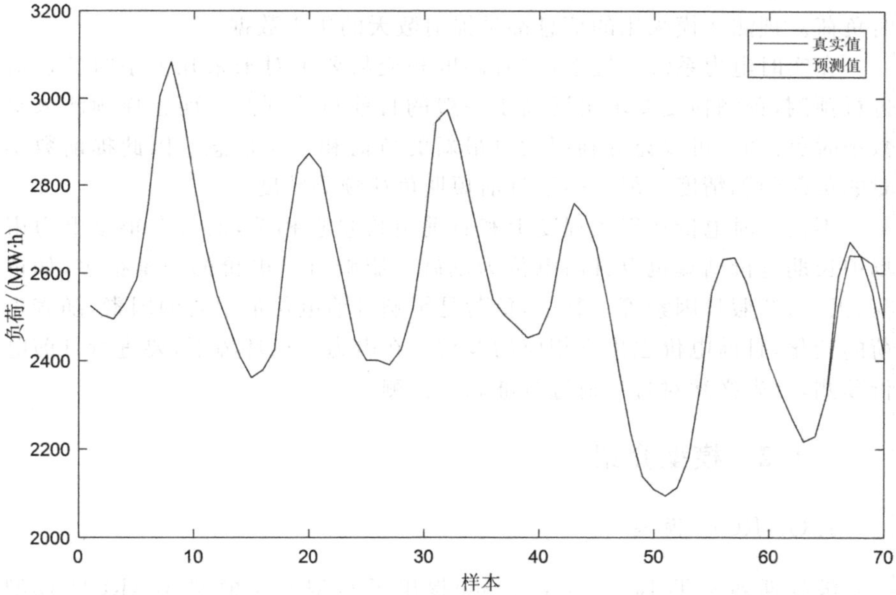

图 6-67　某地区负荷实际值和预测值比较图

第 7 章　综合应用研究

7.1　超短期负荷预测

7.1.1　日前负荷预测介绍

如何提高预测精度是电力负荷预测的重点，精确的短期电力负荷预测是实现电力系统管理现代化的重要内容之一。在电力市场中，日前市场是一个非常重要的市场。日前负荷预测是指提前一天预测第二天 24 时的小时负荷。预测建模采用的信息都是提前数天的历史数据。

在实时电力系统环境下，实时调度和交易要求对未来几个小时的负荷进行预测，预测精度要求也远高于一般的日前负荷预测。而建模预测未来数小时负荷时，可以充分利用大量最新的负荷和气象信息。因此提前数小时的负荷预测精度一般要高于日前短期负荷预测精度。

不仅实时电价在很大程度上和日前电价息息相关，而且在很多电力市场中长期电价结算也以日前电价为基础。影响日前电价的因素很多，如负荷、天气、节假日因素等。其中，负荷是影响日前电价最主要的因素，随着负荷的变化，日前电价也出现相应的波动。在电力市场环境下，要进行日前电价预测，首先必须对日负荷进行准确的预测。

7.1.2　模型介绍

1. GARCH 模型

波勒斯列夫 T. Bollerslev（1986）提出了 GARCH 模型，GARCH 模型在金融数据分析领域有广泛的应用。在负荷预测中，这样的分析对电力决策能起到非常重要的指导性作用，其意义很多时候超过了对数值本身的分析和预测。GARCH 模型特别适用于波动性的分析和预测。电力市场预测中，由于模型的局限性或者外界因素的变化，模型误差往往出现较大的波动性，存在显著的异方差性，因此可以利用 GARCH 模型来对预测误差作校正。

可用 GARCH 处理方差也随时间变化的时间序列。标准的 GARCH (p, q)为：

$$\sigma_t^2 = k + \sum_{i=1}^{p} G_i \sigma_{t-i}^2 + \sum_{j=1}^{q} A_j \varepsilon_{t-j}^2 \tag{7-1}$$

式中，G_i 为 GARCH 影响的待估参数，大于 0；A_i 为 GARCH 影响的待估参数，大于 0；p，q 为模型阶数；σ_t^2 为以前面信息为基础的一期向前预测方差，即条件方差；k 为常数。

ARMAX 模型是在原来的 ARMA 模型中间加入外生变量 X，反映其他因素对时间序列的影响，见式(7-2)。

$$y_t = c + \sum_{i=1}^{r} \varphi_i y_{t-i} + \varepsilon_t + \sum_{j=1}^{m} \theta_j \varepsilon_{t-j} + \sum_{n=1}^{Nx} \beta_n X(t,n) \tag{7-2}$$

式中，β_i 为外生变量参数；$X(t,n)$为外生变量。

联合式(7-1)和式(7-2)就构成考虑异方差和外生变量影响的 GARCH-X 模型，可在很多不同情况下进行预测。可以参照 AIC 选择模型阶。通过选择较小的 AIC 值，见式(7-3)，来控制模型的复杂程度。一般来说，AIC 值越小，模型的预测效果越好。

$$x_{AIC} = -2y_{LLF} + 2N \tag{7-3}$$

式中，N 为 GARCH 模型需要估计参数的个数，它影响模型的自由度，在 MATLAB 程序中可以直接调用 Garchcount 来实现。y_{LLF} 为极大似然函数，可以通过调用 Garchfit 函数实现。计算过程如下：

(1)当 ε_t 属于正态分布时，有

$$y_{LLF} = -\frac{T}{2}\log(2\pi) - \frac{1}{2}\sum_{t=1}^{T}\log\sigma_t^2 - \frac{1}{2}\sum_{t=1}^{T}\frac{\varepsilon_t^2}{\sigma_t^2} \tag{7-4}$$

式中，T 为样本数。

(2)当 ε_t 属于 Γ 分布时，有

$$\begin{aligned} y_{LLF} = {} & T\log\left\{\frac{\Gamma[(v+1)/2]}{\pi^{1/2}\Gamma(v/2)}(v-2)^{-1/2}\right\} - \frac{1}{2}\sum_{t=1}^{T}\log\sigma_t^2 - \\ & \frac{v+1}{2}\sum_{t=1}^{T}\log\left[1+\frac{\varepsilon_t^2}{\sigma_t^2(v-2)}\right] \end{aligned} \tag{7-5}$$

式中，v 为自由度。

2. SVM 与 GARCH 组合预测

SVM 运用结构风险最小化原则构造最优决策函数，将回归分析问题转换为优化问题的求解。由于 SVM 模型考虑时间序列因素不多，预测误差往往具有一定的自相关性。可以挖掘误差序列内部信息，对该序列后续点进行

预测，然后利用预测结果对 SVM 预测的电价进行校正。GARCH 通过条件方差方程在一定程度上提高时间序列的预测精度，比 ARMA 预测效果要好。加入 GARCH 模型可以提高支持向量机的预测精度，改善预测模型。

在预测前，先把数据分为训练数据、检验数据和预测数据，分别用于建模、检验和预测。由于 24 时点负荷差异较大，单一模型很难全面反映不同时点的负荷特点。应建立 24 个不同模型对 24 点日前负荷分别进行预测。在预测前先把数据分成 24 个时点子数据空间，然后在不同的子空间内分别建模和预测。

以时点 t 子空间为例进行说明。利用训练数据对 SVM 进行训练得到 SVM 模型。利用该模型对时点 t 的负荷进行预测，得到初步的预测负荷 P_t。记录 SVM 模型所对应的检验误差序列为$e_{1t},e_{2t},\cdots,e_{nt}$（$e_{it}$是第 i 天第 t 小时的电价检验误差，n 为用于第 t 小时建模的检验样本数。

如果第 t 小时的检验误差序列不是白噪声，则表明该误差序列需要进一步处理。对检验误差序列进行 GARCH 建模，然后根据该 GARCH 模型预测 SVM 模型的日前负荷预测误差，得到日前第 t 小时负荷预测误差的预测值E_t。

利用得到的误差预测值对 SVM 模型的初步预测电价进行校正，得到最终的第 t 销售日前负荷预测值：

$$P'_t = P_t + E_t \tag{7-6}$$

7.1.3 实例分析

用某地区的历史负荷数据和气象数据使用 SVM 和 GARCH 方法对某地区某天 24 小时整点负荷进行预测。首先利用 SVM 模型对负荷进行初步预测，然后利用 SVM 的检验误差进行 GARCH 建模，并对初步预测的负荷预测值进行修正，得到最终的负荷预测值。

1. 处理数据

清空命令窗口和工作区后导入总样本数据。原始样本按照时间序列排列，取原始样本最后一天 24 个样本为最终测试集 z，并将最终测试集 z 分为最终测试预测因子 zx 和最终测试集真实响应值 zy。随机打乱剩下的原始样本，按 8∶2 比例产生训练集 tr 和测试集 te，并且产生测试集的预测因子 tex 和真实响应值 tey。如图 7-1 所示。

2. 计算 SVM 模型与真实值的误差序列

使用 MATLAB 自带的 APP，将 te 录入，进行训练，建立 SVM 模型。如图 7-2 所示。

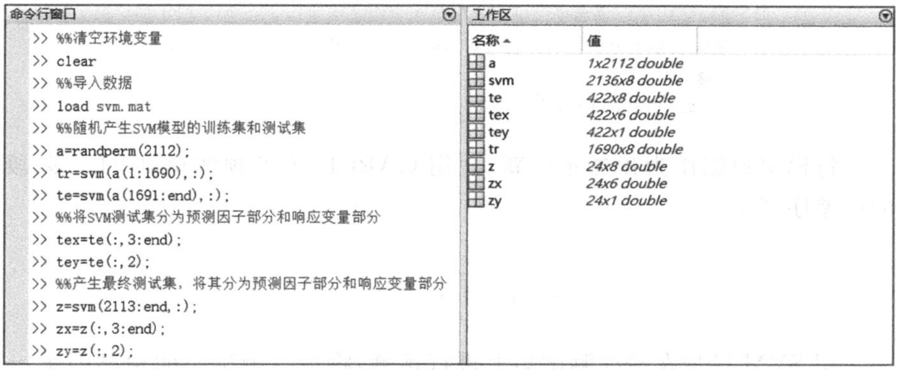

图 7-1 导入和分割数据

```
Starting parallel pool (parpool) using the 'local' profile ...
connected to 4 workers.
变量已在基础工作区中创建。
Structure 'trainedModel' exported from Regression Learner.
To make predictions on a new predictor column matrix, X:
  yfit = trainedModel.predictFcn(X)
For more information, see How to predict using an exported model.
```

图 7-2 创建 SVM 模型

得到 yfit = trainedModel. predictFcn(X)。将测试集的预测因子 tex 代入模型中，可得到 SVM 模型在测试集上的预测结果 pp。

```
>> %%使用SVM模型在测试集上进行预测
>> pp= trainedModel.predictFcn(tex) ;
```

计算得到 SVM 模型在测试集上真实值与预测值的误差序列 E。

```
>> %%计算真实值与预测值的误差序列
>> E=tey-pp;
```

3. 使用 GARCH 模型预测误差序列

接下来需要运用 GARCH 的方法预测误差序列 E 中 24 个阶段的数据。首先需要建立 GARCH 模型，参数已知，在 GARCH(1,1)模型上，模拟误差序列 E 中 422 个数据。

```
>> %%建立GARCH误差序列预测模型
>> Md1 = garch('Constant',0.05,'GARCH',0.5,'ARCH',0.4);
>> rng default;
>> [v,E] = simulate(Md1,422);
```

将模拟数据作为预样本创新，使用 GARCH 模型预测得到 24 个阶段的误差序列 vF。

```
>> %%预测误差序列
>> vF = forecast(Md1,24,'Y0',E);
```

用 SVM 模型在最终测试集上进行预测，将最终测试集的预测因子 zx 代入模型中得到 SVM 最终预测值 svmF，而 vF 便是预测的 svmF 与真实响应值的误差。

```
>> %%SVM模型在最终测试集上进行预测
>> svmF= trainedModel.predictFcn(zx);
```

4. 仿真测试

计算得到 SVM 模型对最后一天 24 个小时负荷预测的均方根误差 85.4661。

```
>> svmF= trainedModel.predictFcn(zx);
>> svmRMSE=sqrt(mean((zy - svmF).^2))
svmRMSE =
   85.4661
```

用 GARCH 模型得到的误差序列 vF 来修正 SVM 模型得到的最终预测值，计算均方根误差为 85.4363。相比单独使用 SVM 模型，效果稍佳。

```
>> svmgarchRMSE=sqrt(mean((zy - svmF-vF).^2))
svmgarchRMSE =
   85.4363
```

7.2 短期负荷

SVM 利用 VC(Vapnik-Chervonenkis Dimension)维原理将传统的经验风险问题转化为结构风险问题，克服了传统机器学习过拟合和维度过高的问题。但 SVM 参数对预测结果影响很大，并且难以得出相应规律。因为在传统预测过程中，人们往往根据经验反复试验来选择参数，但并不能保证所得到的参数是全局最优点，致使模型预测精度低。GA 是一种模拟生物计划的启发式算法，通过优胜劣汰、交叉、变异等操作，完成求解非线性全局最优问题。因其简单通用、鲁棒性强的特点，深受工程人员喜爱。针对 SVM 模型参数选择上所存在的困难，合理运用 GA 算法求解最佳参数，进而提高模型预测精度。测试误差函数采用平均绝对百分比误差 E_{mape}。预测误差分析还另外采用相对误差 E_r。

$$E_{\text{mape}} = \frac{1}{k}\sum_{i=1}^{k}\left(\frac{|\hat{y}_{(i)} - y_{(i)}|}{y_{(i)}} \times 100\%\right) \tag{7-7}$$

$$E_r = \frac{\hat{y}_{(i)} - y_{(i)}}{y_{(i)}} \tag{7-8}$$

式中，k 为用于预测的样本数；$y_{(i)}$、$\hat{y}_{(i)}$ 分别为第 i 个实际值、预测值。

7.2.1　建模过程和选择输入变量

首先，将 GA 的初始种群设置为初始 SVM 参数，并进行初步模型训练和测试，返回该种群情况下 E_{mape} 数值，并将 E_{mape} 作为 GA 适应度函数。通过一系列遗传、交叉、变异等操作，产生新的参数群体，再将新的种群代入之前操作，直至满足先前所设定的 GA 停止条件。将此时的最优参数代入 SVM 模型，建立 24 个组合预测模型，具体建模步骤如下：

(1)选择将进行优化的 SVM 参数向量 $\boldsymbol{a}$，$\boldsymbol{a}=(\mathrm{C},\gamma,\mathrm{v},\mathrm{e})'$，产生初始种群。

(2)利用该 GA 产生的初始种群对 24 个单一时点数据分别进行训练，向训练后的模型导入测试集，将总体测试误差(E_{mape})作为 GA 适应度进行相应比较。

(3)根据种群适应度高低，对 $\boldsymbol{a}$ 进行遗传、变异、交叉等操作，选择产生新的参数种群 $\boldsymbol{a}$。

(4)利用新的参数种群 $\boldsymbol{a}$，重新进行模型训练及预测并计算相应适应度。如果当前状况满足停止条件，则转至步骤(5)；否则，重复(3)、(4)步骤。

(5)用最优种群建立该时点最优预测模型。

(6)同理，进行其他 23 时点模型建立和优化。

本案例数据取自 PJM 电力市场 2001—2002 年日负荷数据。根据以往经验，合理的训练和测试数据选择来适当提高模型精度和减少训练时间。对 2001 年和 2002 年 5 月至 9 月的负荷进行分析，如图 7-3 所示。

从图中可以发现月负荷规律，6、7、8 月用电规律较为相似，都在午后存在高峰时段。5 月和 9 月负荷变化不大。2002 年与 2001 年负荷有一定增

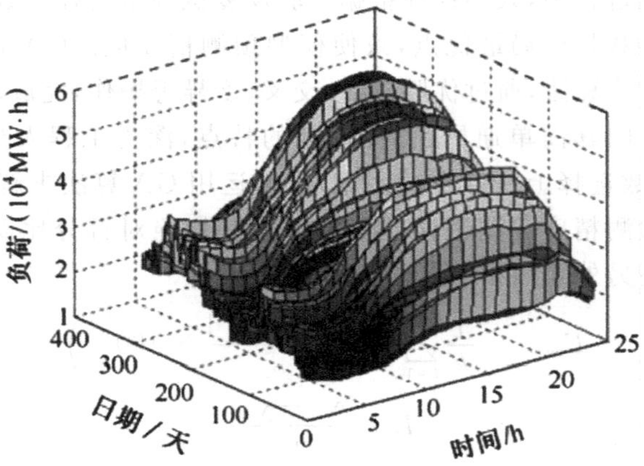

图 7-3　夏季负荷变化图

长。因此选取 2001 年 6、7、8 月和 2002 年 6 月负荷作为模型训练数据；选取 2002 年 7 月数据作为调整参数使用；用 2002 年 8 月时点负荷误差作为评判模型标准。输入变量包括前 24 点负荷、天气(THI 指数)、日类型因素(工作日/节假日)。

建立两个对比方案与 GA-SVM 进行对比。

对比方案一：选取前一天 12 时之前 12 点数据，再通过预测得出前一天 12 至 24 时数据，结合当时 THI 值进行该时负荷预测。

对比方案二：选择预测前一天 12 时以前的 24 点数据和当时 THI 预测指数直接建模预测。

7.2.2　结果分析

表 7-1 展现 8 月份 31 天点负荷(744 个点)预测偏差结果。可以看出滚动预测 GA-SVM 模型预测精度(1.07%)高于对比模型(对比方案一为 4.52%，对比方案二为 3.87%)。从日均E_{mape}来看，滚动预测模型所预测日均E_{mape}小于 2%达到 30 天，其他对比模型(7 天和 8 天)均未达到这样的效果。滚动预测模型的时点E_{mape}小于 2%达到 20 个，对比模型时点E_{mape}不存在小于 2%的情况。可见临近负荷和天气数据更能反映负荷变化规律，有助于提高模型预测精度。

图 7-4 展现 E_{mape}随迭代次数增加而减小，在 10 代以内 E_{mape}基本达到最小值，即全局最优点。可见，GA 在 SVM 参数优化上应用效果明显。

表 7-1 基于 GA-SVM 的滚动预测模型与普通预测模型对比

比较项目		GA-SVM	普通预测模型	
			对比方案一	对比方案二
E_{mape}		1.07	4.52	3.87
天数	日均 $E_{mape}\leqslant 1\%$	2	0	0
	日均 $E_{mape}\leqslant 2\%$	28	7	8
	日均 $E_{mape}\leqslant 3\%$	31	12	12
	日均 $E_{mape}\leqslant 4\%$	31	18	20
	日均 $E_{mape}>4\%$	0	13	11
时点数	时点 $E_{mape}\leqslant 1\%$	13	0	0
	时点 $E_{mape}\leqslant 2\%$	20	0	0
	时点 $E_{mape}\leqslant 3\%$	24	0	3
	时点 $E_{mape}\leqslant 4\%$	24	6	13
	时点 $E_{mape}>4\%$	0	18	11

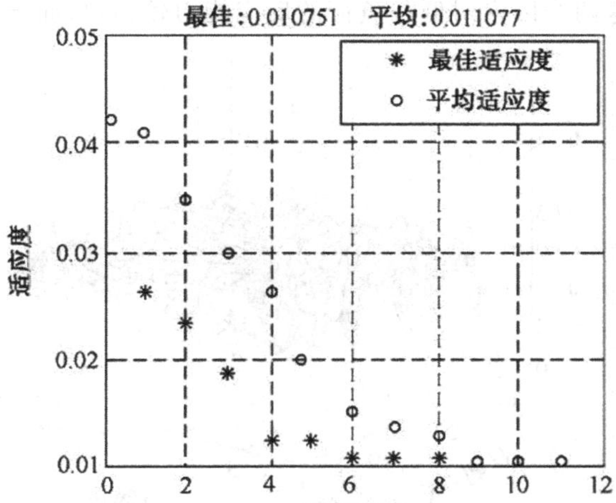

图 7-4 误差随 GA 迭代变化图

图 7-5 展现不同方案在 744 个点误差分布。GA-SVM 滚动预测模型的 E_{mape} 主要分布在 1%左右区域，但是对比模型误差 E_{mape} 基本要大于等于 4%。可见应用 GA-SVM 滚动预测模型在点预测方面高于对比方案。并且对比方案一小于 4%的时点较对比方案二多，其原因主要是误差在间接预测过程中被传递和放大。

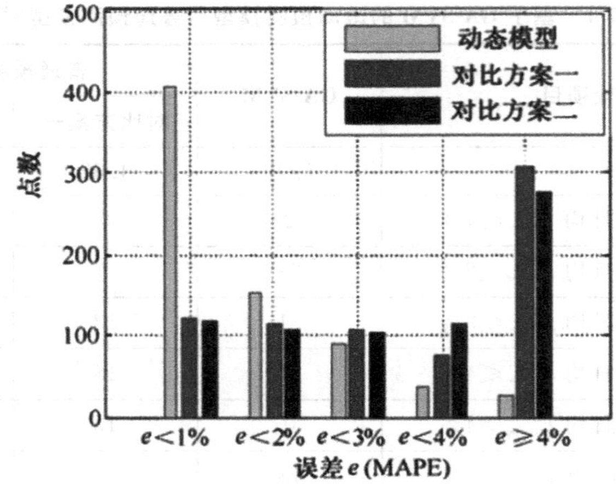

图 7-5　三种方案误差对比图

图 7-6 至图 7-7 展现三个方案的预测误差分布状况。图 7-6 显示，GA-SVM 滚动预测模型误差高峰出现在晚 22 点到次日 1 点和早 8 点到 10 点；但在早 10 点到晚 10 点用电高峰时段误差较小。主要原因是输入变量中 THI 指数和日类型是高峰负荷的主要影响因素，可以很好反应高峰用电变化规律；但是这两个因素对低谷负荷的反应能力较弱，从而导致误差较大。

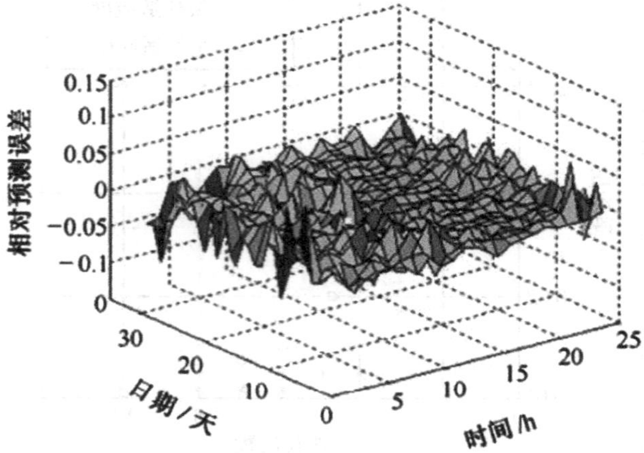

图 7-6　GA-SVM 动态预测误差图

图 7-7 显示，对比方案一对于间隔较近的预测点效果较好，但对于时间间隔大的预测点精度较低，主要是由于真实信息衰减，误差通过传导放大造成的。

图 7-8 显示，对比方案二凌晨和上午的预测误差要小于其他时段，因为前一日信息对于早些时段的负荷还是有一定价值，但随着时间推移，信息逐渐衰减导致预测误差加大。并且在每旬中会出现一次误差较大值，经过反

复比对发现,误差较大的三天气温明显偏高,前一日负荷数据不能满足预测信息需要,需要引入其他外生变量。

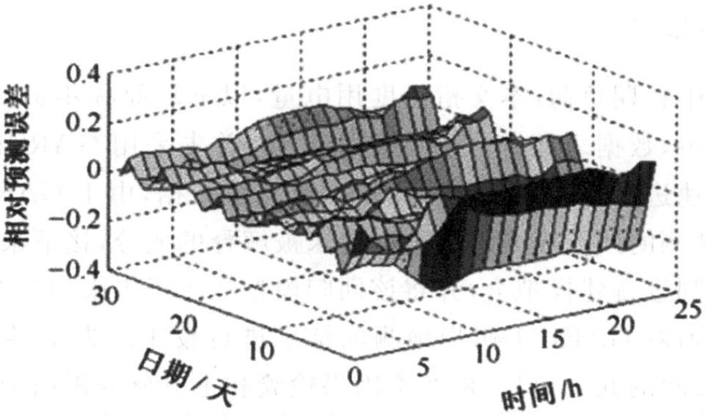

图 7-7 对比方案一预测误差图

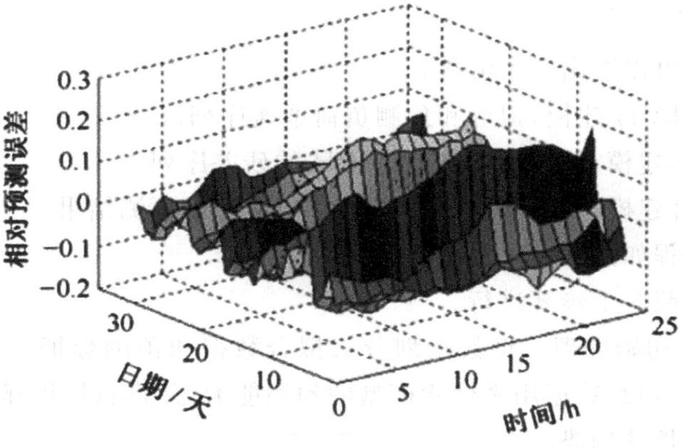

图 7-8 对比方案二预测误差图

7.3 中长期负荷预测

中长期负荷受外界变量影响较大,用时间序列模型预测效果较差。但如果通过引入外生变量来构建回归模型,将能有效提高预测精度。但中长期负荷数据样本不大,回归模型考虑的参数有限,单一模型预测精度有限。本部分尝试将误差校正思路引入中国中长期负荷预测研究中,建立整合 GARCH 和回归方法的预测模型(GARCH-Regress)。首先采用 GARCH 对电力负荷序列进行建模,然后引入回归模型分析和拟合 GARCH 残差序列未被解释的部分,并对未来的残差进行预测,用回归模型的预测值来校正 GARCH 预测结果,得到最后的预测负荷。

7.3.1 GARCH-Regress 建模原理和步骤

1. 建模原理

考虑到中长期负荷(本文指年度用电量,以下均简称年负荷)预测可用的建模数据少,数据之间存在较强的相关性,首先采用 GARCH 模型对未来的负荷增速进行初步预测并将其转化成总量数据,由于 GARCH 模型的局限性,其预测的残差序列必然包含着未被解释的成分,接下来建立回归模型对残差序列进行建模拟合,并将该回归模型运用于未来的残差序列预测,并用该预测值对 GARCH 初步预测的结果进行校正。为了寻找合适自变量,剔除变量间的冗余信息,格兰杰因果检验和主成分分析用于筛选回归模型的自变量。

2. 建模步骤

本建模可以看出三大流程,

(1)GARCH 建模,拟合和预测负荷增速序列。

(2)回归建模,拟合和预测 GARCH 的残差序列。

(3)综合建模,用回归预测值校正 GARCH 的预测结果。

建模流程如图 7-9 所示。

建模按照 8 个步骤进行。

Step 1:初始处理。将数据划分成拟合数据和预测数据。拟合数据用来建立模型,预测数据用来检验模型的预测能力;并将总量指标转变成增速指标剔除增长性趋势。

Step 2:对负荷增速序列建立 GARCH 模型,预测未来的负荷增速;并用增速指标转换预测负荷,计算残差。

Step 3:对历史负荷增速及其影响因素进行格兰杰因果检验,找出影响负荷增速波动的主要因素。

Step 4:引入主成分分析,在保留最多信息的情况下,筛选尽可能少的变量。

Step 5:建立影响因素和残差序列的回归方程。

Step 6:通过回归方程预测未来残差的可能值。

Step 7:通过该残差的预测值对 GARCH 模型预测的负荷进行校正,得到最终的负荷预测值。

Step 8:结束。

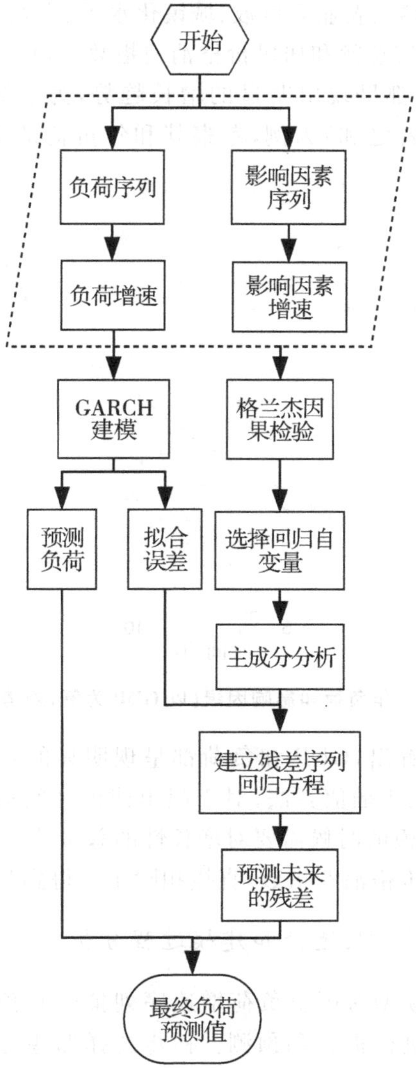

图 7-9 GARCH-Regress 建模流程图

7.3.2 算例分析

7.3.2.1 数据来源及预处理

以衡阳市 1990—2001 年全社会经济发展指标及全社会用电量的数据作为研究对象建立拟合模型，选择 2002—2005 年数据用来检验模型的有效性。可能的自变量为 x_1 到 x_{10}，依次为第一产业 GDP、第二产业 GDP、第三产业 GDP、非农人口数、农业人口数、城镇化水平、人均国内生产总值、固定资产投资、消费品零售总额和居民价格消费指数。预测对象为年负荷 y。

自变量 x_1 到 x_9 都呈现出明显的增长趋势，为了简洁起见，这里仅以 GDP(x_1，x_2 和 x_3 三者之和)为例，考察其和年负荷的增长趋势，如图 7-10 所示。

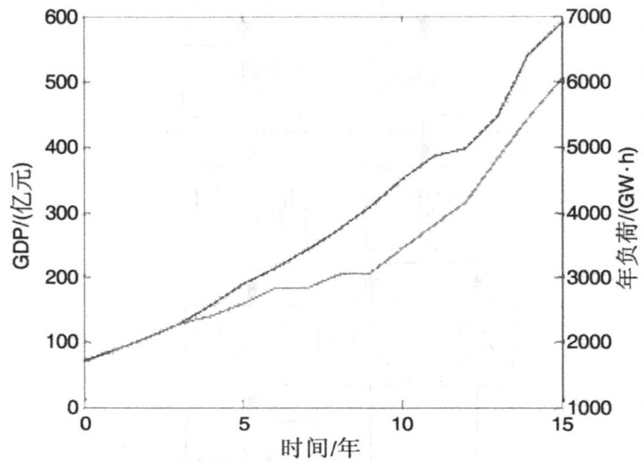

图 7-10　年负荷和影响因素(以 GDP 为例)趋势变化图

从图 7-10 可以看出，GDP 和负荷都呈现明显的年度增长趋势。由于大部分预测模型都属于插值算法，对于超出建模区间的数据的拟合可信度不能保证，因此在建模的时候需要对增长性的总量数据预处理，使之变成增速指标。x_{10} 是居民价格消费指数，直接扣除 100 得到其年度波动情况。

7.3.2.2　模型参数选择和建模过程分析

建立 GARCH 模型对历史负荷增速序列拟合和预测。建立回归方程对 GARCH 的残差进行拟合和预测。初步选择那些对负荷增速存在显著因果关系的因素作为回归方程的自变量。

1. GARCH 建模

这里 GARCH 模型的参数 r，m，p，q 为 1，1，1，1。拟合结果见表 7-2。其中带“＊”表示预测数据。

2. 回归变量的筛选和处理

格兰杰检验(90％置信度)发现 x_6(增速处理后)和 x_{10}(增速处理后)是负荷(增速处理后)滞后 2 期的原因。因此初步筛选该两个因素作为回归的变量。图 7-11 是年负荷增长率和主要影响因素波动的变化图。

表 7-2 GARCH 初步预测结果

年份	负荷/(GW·h)	GARCH/(GW·h)	误差/%
1990	1698.35	—	—
1991	1883.65	—	—
1992	2080.10	—	—
1993	2284.39	2316.22	1.39
1994	2398.87	2507.42	4.53
1995	2585.89	2498.26	−3.39
1996	2821.38	2851.95	1.08
1997	2838.18	3046.16	7.33
1998	3040.62	3011.86	−0.95
1999	3077.72	3373.15	9.60
2000	3446.25	3185.17	−7.58
2001	3788.16	3621.72	−4.39
* 2002	4151.65	4077.87	−1.78
* 2003	4818.41	4488.52	−6.85
* 2004	5441.20	5302.79	−2.54
* 2005	6036.52	6025.60	−0.18
MAPE			3.97

从图 7-11 可以看出，前 2 年城镇化水平的增速和当年负荷的增长率有较为明显的正向相关性，可能是城镇化水平直接影响到后期的用电量；前 2 年的居民消费价格指数波动则呈现一定的负相关。

负荷增速与影响因素之间存在一定的相关性，但是这种相关性是一种非线性的关系，很难用线性回归模型拟合。这里用非线性的二次回归方程拟合。即选择 x_6，x_{10}，$(x_6)^2$，$(x_6 \cdot x_{10})$，$(x_{10})^2$ 共 5 个自变量（设为 z_1 到 z_5）。由于受模型自由度和样本数量较少的限制，必须对变量信息进行综合，用最小的变量表达最多的信息量。这里引入主成分来对变量 z_1 到 z_5 进行分析。

图 7-12 是主成分对原始的自变量处理的结果，发现前 3 个主成分占了 99%的变异度（图 7-12 中只显示了大于 95%的部分），而第 1 主成分就占据了近 60%的变异度。为了减少模型的复杂度，这里仅选择第 1 主成分作为回归模型最终的自变量。

表 7-3 是主成分载荷阵。

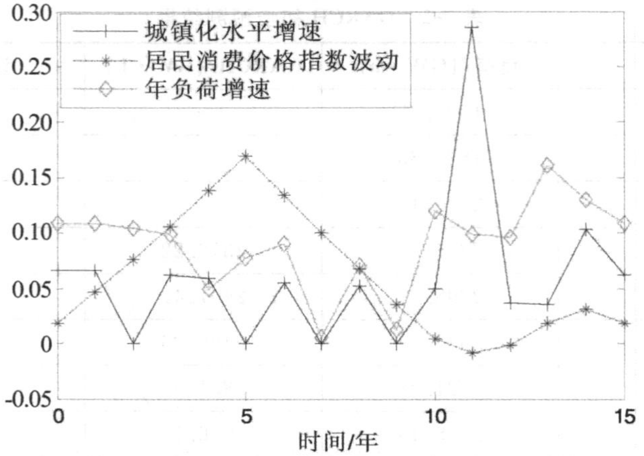

图 7-11　年度负荷增长率和主要影响因素年度波动(率)趋势

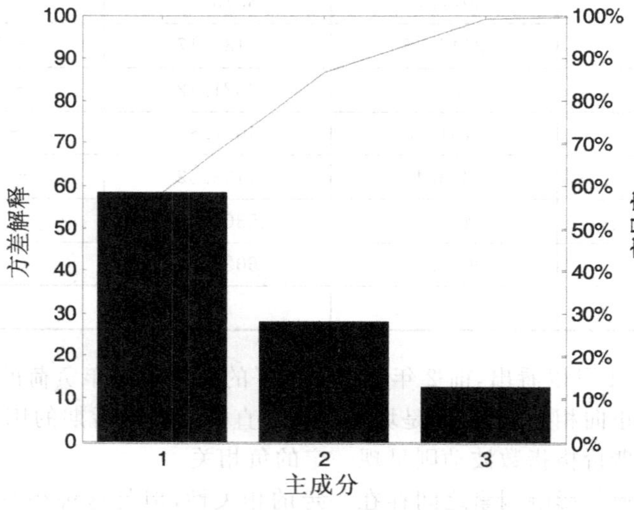

图 7-12　自变量主成分方差贡献图

表 7-3　主成分载荷阵

自变量	第一主成分	第二主成分	第三主成分	第四主成分	第五主成分
z_1	−0.4216	−0.5706	0.1757	−0.2509	−0.6347
z_2	0.5177	−0.3393	−0.2456	0.6510	−0.3643
z_3	−0.4363	−0.5492	−0.1504	0.3432	0.6063
z_4	0.3855	−0.2824	0.8468	−0.0036	0.2336
z_5	0.4639	−0.4218	−0.4113	−0.6288	0.2057

以第一主成分分析:第一主成分和变量 z_1 和 z_3 为负相关,也就是说与城市化水平指标成负相关,与 z_2,z_4 和 z_5 为正相关,也就是与居民消费价格指数波动正相关。

3. 回归模型建立

接下来,对 GARCH 残差建模。从表 7-3 可知,可用的残差信息(也就是回归方程的应变量 y)为 1993 年到 2001 年共 9 年的数据。根据格兰杰检验的滞后期选择可知自变量第一主成分(通过非线性变换和主成分变换的提前 2 期的 x_6 和 x_{10} 信息的综合)。根据这 9 组数据应用 MATLAB 建立回归方程。

建立的回归方程为

$$y=-0.0068+0.0173x \tag{7-9}$$

其中,回归系数 95% 的置信区间分别为[-0.0681, 0.0544]和[-0.0298, 0.0644]。系数都落在该区间内,表明建模系数有效。

将主成分分析的自变量(第一主成分)结果代入上述方程,即可预测出 GARCH 下一年度的残差的可能值。

7.3.2.3　建模结果分析

根据预测的残差值对 GARCH 预测进行校正,即得到最终的预测值。表 7-4 是残差预测结果。

表 7-4　回归方程残差预测结果

年份	实际负荷/(GW·h)	GARCH 残差/%	回归预测残差/%	校正后/%
2002 年	4151.65	-1.78%	-2.40%	-0.62%
2003 年	4818.41	-6.85%	-8.38%	-1.53%
2004 年	5441.20	-2.54%	-2.38%	0.16%
2005 年	6036.52	-0.18%	-1.85%	-1.67%
MAPE		2.84%	—	1.00%

从表 7-4 可以明显看出,校正后的误差明显降低,可以判断回归模型对于负荷预测建模精度提高有显著的贡献。尤其是对于误差较大的年份,如 2003 年,回归预测对残差预测非常准确,明显降低 GARCH 模型的误差,弥补了 GARCH 模型考虑外部影响因素不够,对部分数据建模偏差较大的缺陷。

表 7-5 和表 7-6 分别是预测负荷和预测误差的对比。从中可以看出,GARCH-Regress 模型能准确把握负荷的波动以及外界影响对负荷的作

用,预测精度较高。

表 7-5　GARCH-Regress 建模负荷预测对比

年份	实际值/(GW·h)	文献[3]	文献[4]	GARCH	回归模型校正
2002	4151.65	4577.39	3944.66	4020.72	4040.98
2003	4818.41	4763.68	4746.35	4355.11	4836.57
2004	5441.20	5331.70	5304.88	5186.63	5158.49
2005	6036.52	5861.98	—	6020.67	5913.15

表 7-6　建模误差分析

年份	文献[3]	文献[4]	GARCH	回归模型校正
2002	10.25%	−4.99%	−1.78%	0.62%
2003	−1.14%	−1.50%	−6.85%	1.53%
2004	−2.01%	−2.51%	−2.54%	−0.16%
2005	−2.89%	—	−0.18%	1.67%
MAPE	4.07%	3.00%	2.84%	1.00%

主体建模程序采用 MATLAB,并应用计量经济学软件 EViews 预处理部分数据。建模计算机为联想 4000T 商用台式电脑(双核 E8400,主频 3.0GHz,内存 2GHz),主要建模时间 4.8s。总体来说,该方法建模简单,计算负担不大,运算速度较快,预测精度高,对于实践工作有较强的借鉴意义。

7.4　大用户月度负荷预测

随着科技的飞速发展,大部分学者对负荷预测方法的研究也越来越深入。下面以 A 公司为例来运用 PCA+SVM 进行大用户月度负荷预测研究。

7.4.1　A 公司月度用电量影响因素分析

搜集了 A 公司从 2014 年 1 月至 2017 年 12 月共 48 个月的用电量数据,如图 7-13 所示为该公司 48 个月的月度用电量趋势图。并在 EPS 数据平台上搜集了相关影响因素的指标。

A 公司的月度用电量可能的影响因素有工业锅炉产量,金属冶炼设备产量,铁路、船舶、航空航天和其他运输设备制造增加值增长率及其出口交

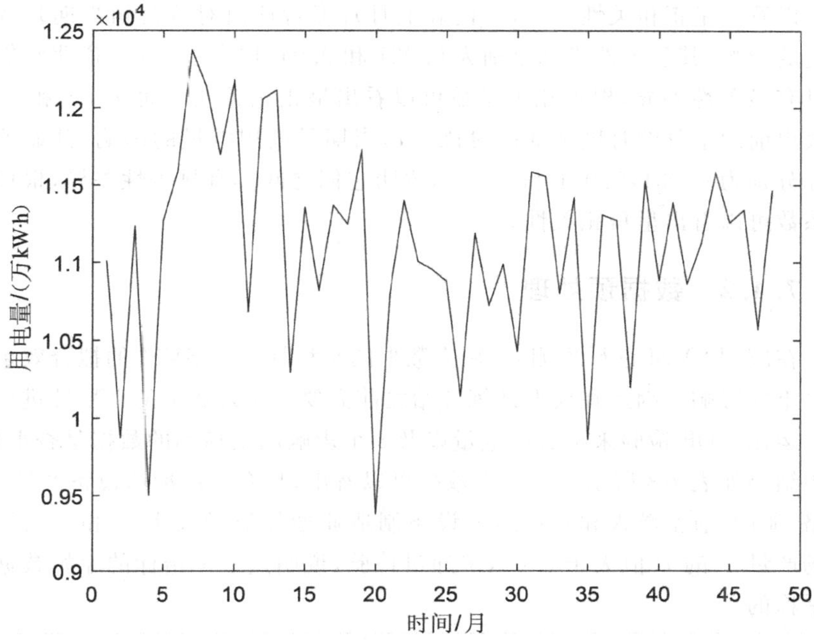

图 7-13　A 公司月度用电量趋势图

货值，金属切削机床产量，金属制品业出口交货值，铁路机车产量以及民用钢质船舶产量。可以看出，样本数据都是传统的基于时间序列的数据。

为了探究上述八个特征与 A 公司月度用电量之间的相关性，需要计算各个特征与该公司月度用电量的相关系数。设工业锅炉产量为 x_1，金属冶炼设备产量为 x_2，铁路、船舶、航空航天和其他运输设备制造业增加值增长率为 x_3，金属切削机床产量为 x_4，金属制品业出口交货值为 x_5，铁路机车产量为 x_6，民用钢质船舶产量为 x_7，铁路、船舶、航空航天和其他运输设备制造业出口交货值为 x_8，分析结果如表 7-7 所示。

表 7-7　特征变量与月度用电量的相关系数

变量	x_1	x_2	x_3	x_4	x_5	x_6	x_7	x_8
相关系数	0.34	0.36	0.30	0.33	0.30	−0.31	−0.36	−0.42
显著性指标（双侧）	0.018	0.013	0.039	0.021	0.040	0.031	0.011	0.003

由于受到滞后效应的影响，其中 x_1，x_2 和 x_3 表示当期月度特征值对 A 公司当期月度用电量的影响，从表 7-7 可以看出显著性指标分别为 0.018，0.013 和 0.039，均小于 0.05，说明它们之间具有显著性差异，根据相关系

数可以看出呈正相关性。x_4,x_5代表上月月度特征值对该公司当期月度用电量的影响,其显著性指标分别为 0.021 和 0.04,均小于 0.05,说明它们之间具有显著性差异,根据相关系数可以看出呈正相关性。而 x_6,x_7和 x_8则代表提前两个月的月度特征值对该公司当期月度用电量的影响,其显著性指标分别为 0.031,0.011 和 0.003,说明它们之间具有显著性差异,根据相关系数可以看出呈负相关性。

7.4.2 数据预处理

在应用 SVM 进行预测时,输入数据的平稳性会对 SVM 的拟合效果产生严重的影响。因此在模型训练开始之前需要对输入数据的平稳性进行检验。运用 ADF 检验来检验用电量以及 8 个影响因素指标的数据是否平稳,检验结果如表 7-8 所示。从该表数据可以看出,只有金属冶炼设备产量 x_2,铁路、船舶、航空航天和其他运输设备制造业增加值增长率 x_3和金属切削机场产量 x_4的 P 值大于 0.05,未通过检验,说明这三个指标的原始数据是非平稳的。

表 7-8 ADF 检验的结果

变量	y	x_1	x_2	x_3	x_4	x_5	Xx_6	Xx_7	Xx_8
P 值	0.00	0.00	0.21	0.38	0.06	0.00	0.01	0.00	0.01

对以上这三个指标原始数据的一阶差分继续进行 ADF 检验,检验的结果 P 值均为 0,小于 0.05,通过了检验,说明这三个指标数据的一阶差分是平稳的。因此将原始数据统一进行一阶差分处理,进而得到了平稳的模型输入数据。

7.4.3 建立 SVM 模型

应用 MATLAB 中 SVM 模型进行预测。模型预测的基本流程如图 7-14 所示。将平稳处理过的样本数据进行归一化处理,使用电量数据和相关影响因素指标数据统一归一化处理到[−1,1]区间内,进而将其作为支持向量机模型的最终输入数据。

7.4.4 模型参数调整

设置训练集与测试集的比例为 M,支持向量机交叉验证为 k 折交叉验证,模型的主成分分析为 PCA,模型参数分别为 T、C 和 G,其中,T 为核函

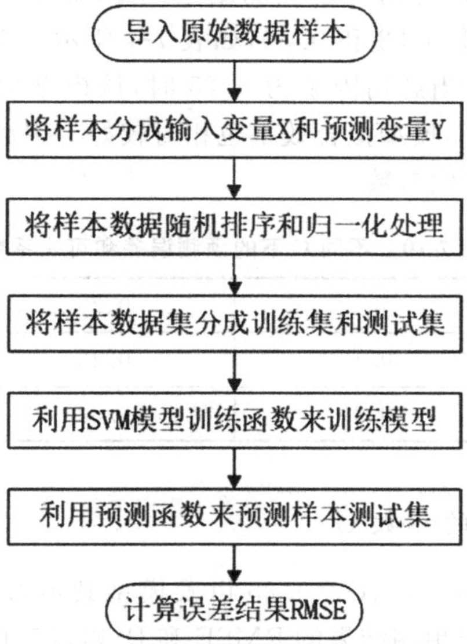

图 7-14 支持向量机模型建立流程

数类型,C 为惩罚因子,G 为核函数的参数(针对于 RBF/多项式核函数)。模型交叉验证默认为 10 折交叉验证,T 默认为高斯核函数。

1. 调整训练集与测试集的比例 M

分别按照 44∶3、41∶6 和 38∶9 的比例来将归一化处理过的样本数据分割成训练集和测试集,经支持向量机模型训练后,模型预测结果的 RMSE 和 R^2 如表 7-9 所示。

表 7-9 不同比例下模型的预测误差和拟合优度

M	44∶3	41∶6	38∶9
RMSE	0.44	0.46	0.44
R^2	0.16	0.14	0.26

根据表 7-9 中数据显示,当比例为 38∶9 时 R^2 为 0.26,RMSE 为 0.44,此时模型的拟合效果相对较优,模型结果的预测误差也相对较小。因此,将训练集与测试集的比例 M 设置为 38∶9。

2. 调整惩罚系数 C

保持 J=38∶9、k=10 和其他参数不变,分别设置 C 为 0.2,0.25 和

0.3 并进行模型训练，得出模型预测结果的 RMSE 分别为 0.43，0.42 和 0.43，R^2 分别为 0.31，0.32 和 0.30，如表 7-4 所示。根据表中数据可以观察出三种情况下只有当惩罚因子为 0.25 时，该模型预测结果的 RMSE 最小为 0.42，R^2 为 0.32，模型拟合效果也相对较好。因此将 C=0.25 设置为支持向量机模型的最优参数。

表 7-10　不同 C 下的预测误差和可决系数

C	0.2	0.25	0.3
RMSE	0.43	0.42	0.43
R^2	0.31	0.32	0.30

3. 调整核函数的参数 G

保持 J=38：9、k=10、C=0.25 以及模型其他参数不变，分别设置 G 为 1，2，3，4 和 5，模型预测结果的 RMSE 和 R^2 如表 7-11 所示。从该表中可以看出只有当 G 设置为 2 时，RMSE 数值最小为 0.42，R^2 数值最大为 0.34。因此，设置 G=2 为支持向量机模型的最优参数。

表 7-11　不同 G 下的预测误差和可决系数

G	1	2	3	4	5
RMSE	0.49	0.42	0.43	0.43	0.43
R^2	0.11	0.34	0.32	0.31	0.30

7.4.5　应用主成分分析 PCA

由于支持向量机模型的拟合效果较差，因此采取主成分分析的方式来进行预测，分别设置主成分 PCA 为 1，2 和 3，如图 7-15、图 7-16、图 7-17 所示。该模型预测结果的 RMSE 和 R^2 如表 7-12 所示，从表中可以看出当主成分为 3 时，模型拟合效果相对最好，RMSE 的值也相对最小，因此设置主成分分析 PCA=3 为支持向量机模型的最优参数。

表 7-12　不同 PCA 下的预测误差和可决系数

PCA	1	2	3
RMSE	0.43	0.44	0.42
R^2	0.29	0.28	0.40

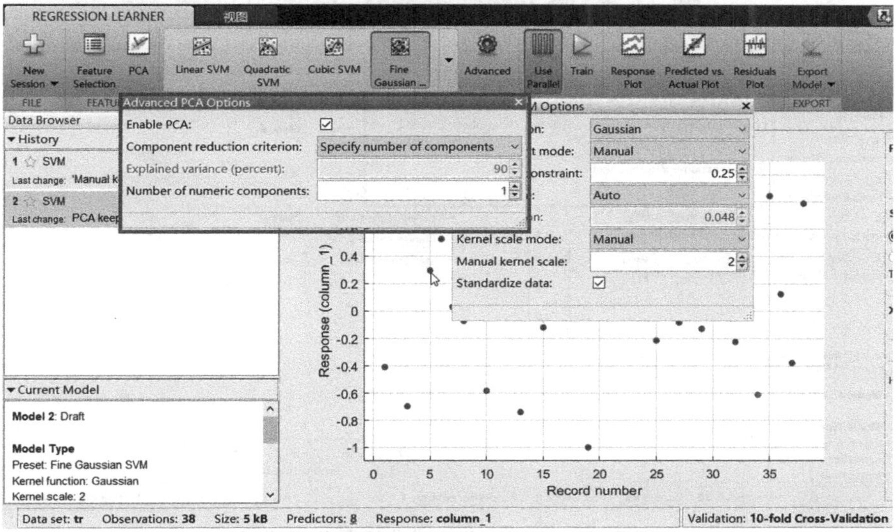

图 7-15　MATLAB 主成分设置 PCA 为 1

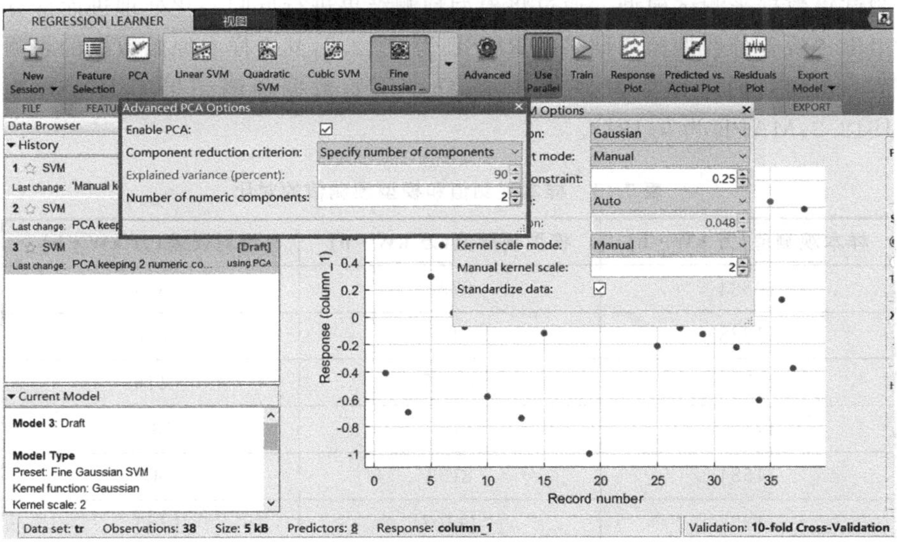

图 7-16　MATLAB 主成分设置 PCA 为 2

7.4.6　模型结果分析

通过调整模型参数和应用主成分分析可以得出当 M＝38：9，C＝0.25，G＝2 和 PCA＝3 时训练集模型拟合效果最好，进而输出模型并运用

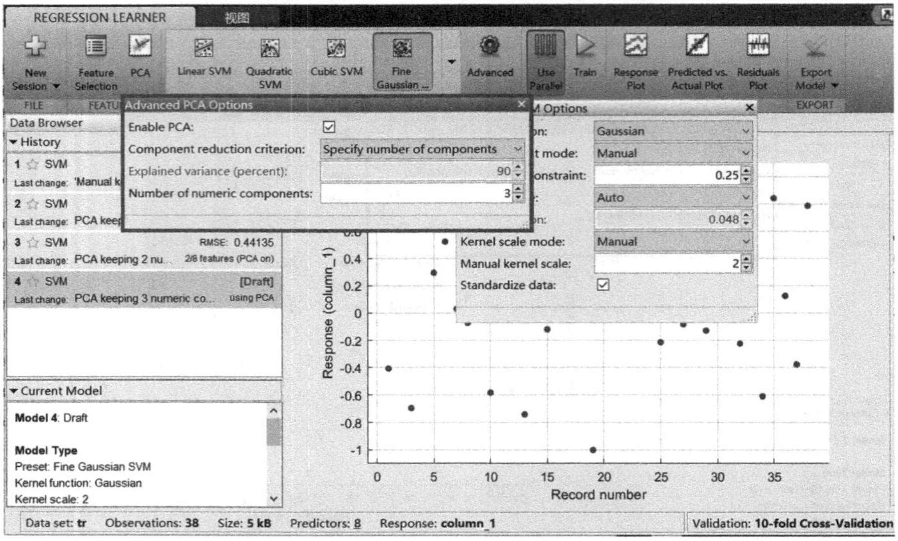

图 7-17 MATLAB 主成分设置 PCA 为 3

测试集数据来测试模型。通过将模型预测结果进行反归一化处理进而计算得出一阶差分数据预测结果的 RMSE 为 1912.2，其中样本原始数据的观测值和预测值的对比如表 7-13 所示，样本原始数据预测结果的 RMSE 为 1912.3，MAPE 为 0.1378。

表 7-13 样本观测值和模型预测值的对比

样本观测值(万 kW·h)	模型预测值(万 kW·h)	绝对误差(万 kW·h)
10884	9794	1090
11388	8157	3231
10863	10747	116
11127	9765	1362
11584	8132	3452
11258	11107	151
11340	10423	917
10570	8694	1876
11469	9705	1764

根据表 7-13 中数据来计算样本观测值和模型预测值的均值、中位数和方差。其中样本观测值的均值、中位数和方差分别为 11165、11258 和

98068，模型预测值的均值、中位数和方差分别为 9629、10008 和 733138。从以上统计指标可以看出模型预测值的均值和中位数均比观测值的相应指标要小很多，但预测值的方差明显要比原始数据的大的多，预测数据的波动情况较大。

通过运用 PCA＋SVM 模型来对 A 公司的月度用电量进行预测，针对测试集模型预测结果的 RMSE 和 MAPE 如表 7-14 所示。绘制 PCA＋SVM 在测试集上的预测值和实际观测值的曲线图，如图 7-18 所示。

表 7-14 PCA＋SVM 模型预测结果的 RMSE 和 MAPE

误差项	支持向量机
RMSE	1912
MAPE	0.1378

根据表 7-14 可以判断出，支持向量机的 RMSE 为 1912，MAPE 为 0.1378，预测结果的误差较小。从图 7-18 中观测值与预测值的曲线可以分析出模型预测值的曲线明显要低于观测值的曲线，且预测值的波动情况也要比观测值的波动大很多，可以判断出支持向量机模型在该测试集上的预测值拟合效果一般。

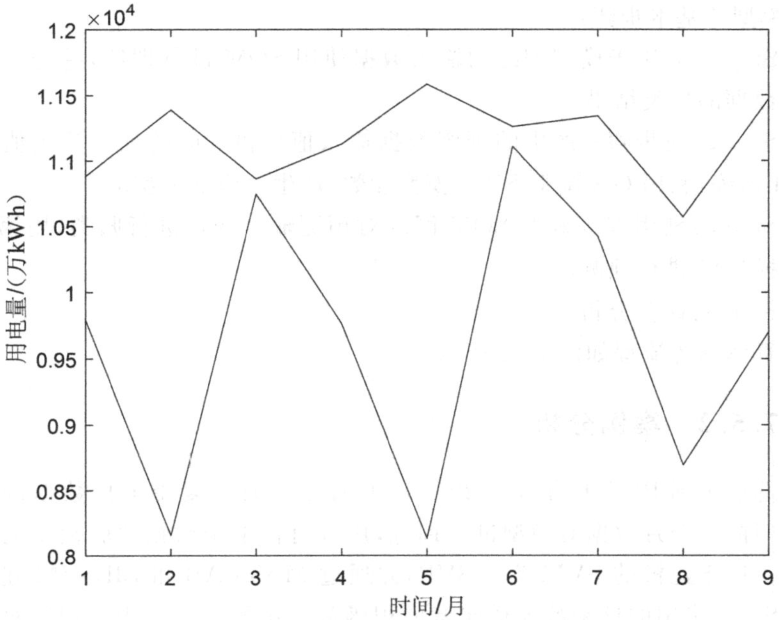

图 7-18 支持向量机模型的观测值与预测值曲线

7.5 电价预测

7.5.1 SOM-SVM-GA 模型预测基本原理

在电力市场中，影响电价的因素众多，这些因素之间还存在交叉影响，不同时点电价的影响因素相差较大。通过将数据空间按照 24 点划分成 24 个子空间，并利用 SOM 对这些子空间中的数据进行自动聚类，然后根据不同类别分别训练模型和预测电价。

SOM 网络自组织学习的基本原理：对于网络的每个输入模式，调整一部分网络的连接权值，使权值向量更加接近或偏离输入向量，该调整过程即为竞争学习过程。通过学习，所有权值向量在输入向量空间中相互分离，形成各自代表的输入模式，实现特征自动识别的聚类分析功能。SOM 是一个非参数递归衰减过程。

SOM-SVM-GA 模型的建立方法：通过 SOM 对数据进行自动聚类，将训练集的输入数据分为 m 类，然后分别根据训练数据建立 m 个不同的模型；利用训练好的 SOM 模型对预测输入模式进行聚类，并根据聚类结果选择对应 GA 优化过的 SVM 模型来进行电价预测。以下是建立 SOM-SVM-GA 模型的基本步骤：

Step 1：对用于模型训练的输入数据使用 SOM 进行训练，并记录每组输入数据的聚类结果。

Step 2：对步骤一产生的训练数据输入值 i 和对应的训练输出值进行 SVM 训练，利用 GA 调整 SVM 模型参数，产生对应的模型M_i。

Step 3：利用训练好的 SOM 网络对预测输入变量进行归类，用第 i 类输入模型M_i进行预测。

Step 4：误差分析。

具体训练流程如图 7-19 所示。

7.5.2 案例分析

选取美国 PJM 电力市场 2005 年 6 月至 8 月的夏季电价数据进行分析。用前 2 个月数据对模型进行训练，用 8 月份电价数据检验模型的预测能力。用于建模的 SVM 为 v-SVR，并通过 MATLAB 和 LIBSVM 建立模型。SVM 采用的核函数为径向基内积函数。预测误差采用平均绝对百分比误差 E_{mape}和相对误差 E_r。

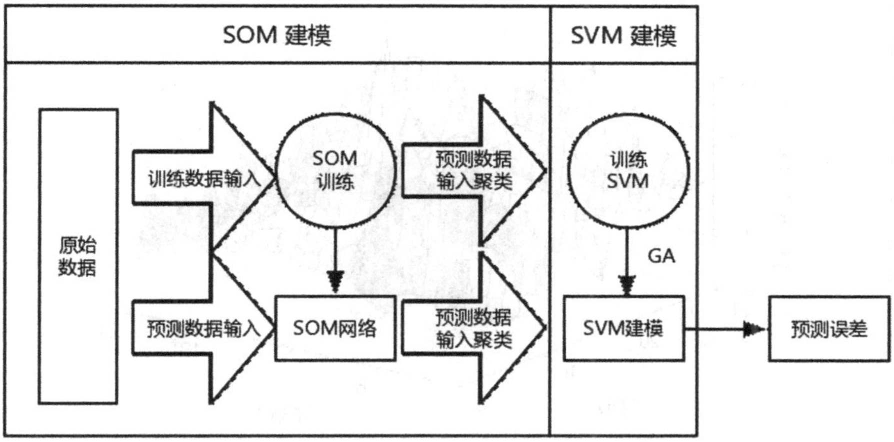

图 7-19　SOM-SVM-GA 模型训练流程图

$$E_{\mathrm{mape}}=\frac{1}{k}\sum_{i=1}^{k}\left(\frac{|\hat{y}_{(i)}-y_{(i)}|}{y_{(i)}}\times 100\%\right) \tag{7-9}$$

$$E_r=\frac{\hat{y}_{(i)}-y_{(i)}}{y_{(i)}} \tag{7-10}$$

式中，k 为用于预测的样本数；$y_{(i)}$、$\hat{y}_{(i)}$ 分别为第 i 个实际值、预测值。

用所建立的模型对 2005 年 8 月份 31 天 24 点负荷（共 744 个点）进行预测。分别采用单一 SVM 模型、24 个 SVM 模型和 SOM-SVM 模型进行预测，具体误差分析结果如表 7-15 所示。

表 7-15　3 种模型预测结果对比

误差分布	单一 SVM/点数	24 个 SVM/点数	SOM-SVM/点数
$\|E_r\|\leqslant 0.1$	334	355	387
$\|E_r\|\leqslant 0.2$	603	608	671
$\|E_r\|>0.2$	141	136	73

从表 7-15 可以看出，三种方法的整体平均绝对百分比误差依次为 12.48%、10.21%和 9.65%。可见本章方法的预测误差明显小于其他 2 个对比模型，尤其是明显小于采用单一 SVM 预测 24 点电价模型的误差。从误差分布情况来看，SOM-SVM 误差大部分都小于 10%，预测误差大于 20%的点数远小于对比方案。

图 7-20～图 7-22 分别是采用单一 SVM 模型、24 个 SVM 模型和 SOM-SVM 模型分别对 24 点电价进行预测的相对误差分析图。

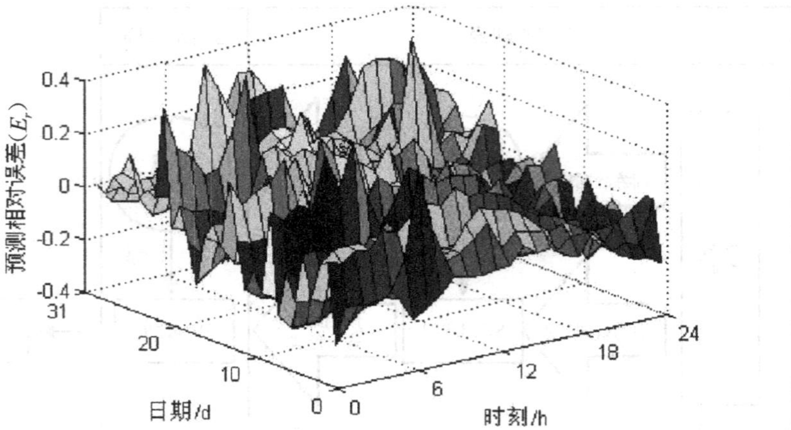

图 7-20　采用单一 SVM 模型的电价预测误差

从图 7-20 可以看出，采用单一 SVM 进行预测存在 2 个明显预测高峰带，凌晨零点左右和上午 8 时左右存在大量误差较大的点。这主要是因为单一的 SVM 模型很难反映所有时点的电价特性，对于凌晨零点左右的谷价和上午 8 时左右的峰价的预测能力较差。

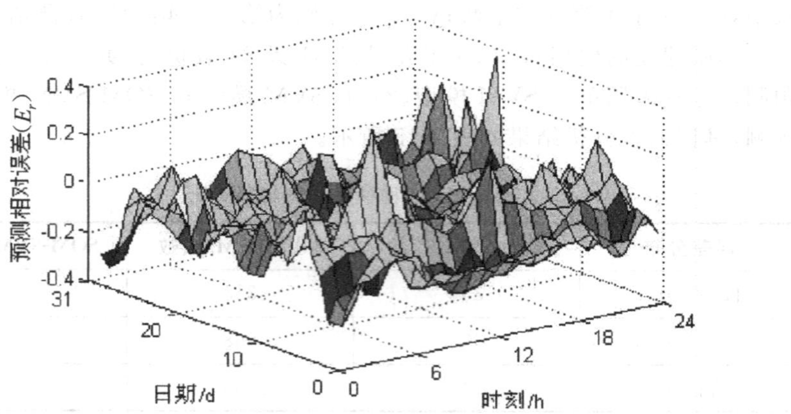

图 7-21　采用 24 个 SVM 模型的电价预测误差

图 7-21 表明采用 24 个不同的 SVM 模型进行预测，总体上没有明显的较大误差带，误差分布比较均匀，但是个别电价的误差较大。进一步分析原始数据可知，这些点中大部分电价变化异常，故很难用常规训练模型预测。

图 7-22 是采用 SOM-SVM 的预测误差分析，图中显示误差分布较为合理，没有图 7-20 呈现的明显的误差高峰带，这表明 SOM-SVM 能够避免单一 SVM 模型不能全面反映 24 点电价特性的缺陷；也没有图 7-21 呈现的

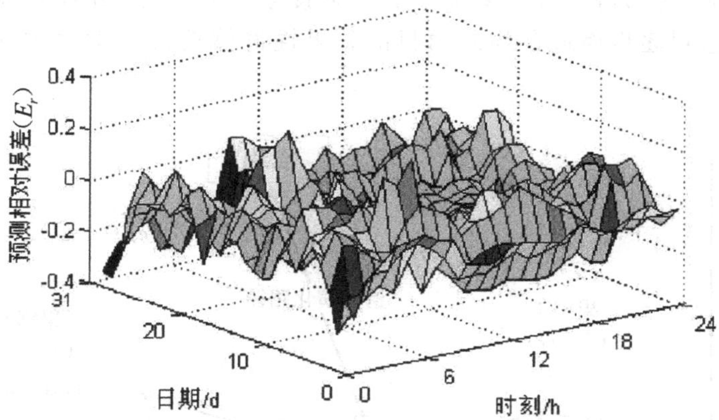

图 7-22 采用 SOM-SVM 模型的电价预测误差

明显的误差异常点，深入分析预测过程可知，SOM 通过自动聚类将异常点自动归入特性相近的类别，从而提高了异常电价的预测效果，总体预测效果较为理想。

利用 SOM 神经网络将电价序列自动划分成不同的子空间，并在这些子空间中分别建立不同的 SVM 模型进行预测。这样能够避免单一模型不能全面反映不同时点电价特性的缺陷，能够大大增加普通时点的训练样本数量，提高预测精度。另外，该方法还能够将异常点自动归入到最为类似的子空间进行建模，避免了普通预测方法中异常点误差较大的问题。调整参数过程引入 GA 优化，避免人为因素干扰，更为快捷地寻找到最优值。由于模型没有考虑市场因素，部分时点，尤其是电价出现异常变化的时点电价预测误差较大。

7.6 分布式电源发电预测

随着能源需求的不断增长，环境和能源安全问题越来越受到人们的关注。分布式发电作为近年来发展起来的一种新的能源动力模式，正在迅速发展。准确的分布式发电预测对电力供需平衡具有重要意义。下面以 A 省市为例，运用 FOA-IA-SVM 进行分布式电源发电预测研究。

7.6.1 FOA-IA-SVM 预测基本原理

果蝇优化算法(Fruit-Fly Optimization Algorithm，FOA)是一种基于果蝇觅食行为而推演出的寻求全局最优解的新方法。按照果蝇的觅食行为，将最优解作为食物源，果蝇依靠嗅觉搜索食物气味，并往食物方向飞去，从而达到逐步逼近食物源的目的。果蝇群体迭代搜索食物的过程如图 7-23 所示。

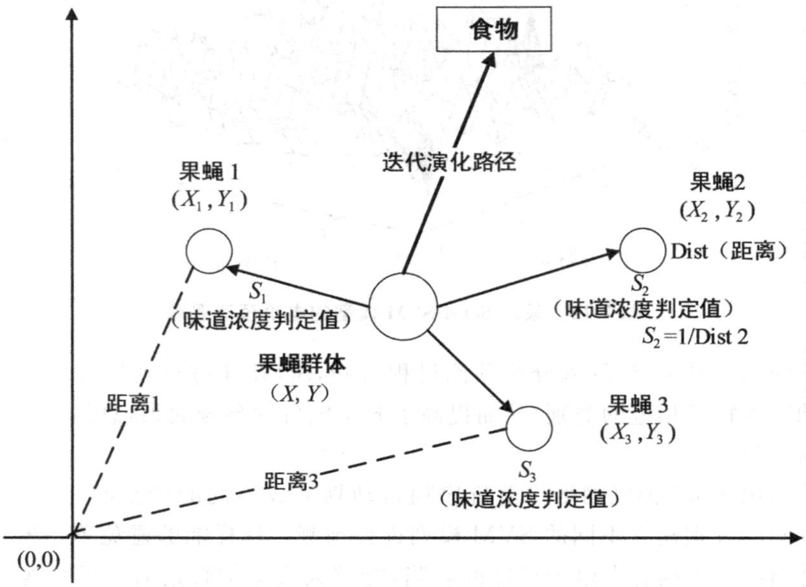

图 7-23　果蝇群的觅食迭代过程

但是，原始的 FOA 算法易陷入局部最优，运用免疫算法（Immune Algorithm，IA）可以防止这样的问题出现。在人体中，与抗原亲和力大、且浓度较低的抗体会受到促进，而与抗原亲和力小或浓度较高的抗体将会受到抑制，以此保证抗体的多样性。免疫记忆是指免疫系统将与入侵抗原反应部分的抗体作为记忆细胞保留下来，对于同类抗原的再次侵入，相应的记忆细胞被激活而产生大量的抗体。将这种多样性和免疫记忆的思想引入到果蝇优化算法中，可有效提高算法的全局搜索能力。若抗体（果蝇）的浓度越小，则选择的概率越大；反之，选择的概率越小。这样，在保留高适应度个体的同时，进一步确保了抗体（果蝇）的多样性，能有效避免早熟现象。

由于 SVM 模型中的参数 g 和惩罚因子 C 对模型的质量影响较大，利用 FOA 优化 SVM 参数，提高 SVM 模型的精度。当迭代次数未达到设定值、果蝇飞行轨迹不再改变时，利用 IA 算法改变果蝇飞行路径，使果蝇算法跳出局部最优，找到全局最优，获得全局最优参数。具体 FOA-IA-SVM 的优化过程如下。

Step 1：对样本数据进行预处理，初始化果蝇算法的参数，分出模型训练数据和检验数据。

Step 2：果蝇群体利用嗅觉开始寻找食物，即第一次寻优。

Step 3：确定初始果蝇群体坐标，在目标函数不确定的前提下，可以随机设置果蝇群的坐标（X_0，Y_0）。

Step 4：赋予果蝇个体利用嗅觉搜寻食物的随机方向 η 与群半径 R，n 次迭代寻优后果蝇群的坐标为

$$X_n = X_0 + R(\eta - 0.5), Y_n = Y_0 + R(\eta - 0.5) \tag{7-11}$$

式中，η 为[0,1]的随机值；n 为迭代寻优次数。

Step 5：由于无法得知食物位置，因此，先估计各果蝇个体与原点间的距离 D_n，再计算味道浓度判定值 S_n，此值为距离的倒数 $D_n = \sqrt{X_n^2 + Y_n^2}$，$S_n = 1/D_n$。

Step 6：将味道浓度判定值 S_n 代入味道浓度判定函数，以求出各果蝇个体位置的味道浓度 $S_{m,n}$，$S_{m,n} = f(S_n)$。

Step 7：找出此果蝇群体中味道浓度最高的果蝇，求 $S_{m,n}$ 极大值以及 $S_{m,n}$ 极大值所对应的编号。

Step 8：保留最佳味道浓度值 $S_{m,best}$ 及其对应的果蝇群位置坐标（X_{best}，Y_{best}），此时，果蝇群内各个体果蝇利用嗅觉往该位置飞去，$S_{m,best} = \max S_{m,n}$。

Step 9：进入果蝇群迭代寻优，此时的果蝇群位置坐标（X_{best}，Y_{best}）成为新一次迭代寻优的果蝇群体初始位置。判断味道浓度是否优于前一次迭代味道浓度，若是，则执行 Step 8；否则，重新执行 Step 4～Step 7。

Step 10：如果没有达到迭代次数，每隔 10 代并且浓度值不再变化，就进行一次免疫，重复 Step 9，否则不进行免疫，直接重复 Step 9。如果达到迭代次数，则退出果蝇迭代寻优，获得最优参数。

Step 11：免疫过程：找出所有味道浓度值高于某一值的果蝇，组成最优果蝇组，计算出该组果蝇数占最优果蝇群总数的概率，最后计算替换概率，若替换概率大于某设定值，将果蝇飞行路径替换为最优果蝇组的飞行路径重复 Step 9，否则调整参数值，再重复免疫过程。

Step 12：将检验数据输入到 SVM，检验模型的有效性，若有效，将测试样本数据输入到 SVM，得到预测结果；若无效，重复 Step 1。

具体训练流程如图 7-24 所示。

7.6.2　案例分析

以 A 省市分布式风力发电为例，选取该地区 2013 年 6 月 1 日至 2013 年 6 月 30 日分布式风力发电的利用系数和气象资料进行分析，共包含 744

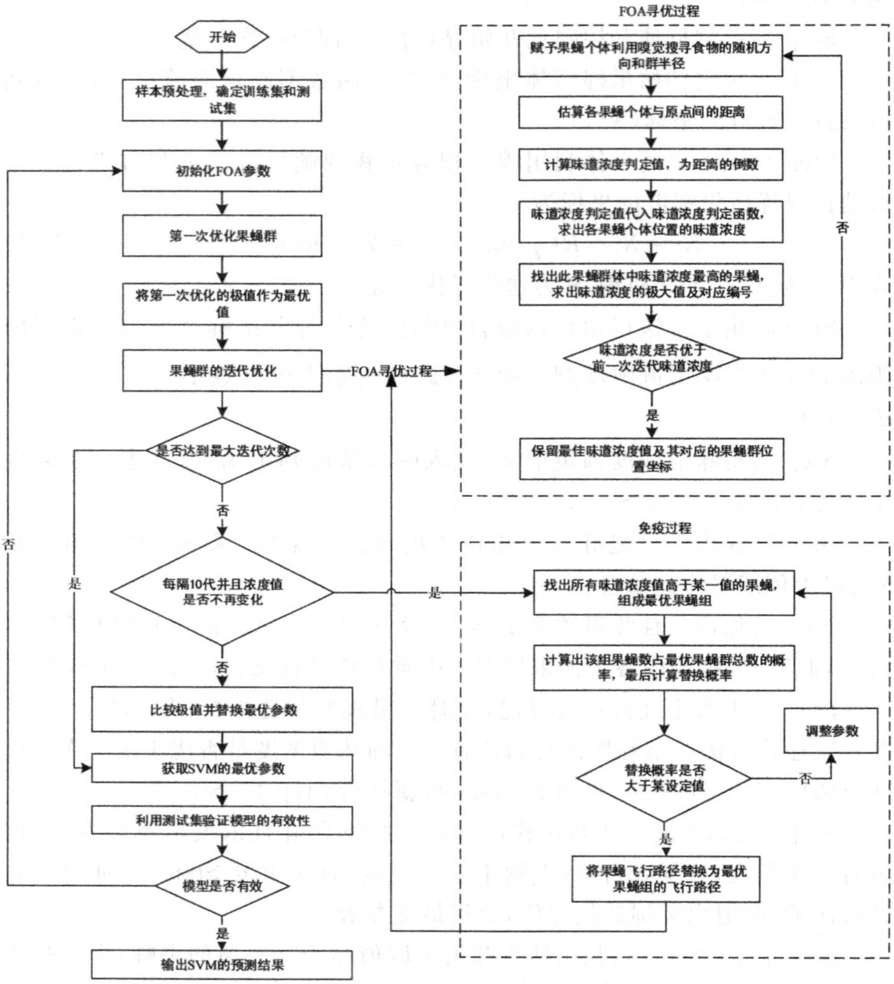

图 7-24　基于免疫—果蝇优化的 SVM 模型流程图

组数据。前 648 组数据作为训练集，后 96 组数据作为测试集。分布式风力发电的总容量为 50MW。利用分布式风力发电的平均利用系数乘总容量，就能得到分布式风力的实际发电情况。分布式风电利用系数受风速、风向等影响，具有较大的波动性、随机性等特点。SVM 可以综合考虑多个因素对系数的影响，具有良好的非线性映射能力和泛化能力，它还可以重复训练，收敛速度快。在 SVM 回归预测模型中，核参数 g 和惩罚系数 C 对模型的精度有很大影响。采用 FOA-IA 算法对参数 g 和 C 进行优化，找出最优参数，提高模型的预测精度。

选取预测值与实际值的平均百分比误差 *MAPE* 作为目标函数(即浓度判定函数),以搜寻该目标函数的最小值为目标,迭代终止时的全局最小值所对应的各果蝇群的最佳适应度函数值即为 SVM 模型的核参数 g 与惩罚因子 C。将优化得到的参数对(g,C)代入到 SVM 预测模型,再对分布式光伏的利用系数进行预测。FOA-IA 算法的参数寻优迭代过程如图 7-25 所示。

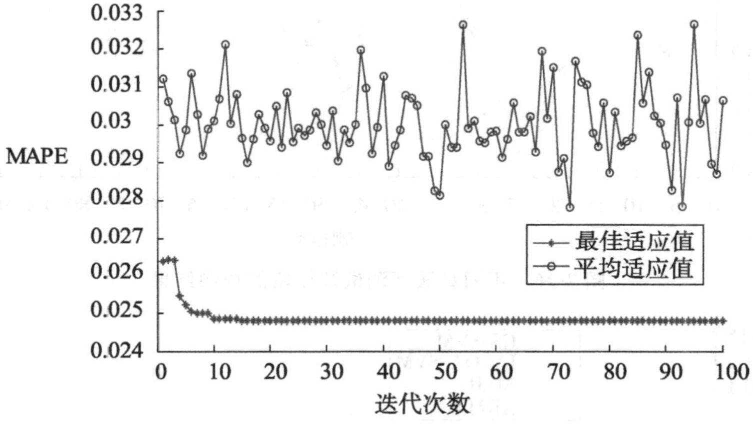

图 7-25　FOA-IA 算法的参数寻优迭代收敛过程

经过 10 次的迭代和动态调整后,*MAPE* 逐步收敛到稳定。此时,最小 MAPE 为 2.48%,相应的最优核参数 g 和惩罚系数 C 分别为 12.201 和 0.1。将所得到的参数代入 SVM 模型中,预测利用系数,结果如图 7-26 所示。为了评估模型的合理性和有效性,将多元线性回归(MLR)、GA-SVM 模型和自回归移动平均(ARMA)模型作为对比模型。同时,选取平均绝对误差(*MAE*)和平均绝对百分误差(*MAPE*)来评价不同算法的性能。

$$\mathrm{MAE}=\frac{1}{n}\sum_{i=1}^{n}|Y_i-\hat{Y}_i| \tag{7-12}$$

$$\mathrm{MAPE}=\frac{1}{n}\sum_{i=1}^{n}\left|\frac{\hat{Y}_i-Y_i}{Y_i}\right| \tag{7-13}$$

表 7-16　不同算法下测试数据集的预测误差评估

误差值	IAFOA-SVM	GA-SVM	MLR	ARMA
MAE	0.009	0.022	0.028	0.048
MAPE /%	2.6	3.67	4.58	6.73

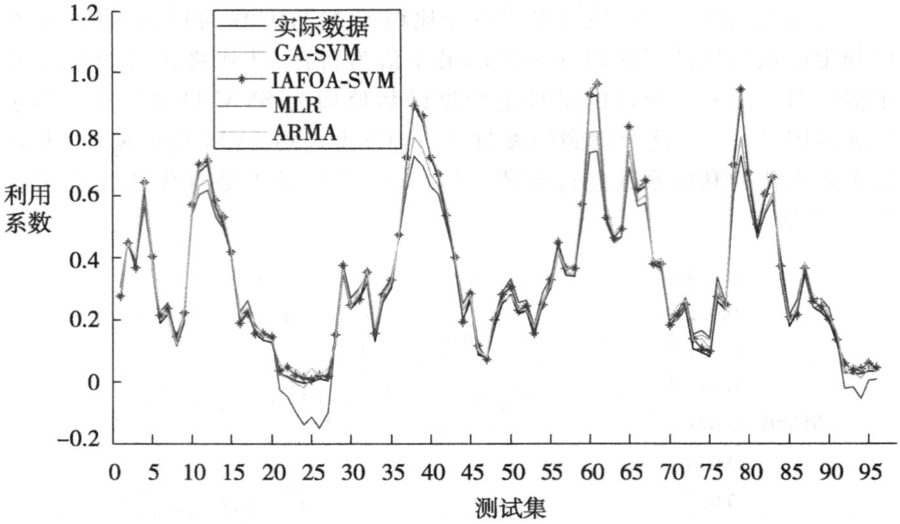

图 7-26 不同算法下测试数据集的预测结果

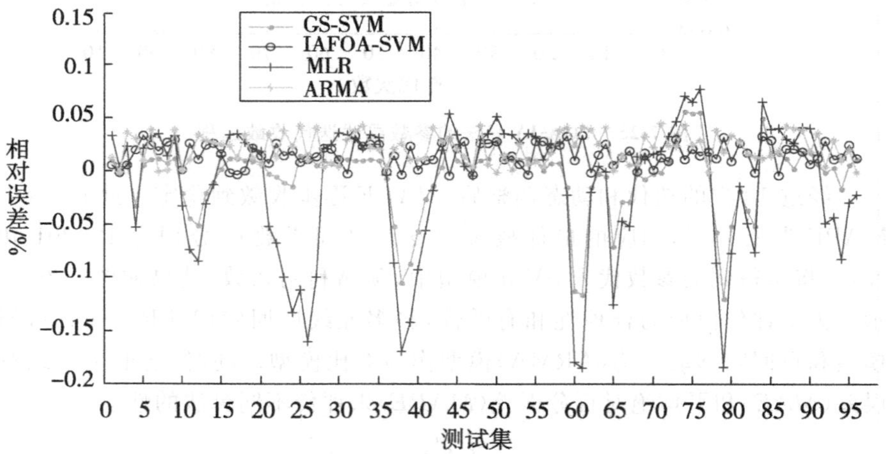

图 7-27 不同算法的相对误差图

四种不同算法下的 96 个测试集(2013 年 6 月 28 日至 2013 年 6 月 30 日)的预测结果如图 7-26 所示,其误差评估情况如图 7-27 和表 7-16 所示。从上图中可以看出,IAFOA-SVM 模型的预测效果最好,GA-SVM 次之。从误差结果可以看出,在两个误差指标下,IAFOA-SVM 均小于 GA-SVM、MLR 和 ARMA。这意味着 IAFOA-SVM 可以提供比其他三种算法最准确的预测结果,更加适用于分布式风电发电预测。根据分布式风力发电系统的总容量和利用系数,可以计算出该地区分布式风力发电系统的日发电量,如图 7-28 所示。

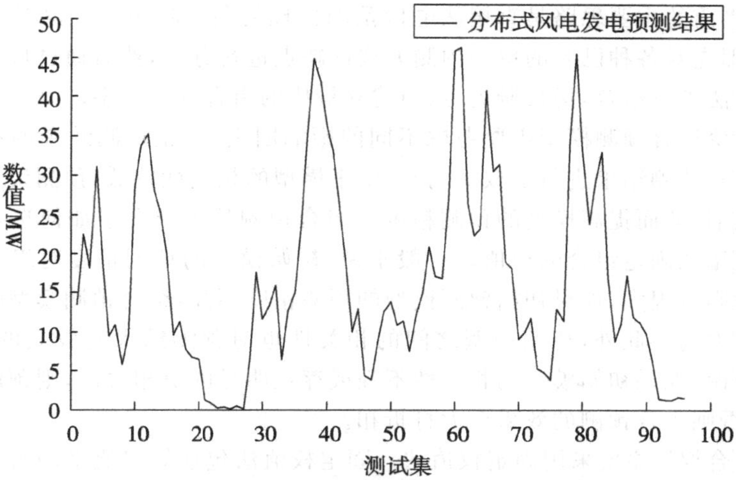

图 7-28 分布式风力发电系统的日发电量

通过对上述算法的比较和分析可知，IAFOA 和 GA 算法的优化方法较为相似，但 GA 在优化过程中容易陷入局部最优，而 IAFOA 能够有效地跳出局部最优，并具有较强的全局搜索能力，在非线性参数优化中具有很强的适用性。此外，与其他优化算法相比，IAFOA 具有结构简单、无梯度信息、计算效率高等优点。

7.7 组合预测

组合预测是对未来的预测，这些预测是通过将通常使用不同方法创建的几个单独的预测结合在一起而产生的。除非一个特定的预测模型产生较小的预测误差，否则与其他单一预测模型相比，采用组合预测的方法更好。即使一种方法被认为是最好的，如果其他方法对预测精度有一定的贡献，组合仍然是值得的。此外，许多因素可以影响独立预测，以及任何额外有用的信息，可能会被组合预测采用。支持这种方法的另一个论点是，单一模型预测可能会受到许多行为偏差，但这些可以通过将独立预测组合在一起而最小化。因此，组合被认为有助于通过减少个体预测的预测误差来提高预测精度。此外，当组合预测的数据和预测技术从根本上不同时，平均预测可能更有用。尽管它只是一个简单的方法（通常是一个未加权平均值），但这种方法和其他更复杂的模型一样有用。事实上，最近十年的研究表明等权重组合预测通常比单一模型预测更准确。

由于电价的影响因素比较多，有时候无论采用时间序列法、神经网络方法等都难以达到理想的预测效果。因此有些学者开始对组合预测方法进行探索，当前的主要思路是直接从电价预测机理的角度将单一预测模型进行组合，即先对各种已有的单一预测方法优缺点进行分析，然后通过将两种或多种方法进行组合，扬长避短，从而建立最优的组合预测模型。

电价组合预测模型需要考虑不同的影响因素，模型预测结果的相似度较低。对预测结果进行加权平均时，由于模型的相关性较低，预测误差可明显被抵消，从而提高模型的预测精度。组合预测的关键在于如何选择候选初始模型和确定组合的权值。一般来说，初始模型的预测精度对组合预测结果的影响很大，如果初始预测模型的预测精度不高，组合预测模型的精度也不会太高。此外，初始模型之间的相关性也对预测结果有较大的影响。一般来说，如果初始模型间相关性不强或存在明显的负相关性，则预测效果较好，否则组合预测的效果会大打折扣。

组合权值主要采用固定权值法。固定权值法包括等权值平均组合预测法、灰色关联度组合、方差协方差组合、回归组合及变步长组合等。等权值平均组合法最为简单，即将多个模型的预测平均值作为最终的预测值。灰色关联度组合即根据历史预测误差的变化趋势，由灰色关联度决定组合预测模型的权值。方差协方差组合通过最小化组合预测历史误差的方差来确定，该方法一般在各种方法之间相关性很小的情况下预测效果较好。回归组合法将多个模型的历史误差看成是多维变量，构造这些变量的线性组合，组合的权值通过最小二乘法确定。变步长组合指根据信息的近大远小原则，在考虑构造组合权值的时候，对最近的误差赋予较大的信息量，而对稍远的误差赋予较小的信息量，这样得出的组合权值能较好地反应模型的预测能力。固定权值模型一旦确定权值后就不再变动，完全不考虑模型预测对预测时点外界影响的不同适应度，仅仅按照历史预测误差来确定未来的预测权值，会使该点的预测效果非常好的模型被忽视，预测精度也因此而降低。

7.7.1 基本原理

传统方法都是通过单一指标（如误差、误差方差、贴近度等）来决定权值，而事实上模型预测效率的评判准则是多方面的。通过单一准则可以非常简单地确定模型的组合权值。如果在多个准则下选择模型的组合权值，则会碰到悖论问题。因为这些准则的表现值可能包含一些冗余，甚至是错误的信息。准则之间在某些方面可能一致，但在其他方面则可能相互冲突。如何综合权衡这些信息，保留真实信息，剔除伪信息，并在此基础上选择最佳的模型组合权值，是多准则组合预测的难点所在。

证据理论是一种处理不确定性问题的完整理论，可以根据多个不同来源证据体进行综合判断。它需要的先验数据比概率推理理论中的更为直观、更容易获得，其合成公式可以综合不同专家或数据源的知识或数据，这使得证据理论在专家系统、综合评价等领域中得到了广泛应用。实际上该问题可以转化成多目标优化问题，通过全面优化不同指标的数值，求解最佳的组合权值。建立一个多目标规划模型，通过熵权法分析不同指标反映的单一模型的预测能力波动信息，并由此确立各种不同目标函数(指标)的权值，然后求解该多目标规划模型，得到最佳的组合预测权值。

7.7.1.1　组合预测需要考虑的优化目标

如前所述，为了保证未来组合预测模型良好的泛化能力，这里考虑如下几个指标作为组合预测寻找最佳权值所需要优化的子目标。

1. x_1，即 MAPE

这里要求组合预测模型的 MAPE 尽可能小。

$$x_1 = \frac{1}{T}\sum_j |e_j| \tag{7-14}$$

$$e_j = P_j/Y_j (j=1,2,\cdots T) \tag{7-15}$$

$$p_j = w_i \times p_{ij} (i=1,2\cdots,m; j=1,2,\cdots T) \tag{7-16}$$

式中：w_i为第 i 个子模型的组合权值；p_{ij} 为第 i 个模型在对 t 时间的拟合值；p_j为组合模型在第 j 时间的预测值。

2. x_2，即方差

组合预测模型的方差也需要尽可能小。

$$x_2 = \sum_j (e_j - \bar{e}_j)^2 \tag{7-17}$$

式中，$\bar{e}_j$ 为组合模型的预测百分比误差的平均值。

3. x_3，即灰色关联度 GC

组合预测模型的 GC 尽可能大，尽可能使组合预测模型能和实际数据保持一致的变化趋势。

$$x_3 = \frac{1}{T}\sum_j \frac{\min_i \min_j (|e_{ij}|) + \rho \max_i \max_j (|e_{ij}|)}{|e_j| + \rho \max_i \max_j (|e_{ij}|)} \tag{7-18}$$

式中，ρ 为分辨系数，这里取 0.5。

4. x_4，即 Theil 不等系数

该值尽可能小，使预测序列和实际序列的差别尽可能小。

$$x_4 = \sqrt{\frac{1}{T}\sum_j (P_j - Y_j)^2} \Bigg/ \left(\sqrt{\frac{1}{T}\sum_j P_j^2} + \sqrt{\frac{1}{T}\sum_j Y_j^2}\right) \tag{7-19}$$

5. x_5，即百分比误差绝对值的调和平均数

对误差小的点给予更大的权值。

$$x_5 = 1\Big/\sum_j (1/e_j) \tag{7-20}$$

7.7.1.2 将多目标优化问题转换成单目标优化问题

一般多目标优化问题都可以通过对不同的子目标赋予不同的权值加权求和得到单目标优化函数。这里通过熵权法分析不同子目标所包含的信息量大小，赋予不同的权值，然后建立多目标规划函数。

其中，$l_1,\cdots,l_5$代表不同子目标的权值。

约束条件：

$$\max \quad J=l_1\times x_1+l_2\times x_2+l_3\times x_3+l_4\times x_4+l_5\times x_5 \tag{7-21}$$

$$\begin{cases}\sum_i w_i = 1\\ w_i \geqslant 0(i=1,2,\cdots,m)\end{cases} \tag{7-22}$$

7.7.1.3 建模步骤

首先，将建模数据分为拟合集和测试集。拟合集（时刻 1,2,…,t）用来调整组合模型的权值，测试集（时刻 1,2,…,T）用来验证本方法的有效性。

接下来，对每一个子模型分别进行拟合和预测，得到拟合误差 e_{ij} 和预测序列 P_{ij}。

$$e_{ij}=\frac{f_{ij}}{y_j}-1(i=1,2\cdots,m;j=1,2,\cdots T) \tag{7-23}$$

式中：f_{ij}为第 i 个模型对 j 时间（$j\in t$）的拟合值；y_j为第 j 时刻的实际值；P_{ij}为第 i 个模型对 j 时间（$j\in T$）的预测值。

然后根据各个子模型的拟合误差集合分别计算不同子模型的各个指标值。不同的是对模型 i，预测误差用 e_{ij} 来表示。

若以 x 表示指标的表现值，则第 $i(i=1,2,\cdots,m)$个模型的 $k(k=1,2,\cdots,5)$个指标值依次为 x_{ik}，组合模型的指标值为 x_k。

并对指标值进行归一化处理，以消除不同指标值之间的量纲影响。

对于成本变量（越小越好的变量，如指标 1,2,4,5），采用下式：

$$x_{ik}=\frac{\min\limits_i(x_{ik})}{x_{ik}} \tag{7-24}$$

这里 x_{ik} 表示第 i 个模型的第 k 个指标值，x'_{ik} 表示归一化之后的值。

对于效益变量（越大越好的变量，如指标 3），采用下式归一化：

$$x'_{ik}=\frac{x_{ik}}{\max\limits_i(x_{ik})} \tag{7-25}$$

再接下来，则根据上述的归一化值计算不同指标的熵值。

$$E_k = -\sum_i x'_{ik} \cdot \ln(x'_{ik})/\ln(m) \tag{7-26}$$

根据熵值计算第 l 个指标变异系数。

$$h_k = 1 - E_k \tag{7-27}$$

根据熵权法对不同的指标赋值，得到指标（不同子目标）的权值

$$l_k = h_k \Big/ \sum_k h_k \tag{7-28}$$

根据式(7-21)和式(7-22)，规划求解得出最终的子模型的权重 w_i。

最后，根据权值和单一模型的预测值，得到最终的预测结果。

$$F_j = w_i \times P_{ij} \tag{7-29}$$

本建模流程见图 7-29。

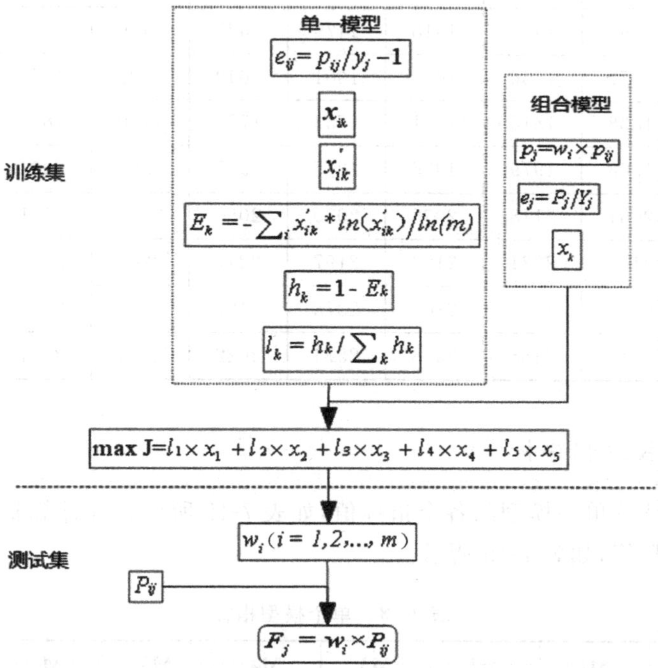

图 7-29　组合预测流程图

7.7.2　案例分析

1. 数据来源及预处理

本文选择某地年用电量为预测对象。建模中选择 1986—1995 年数据作为训练集用来建立模型，1996—2000 年数据用来检验模型的有效性。如表 7-17 所示，分别以 M1～M7 代表模型 1 至模型 7。

表 7-17 某地年用电量历史值和各单一模型拟合值(100 GW·h)

年份	负荷	M1	M2	M3	M4	M5	M6	M7
1986	831	831	831	831	831	916	831	849
1987	922	918	918	926	911	966	922	883
1988	986	1009	987	995	985	1027	1004	963
1989	1016	1059	1061	1077	1064	1044	1053	1049
1990	1097	1089	1110	1166	1149	1078	1049	1143
1991	1210	1176	1182	1262	1288	1124	1174	1246
1992	1356	1318	1312	1366	1413	1275	1319	1357
1993	1491	1478	1518	1479	1527	1436	1499	1478
1994	1677	1636	1650	1601	1649	1592	1626	1608
1995	1838	1815	1781	1733	1782	1760	1859	1749
1996	1968	1979	1936	1875	1925	1909	2002	1901
1997	2061	2118	2095	2030	2080	2065	2101	2065
1998	2130	2231	2196	2197	2247	2206	2157	2241
1999	2284	2330	2309	2378	2427	2370	2202	2429
2000	2617	2488	2598	2574	2622	2564	2431	2631

2. 建模过程分析

分别计算单一模型的各个指标值，如表 7-18 所示。并计算指标权重过程的计算数值，如表 7-19 所示。

表 7-18 单个模型指标

指标	M1	M2	M3	M4	M5	M6	M7
x_{1i}	0.0046	0.005	0.014	0.01	0.03	0.006	0.01
x_{2i}	0.0179	0.018	0.03	0.029	0.05	0.02	0.029
x_{3i}	0.7671	0.769	0.698	0.689	0.532	0.751	0.665
x_{4i}	0.0107	0.012	0.021	0.017	0.026	0.012	0.017
x_{5i}	0.0011	0.001	0.001	0.001	0.04	6E-04	0.006

通过将权值 l_k 带入式(7-21)，求解关于 w_i 的线性优化问题，即可得到

最佳的 w_i。通过计算得到各个模型的组合权值,见表 7-20。

表 7-19 计算指标权重过程计算数值

指标	E_k	h_k	l_k
x_{1i}	0.715	0.285	0.191
x_{2i}	0.859	0.141	0.094
x_{3i}	0.304	0.696	0.467
x_{4i}	0.788	0.212	0.142
x_{5i}	0.843	0.157	0.105

表 7-20 单一模型组合权重

模型	M1	M2	M3	M4	M5	M6	M7
权重	0.1507	0	0	0.3817	0.0003	0.4673	0

3.建模结果分析

表 7-21 是单一模型预测的误差对比。

表 7-21 单一模型预测的误差对比

年份	M1	M2	M3	M4	M5	M6	M7
1986	0.01	0.01	0.01	0.01	10.23	0.01	2.17
1987	−0.43	−0.43	0.43	−1.19	4.77	0.01	−4.23
1988	2.33	0.10	0.91	−0.10	4.16	1.83	−2.33
1989	4.23	4.43	6.00	4.72	2.76	3.64	3.25
1990	−0.73	1.19	6.29	4.74	−1.73	−4.38	4.19
1991	−2.81	−2.31	4.30	6.45	−7.11	−2.98	2.98
1992	−2.80	−3.24	0.74	4.20	−5.97	−2.73	0.07
1993	−0.87	1.81	−0.80	2.41	−3.69	0.54	−0.87
1994	−2.44	−1.61	−4.53	−1.67	−5.07	−3.04	−4.11
1995	−1.25	−3.10	−5.71	−3.05	−4.24	1.14	−4.84
1996	0.56	−1.63	−4.73	−2.18	−3.00	1.73	−3.40
1997	2.77	1.65	−1.50	0.92	0.19	1.94	0.19
1998	4.74	3.10	3.15	5.49	3.57	1.27	5.21
1999	2.01	1.09	4.12	6.26	3.77	−3.59	6.35
2000	−4.93	−0.73	−1.64	0.19	−2.03	−7.11	0.53
*	1.79	1.82	2.97	2.86	4.97	2.03	2.90
*1	3.00	1.64	3.03	3.01	2.51	3.13	3.14

*:训练集的 *MAPE*;*1:测试集的 MAPE。

表 7-22 是多种组合模型预测的误差(多指标)对比。M8 到 M11 数据来源于文献[2],M12 指本文所提出的方法。

表 7-22 不同组合预测的比较

年份	M8	M9	M10	M11	M12
1996	1.807	0.874	1.674	0.978	0.057
1997	0.88	1.497	0.962	1.412	1.676
1998	3.789	3.647	3.76	3.668	3.405
1999	2.859	1.778	2.682	2.133	1.017
2000	2.243	3.063	2.35	2.575	—3.99
*1	2.32	2.17	2.29	2.15	2.03
*2	4.79	5.27	4.46	4.40	30.44
*3	0.63	0.65	0.63	0.65	0.70
*4	0.00	0.00	0.00	0.00	0.00
*5	1.82	1.68	1.85	1.75	0.25

* 1:测试集的 *MAPE*;* 2:测试集的偏差;* 3:测试集的 GC;* 4:测试集的 THIL;* 5:测试集的百分比误差绝对值调和平均数。

从表 7-22 可以看出,在 4 个指标比较中,文中所提出的方法都明显优于其他对比的组合预测方案。指标 2(方差)同样高于其他组合方案,考虑到在前面确立指标权值的时候,方差这项指标的权值(0.094)要明显低于其他指标,也就是说方差在各模型预测历史数据时提供的信息较少,故可以放在较次要的位置。

本方法尝试结合不同的误差指标性能,来构建中长期负荷组合预测模型。单一模型的预测能力通过多个指标来综合反映。应用熵权法来分析不同误差指标对于模型预测能力,并将预测能力的差异性作为单一模型的预测能力指标评价。在此基础上,建立多目标优化模型,使构建的组合模型在这些指标都达到最优。求解该多目标模型得到组合模型的权值。算例研究表明,该方法明显优于对比文献的方法。此外,该模型构造简单,计算复杂度低,对实际负荷预测工作有较强的借鉴意义。

参考文献

[1]魏玢，马莉．欧盟电力市场化改革进展及启示[J]．国家电网，2007(6)：30-33．

[2]冯义．发电企业成本管理与竞价优化理论与应用研究[D]．北京：华北电力大学，2008．

[3]刘达．电力市场中电价预测模型方法及应用研究[D]．北京：华北电力大学，2008．

[4]蔡旭晖，刘卫国，蔡立燕．MATLAB基础与应用教程[M]．北京：人民邮电出版社，2009．

[5]刘达，乔欢欢．电力市场中的电价预测综述[J]．陕西电力，2011，39(8)：27-32．

[6]刘达，牛东晓，杨光，等．电力市场中的电价影响因素[J]．陕西电力，2009，37(1)：9-12．

[7]张少军，王晗．建立我国未来电力市场的思考和建议[J]．现代电力，2004，21(3)：33-35．

[8]王信茂．我国电力投资体制改革30年回顾[J]．能源技术经济，2008，20(6)：1-8．

[9]任玉珑，刘宁，刘焕．面向协调发展的火电行业效率综合评价[J]．华东经济管理，2011，25(4)：80-82．

[10]李有亮，钱寒晗．现货电力市场中的实时市场模式[J]．中国电力企业管理，2018(7)：64-66．

[11]李际，樊慧娴．2017年我国电力发展形势及2018年展望[J]．中国能源，2018(1)：19-22．

[12]任丽．电力市场模式评述[J]．电力系统及其自动化学报，2004，16(3)：17-22．

[13]张群洪．基于集成智能方法的电力短期负荷预测[J]．系统工程理论与实践，2013，33(2)：354-362．

[14]欧灶军，和敬涵．基于C/S和B/S模式的电能量计费系统的设计[J]．电气时代，2007(12)：76-78．

[15]张巍，陈恳．应用分形两种迭代算法作短期负荷预测[J]．电气技术，2012(7):11-14.

[16]王金行，于强强，赵生传，等．基于趋势信息的电力系统负荷预测[J]．山东电力技术，2012(3):10-12.

[17]兰吉祥．电力系统负荷预测方法及特点[J]．中国集体经济，2011(10):209.

[18]王雁飞，王秀义．电力拖动与控制虚拟实验室的研究与实现[J]．软件导刊，2012,11(3):94-96.

[19]罗萍，吕霞付，唐贤伦，等．感应电机直接转矩控制系统仿真研究[J]．电测与仪表，2012,49(3):28-32.

[20]申小玲．电力系统短期负荷预测影响因素分析[J]．科技信息，2011(5):353-354.

[21]冯樱艳，陈龙，李可，等．浅析企业电机节能技术改造[J]．能源与节能，2018(1):60-62.

[22]王守凯．基于相邻风场大数据的风电短期功率预测研究[D]．北京:华北电力大学，2017.

[23]杨超．中央银行票据在公开市场中的有效性研究[J]．时代金融，2012(18):126-127.

[24]刘达，王尔康，牛东晓．小波分析和考虑外生变量的广义自回归条件异方差模型在电价预测中的应用[J]．电网技术，2009(18):99-104.

[25]牛东晓，李媛媛，乞建勋，等．基于经验模式分解与因素影响的负荷分析方法[J]．中国电机工程学报，2008,28(16):96-102.

[26]朱帮助，王平，魏一鸣．基于 EMD 的碳市场价格影响因素多尺度分析[J]．经济学动态，2012(6):92-97.

[27]李新磊．基于 RS 和 TSDM 的玉米测产研究[D]．吉林农业大学，2011.

[28]牛东晓，李金超，李金颖，等．基于遗传算法的中长期电力负荷组合预测[C]．第二十六届中国控制会议，2007.

[29]靳雁霞，韩燮，周汉昌．具有量子行为的粒子群优化算法的改进[J]．计算机工程与应用，2009,45(35):41-43.

[30]杨健健，唐至威，王子瑞，等．基于 PSO-BP 神经网络的掘进机截割部故障诊断[J]．煤炭科学技术，2017,45(10):129-134.

[31]邓灿新．开平市电力系统负荷预测方法研究与应用[D]．华南理工大学，2011.

[32]杜志渊．常用统计分析方法:SPSS 应用[M]．济南:山东人民出版

社，2006.

[33]于凤武．石家庄地区电力市场需求侧分析与负荷调整措施研究[D]．华北电力大学(保定)，2003.

[34]王振友，陈莉娥．多元线性回归统计预测模型的应用[J]．统计与决策，2008(5):46-47.

[35]冯丹，姬长生．我国煤炭消费量灰关联分析[J]．煤炭技术，2007,26(1):98-99.

[36]宁万光，谢瑛，史洪中，等．信阳水稻稻瘟病发生规律及基于灰色预测模型的预测预报[J]．江苏农业科学，2014,42(6):102-104.

[37]唐丽芳，贾冬青，孟庆鹏．用MATLAB实现灰色预测GM(1,1)模型[J]．沧州师范学院学报，2008,24(2):35-37.

[38]何霞．基于灰色系统和神经网络的省级区域物流需求预测[D]．长沙理工大学，2009.

[39]魏永恒．基于灰色理论工程项目建设投资预测模型的构建[J]．菏泽学院学报，2017,39(5):70-74.

[40]冯宇，王聪．金融机构存款预测的组合预测模型研究[J]．经济研究导刊，2018(14):140-144.

[41]刘达，康薇．电力市场中扩展短期负荷预测的动态支持向量机模型研究[J]．陕西电力，2008,36(8):6-9.

[42]黄华君，周盾白．期货价格预测理论的研究进展分析[J]．当代经济，2017(12):48-49.

[43]刘达，牛东晓，邢棉，等．基于GARCH误差校正的遗传支持向量机日前电价预测[J]．电力系统自动化，2007,31(11):31-34.

[44]刘达．基于误差校正的中长期负荷预测模型[J]．电网技术，2012,36(8):243-247.

[45]牛东晓，刘达，邢棉，等．基于自组织映射支持向量机的日前电价预测[J]．电网技术，2007,31(18):15-18.

[46]曾鸣，冯义，刘达，等．基于证据理论的多模型组合电价预测[J]．中国电机工程学报，2008,28(16):84-89.

[47]牛东晓，刘达，陈广娟，等．基于遗传优化的支持向量机小时负荷滚动预测[J]．电工技术学报，2007(06):148-153.

[48]牛东晓，李媛媛，乞建勋，等．基于经验模式分解与因素影响的负荷分析方法[J]．中国电机工程学报，2008(16):96-102.

[49]WANG J，HOU R，WANG C，et al. Improved v -Support vector regression model based on variable selection and brain storm optimization

for stock price forecasting[J]. Applied Soft Computing, 2016,49:164-178.

[50]WANG J, DU P, NIU T, et al. A novel hybrid system based on a new proposed algorithm—Multi-Objective Whale Optimization Algorithm for wind speed forecasting[J]. Applied Energy, 2017,208:344-360.

[51]WANG J, YANG W, DU P, et al. Research and application of a hybrid forecasting framework based on multi-objective optimization for electrical power system[J]. Energy, 2018,148:59-78.

[52]YOU Y, FENG J, WANG H, et al. Variation in egg size and nestling growth rate in relation to clutch size and laying sequence in great tits Parus major[J]. Progress in Natural Science, 2009,19(4):427-433.

[53]CAI L, WANG R, PING J, et al. Water supply network monitoring based on Demand Reverse Deduction (DRD) technology[J]. Procedia Engineering, 2015,119:19-27.

[54]LIU D, WANG J, WANG H. Short-term wind speed forecasting based on spectral clustering and optimised echo state networks[J]. Renewable Energy, 2015,78:599-608.

[55]NIU D, SONG Z, XIAO X, et al. Analysis of wind turbine micrositing efficiency: An application of two-subprocess data envelopment analysis method[J]. Journal of Cleaner Production, 2018,170:193-204.

[56]XIAO B, NIU D, GUO X. Can natural gas-fired power generation break through the dilemma in China? A system dynamics analysis[J]. Journal of Cleaner Production, 2016,137:1191-1204.

[57]NIU D, GUO H, LIU J, et al. Research on power load prediction in the intelligent power grid environment based on MV optimum combined model[J]. AASRI Procedia, 2012,1:576-580.

[58]LIU D, NIU D, WANG H, et al. Short-term wind speed forecasting using wavelet transform and support vector machines optimized by genetic algorithm[J]. Renewable Energy, 2014,62:592-597.

[59]NIU D, LI J, LI J, et al. Middle-long power load forecasting based on particle swarm optimization[J]. Computers & Mathematics with Applications, 2009,57(11):1883-1889.

[60]NIU D, LIU D, WU D D. A soft computing system for day-ahead electricity price forecasting[J]. Applied Soft Computing, 2010,10(3):868-875.

[61]LIU D, WANG J, WANG H. Short-term wind speed forecas-

ting based on spectral clustering and optimised echo state networks[J]. Renewable Energy, 2015,78:599-608.

[62]XU X, NIU D, WANG Q, et al. Intelligent Forecasting Model for Regional Power Grid With Distributed Generation[J]. IEEE Systems Journal, 2017,11(3):1836-1845.